グローバル市民社会と援助効果

CSO/NGOのアドボカシーと規範づくり

高柳彰夫 著
Takayanagi Akio

法律文化社

【目　次】

「グローバル市民社会と援助効果——CSO/NGO のアドボカシーと規範づくり」

略語一覧

序章　グローバル市民社会と援助効果——本書の課題 ……… 1

- **1** 本書の課題 …………………………………………………………………… 1
- **2** なぜ「援助効果」をとりあげるのか …………………………………… 5
- **3** 本書の構成 ………………………………………………………………… 6
- **4** いくつかの用語について ………………………………………………… 7
- **5** 本研究で用いる資料・文献について …………………………………… 9
- **6** 筆者の援助効果の議論へのかかわり …………………………………… 10

第1章　CSO の国際開発協力活動の研究の視角 ……… 13

- はじめに …………………………………………………………………… 13
- **1** NGO・市民社会・グローバル市民社会とは何か …………………… 13
  - *1* NGO とは何か ………………………………………………………… 13
  - *2* 市民社会（civil society），市民社会組織（Civil Society Organizations = CSO）とは何か ……………………………………………………… 14
  - *3* グローバル市民社会（global civil society）とは何か ……………… 17
  - *4* 市民社会・グローバル市民社会の意義の多様な解釈 ……………… 18
  - *5* グローバル市民社会の多様なアクター ……………………………… 20
  - *6* グローバル市民社会論に対する批判論・懐疑論 …………………… 23
- **2** CSO と国際開発 ………………………………………………………… 25
  - *1* 国際開発における NGO/CSO の役割——歴史的変遷 …………… 25
  - *2* 国際開発における CSO の今日的役割 ……………………………… 29
- **3** 本書の研究の視角と注目点 ……………………………………………… 30
  - *1* CSO の独自性とは …………………………………………………… 30

i

  2 テーマ設定における独自性 ··· 31
  3 規範の「起業家」・推進者としての CSO ·································· 32
  4 開発アプローチに関する規範の転換をもたらしたのか ·················· 34
  5 政策・実務規範の特徴——特にオーナーシップ ·························· 40
  6 2 つのプラットフォーム（HLF 3 前），3 つのプラットフォーム
    （HLF 4 前）の相互作用と CSO の正統性の模索 ························ 43
 おわりに ·· 46

第**2**章 援助効果とは何か——議論の経過 ······················· 51

 はじめに ·· 51
 1 援助効果の議論の背景 ·· 51
 2 国連での議論
    ——ミレニアム開発目標（MDGs）とモントレー・コンセンサス ················ 52
  1 MDGs ·· 52
  2 モントレー・コンセンサス ·· 53
 3 ブレトン・ウッズ機関と貧困削減戦略 ································ 53
  1 PRS アプローチとは ··· 53
  2 PRSP ··· 54
  3 PRS アプローチの意義 ·· 55
 4 DAC における援助効果の議論のはじまり ··························· 56
  1 先駆けとしての OECD-DAC「新開発戦略」 ······························ 56
  2 援助の調和化に関するローマ宣言と援助効果に関する作業部会の設置 ······ 57
 5 援助効果に関するパリ宣言 ·· 57
  1 パリ宣言とは ··· 57
  2 パリ宣言の 5 原則 ·· 58
  3 パリ宣言の 12 の指標 ·· 60
 6 アクラ行動計画（AAA） ··· 60
  1 途上国のオーナーシップの強化 ··· 60
  2 より効果的で広範なパートナーシップ ···································· 60
  3 開発の成果の達成とアカウンタビリティ ································· 61
 7 HLF 3 から HLF 4 の間の援助効果の議論 ····························· 61
  1 WP-EFF における南も含めた広範な参加 ·································· 61
  2 複雑な組織 ··· 61

3　パリ宣言の実施状況報告書（2011）………………………………… 62
　8　HLF 4 と BPd ………………………………………………………………… 64
　　1　効果的な開発協力の諸原則 ……………………………………………… 65
　　2　効果的な開発の課題 ……………………………………………………… 66
　　3　新興ドナーの台頭と南南協力 …………………………………………… 66
　　4　HLF 4 後の組織と BPd の指標 ………………………………………… 69
　おわりに ……………………………………………………………………………… 69

第3章　4つのプラットフォームの概要 …………………………… 73

　はじめに ……………………………………………………………………………… 73
　1　OECD-DAC の CSO 重視 ……………………………………………………… 74
　　1　どのように CSO は援助効果の議論に公式参加するようになっていったのか … 74
　　2　BetterAid, Open Forum への資金的支援 …………………………… 74
　2　ODA に関するアドボカシー・プラットフォーム …………………………… 75
　　　　──ISG から BetterAid へ
　3　CSO の開発効果に関するプラットフォーム──Open Forum …… 77
　4　CSO と南北の政府合同のプラットフォーム──AG-CS ………… 80
　5　CSO と南北の政府合同のプラットフォーム──TT-CSO ……… 82
　補論──CPDE ……………………………………………………………………… 83

第4章　援助効果の議論における CSO のアドボカシー活動
　　　　……………………………………………………………………………… 85

　はじめに ……………………………………………………………………………… 85
　1　本章の研究の視角 ……………………………………………………………… 86
　　1　「援助効果」か「開発効果」か──テーマの設定 …………………… 86
　　2　CSO の「人権規範」にもとづく「成長による貧困削減規範」への挑戦 … 86
　　3　政策・実務規範──オーナーシップを中心に ……………………… 87
　　4　規範のライフ・サイクル論と「拒否国」 …………………………… 88
　2　パリ宣言への CSO の評価と批判 ………………………………………… 90
　3　HLF 3 前後の CSO の提言と成果・批判 ………………………………… 92
　　1　HLF 3 に向けた CSO の提言の特徴 ………………………………… 92

2　HLF 3 における CSO の提言の成果 ………………………………… 94
4　HLF 4 プロセス ………………………………………………………… 96
　　1　プサン成果文書策定プロセス（BOD プロセス）………………… 96
　　2　HLF 4 プロセスにおける CSO の提言内容の概要 ……………… 99
5　HLF 4 の論点──開発効果 …………………………………………… 100
　　1　BOD プロセスにおける議論 ……………………………………… 100
　　2　なぜ開発効果ではなく効果的開発協力になったのか ………… 101
6　HLF 4 の論点──人権・RBA とジェンダー ……………………… 103
　　1　人権と RBA ………………………………………………………… 103
　　2　ジェンダーと女性の人権 ………………………………………… 107
7　HLF 4 の論点──「民主的オーナーシップ」……………………… 111
8　HLF 4 の論点──南南協力 …………………………………………… 113
おわりに──CSO の提言の特徴と成果 ………………………………… 116
　　1　テーマ設定の変更 ………………………………………………… 116
　　2　「人権規範」にもとづく「成長による貧困削減規範」への挑戦 … 117
　　3　政策・実務規範──オーナーシップを中心に ………………… 118
　　4　受け入れられる要因，受け入れられない要因 ………………… 119
　　5　CSO の正式参加の意義とジレンマ ……………………………… 121

第5章　CSO の開発効果の規範づくり …………… 127

はじめに ……………………………………………………………………… 127
1　本章の研究の視角 ……………………………………………………… 128
　　1　CSO の開発効果の規範づくりの特徴 …………………………… 128
　　2　規範としてのイスタンブール原則，シェムリアップ・コンセンサスの特徴 …… 128
2　なぜ CSO の開発効果に取り組んだのか …………………………… 129
　　1　なぜ CSO の効果か ………………………………………………… 129
　　2　CSO の効果に取り組むことへの懸念 …………………………… 130
3　AG-CS での議論と AAA ……………………………………………… 131
　　1　AG-CS での議論 …………………………………………………… 131
　　2　AAA での CSO への言及 ………………………………………… 133
4　Open Forum による CSO の開発効果の規範づくり …………… 135
　　　──イスタンブール原則の採択

1　コンサルテーションのためのツールキット ………………………… 135
　　　2　コンサルテーションの結果 ……………………………………………… 137
　　　3　Open Forum 第1回世界総会とイスタンブール原則 ……………… 139
　5　Open Forum による CSO の開発効果の規範の完成 ………………… 143
　　　　――シェムリアップ・コンセンサス
　　　1　第2回総会に向けて ……………………………………………………… 143
　　　　――CSO の開発効果に関する国際的枠組みの第2・3ドラフト
　　　2　シェムリアップ・コンセンサスの採択 …………………………… 144
　6　BPd におけるイスタンブール原則とシェムリアップ・コンセンサスの認知 … 150
　おわりに――Open Forum による CSO の開発効果の規範づくりの意義
　　………………………………………………………………………………………… 151
　　　1　Open Forum のプロセスの特徴と意義――よく設計された公開・参加 … 151
　　　2　CSO の開発効果規範の特徴 ………………………………………… 153
　　　3　BPd におけるイスタンブール原則とシェムリアップ・コンセンサスの
　　　　　認知の意義 ……………………………………………………………… 155
　補論――イスタンブール原則, シェムリアップ・コンセンサスの実施 … 156
　　　1　カンボジア ………………………………………………………………… 156
　　　2　カナダ ……………………………………………………………………… 157
　　　3　韓　国 ……………………………………………………………………… 159
　　　4　日　本 ……………………………………………………………………… 160
　　　5　4か国の経験から見る今後の課題 ………………………………… 161

第6章　援助効果の議論と CSO の独自性, 政策・制度環境

　…………………………………………………………………………………………… 165

はじめに ……………………………………………………………………………… 165
1　本章の研究の視角 …………………………………………………………… 167
　　　1　規範としての CSO の独自性と政策・制度環境 …………………… 167
　　　2　マルチステークホルダー・プラットフォームにおける合意形成 …… 167
2　援助効果論以前の開発援助における政府と NGO/CSO の関係 … 168
　　　1　20世紀 ……………………………………………………………………… 168
　　　　――公的ドナーによる NGO/CSO 支援の拡大と NGO/CSO の懸念
　　　2　2000年前後――貧困削減戦略と市民社会 …………………………… 169
3　AG-CS の提言と AAA ………………………………………………………… 170

- 1 AG-CS の背景——貧困削減戦略・援助効果論への CSO の懸念 ……… 170
- 2 AG-CS の提言——市民社会の独自性の認知と発言権 …………… 172
- 3 AG-CS の提言—— CSO とパリ宣言の諸原則の適用 …………… 174
- 4 政策・制度環境 ………………………………………………… 179
- 5 AAA における独自のアクターとしての CSO の認知 …………… 179

4 TT-CSO，Open Forum の提言と BPd ………………………… 180
- 1 悪化する政策・制度環境 ………………………………………… 180
- 2 TT-CSO での議論 ……………………………………………… 181
- 3 TT-CSO の提言 ………………………………………………… 183
- 4 Open Forum の政策・制度環境に関する活動 …………………… 186
- 5 HLF 4，BPd における CSO の政策・制度環境 …………………… 189

おわりに—— CSO の独自性，政策・制度環境についての議論の特徴… 190
- 1 AG-CS，TT-CSO，Open Forum が提唱した規範の特徴 ………… 190
- 2 マルチステークホルダーのプラットフォームとしての AG-CS，
  TT-CSO の意義と限界 ………………………………………… 192

補論—— HLF 4 後の政策・制度環境 ………………………………… 195
- 1 続く政策・制度環境の悪化 ……………………………………… 195
- 2 公的ドナーの CSO 支援策 ……………………………………… 195

終章　グローバル市民社会と援助効果 ………………………………… 201
　　　——研究のまとめと今後の展望

はじめに ……………………………………………………………………… 201

1 グローバル市民社会の規範と課題設定の独自性は何か ………… 202
- 1 人権・ジェンダー・開発効果 …………………………………… 202
- 2 民主的オーナーシップと「独自のアクター」としての CSO ……… 205
- 3 規範と課題設定におけるグローバル市民社会の独自性は何であったのか … 207

2 CSO の正統性の模索とプラットフォーム間の相互作用 ………… 208
- 1 HLF 3 以前 ……………………………………………………… 209
- 2 HLF 3 から HLF 4 へ …………………………………………… 210
- 3 CSO プラットフォーム間の相互の関係 ………………………… 213

3 国際開発とグローバル市民社会——実務と研究の課題 ………… 214
- 1 NGO を超えたグローバル市民社会の可能性 …………………… 214
- 2 RBA ……………………………………………………………… 215

3　南がオーナーシップを持つ南北パートナーシップの可能性 ………… 216
　　4　新興ドナーの台頭とグローバル市民社会 ……………………………… 217

参考文献一覧

あとがき

索　引

略語一覧

AAA	Accra Agenda for Action	アクラ行動計画
ACPPP	African Civil Society Platform for Principled Partnership	
AFRODAD	African Forum and Network for Debt and Development	
AG-CS	Advisory Group on Civil Society and Aid Effectiveness	市民社会と援助効果に関するアドバイザリー・グループ
AWID	Association for Women's Rights in Development	
BACG	BetterAid Coordinating Group	BetterAidの執行委員会
BGCSF	Busan Global Civil Society Forum	プサン・グローバル市民社会フォーラム
BHN	basic human needs	人間の基本的ニーズ
BOD	Busan Outcome Document	プサン成果文書
BPd	Busan Partnership for Effective Development Co-operation	効果的な開発協力に関するプサン・パートナーシップ
CANGO	China Association for NGO Cooperation	中国国際民間組織合作促進会
CANZ	Canada, Australia and New Zealand	
CARICOM	Caribbean Community	カリブ共同体
CCC	Cooperation Committee for Cambodia	
CCIC	Canadian Council for International Cooperation	カナダ国際協力協議会
CDF	Comprehensive Development Framework	包括的開発枠組み
CIDA	Canadian International Development Agency	カナダ国際開発庁
Civicus	Civicus: World Alliance for Citizen Participation	市民社会をテーマにしたCSOのグローバルなプラットフォーム
Concord	European NGO Confederation for Relief and Development	

略語一覧

CPDE	Civil Society Partnership for Development Effectiveness	
CSO	Civil Society Organizations	市民社会組織
DAC	Development Assistance Committee	(OECDの) 開発援助委員会
DFATD	Department for Foreign Affairs, Trade and Development	(カナダ) 外務貿易開発省
DFAIT	Department for Foreign Affairs and International Trade	(カナダ) 外務貿易省
DFID	Department for International Development	(イギリス) 国際開発省
Dostangos	donors, states and NGOs	
EU	European Union	ヨーロッパ連合
EUROSTEP	Euroepan Solidarity towards Equal Participation of People	
FEMNET	African Women's Development and Communication Network	
GBS	general budget support	一般財政支援
GFG	Global Facilitation Group	Open Forumの執行委員会
GG	good governance	グッド・ガバナンス
GPEDC	Global Partnership for Effective Development Co-operation	効果的な開発協力のためのグローバル・パートナーシップ
HIPCs	highly-indebted poor countries	重債務貧困国
HLF	High Level Forum	(援助効果に関する) ハイ・レベル (閣僚級) フォーラム
ICVA	International Council of Voluntary Agencies	国際ボランタリー団体協議会
IDA	International Development Association	国際開発協会
IMF	International Monetary Fund	国際通貨基金
ISG	International Steering Group	
ITUC	International Trade Union Confederation	国際労働組合総連合
KCOC	Korean NGO Council for Overseas Cooperation	
KoFID	Korean Civil Society Forum on International Development	

ix

	Cooperation	
LGBT	lesbians, gays, bisexuals and transgender	
LSE	London School of Economics	
MDGs	Millennium Development Goals	ミレニアム開発目標
NGO	Non-Governmental Organizations	非政府組織
NGO Forum	NGO Forum on Cambodia	
NPO	Non-Profit Organizations または Not-for-profit Organizations	非営利組織
ODA	official development asssistance	政府開発援助
OECD	Organization for Economic Cooperation and Development	経済協力開発機構
Open Forum	Open Forum for CSO Development Effectiveness	CSOの開発効果に関するオープンフォーラム
PFM	public finaicial management	公共財政管理
PRS	Poverty Reduction Strategy(ies)	貧困削減戦略
PRSP	Poverty Reduction Strategy Paper	貧困削減戦略ペーパー
RBA	rights-based approach to development	権利ベース・アプローチ
RoA	The Reality of Aid	
Sida	Sewedish International Development Cooperation Agency	スウェーデン国際開発庁
SWAps	sector-wide approaches	セクター・ワイド・アプローチ
TT-CSO	Multi-stakeholder Task Team on CSO Development Effectiveness and Enabling Environment	CSOの開発効果と政策・制度環境に関するマルチステークホルダー・タスク・チーム
UNDG	United Nations Development Group	国連開発グループ
UNDP	United Nations Development Plan	国連開発計画
WP-EFF	Working Party on Aid Effctiveness	(OECD-DACの)援助効果に関する作業部会

※ 日本語表記については，定訳，あるいは関係者の間で定着しているもののみ記している。

序　章　グローバル市民社会と援助効果
　　　　——本書の課題

1 本書の課題

　国際関係において，NGO（Non-Governmental Organizations＝非政府組織），あるいは最近よく使われるようになったことばでいえばCSO（Civil Society Organizations＝市民社会組織）の役割が注目されるようになって20年以上になるだろうか。[1] NGO・CSOは，本書の焦点となる世界の開発と貧困削減，人権，ジェンダー，地球環境，軍縮や非人道的兵器（対人地雷やクラスター爆弾など）の禁止，平和構築など幅広い問題領域で活動してきた。

　開発と貧困削減の問題領域では，CSOは自ら開発援助アクターの1つとして，開発現場において貧困削減のためのプロジェクト・プログラムの実施するアクターであるとともに，二国間・多国間ODA（政府開発援助）をはじめとする政府セクターの開発援助に関するアドボカシーを担うアクターとして活動してきた。

　21世紀の開発援助のキーワードをあげるならば，「貧困削減戦略」（poverty reduction strategies），「援助効果」（aid effectiveness），「効果的な開発協力」（effective development cooperation）であろう。貧困削減戦略は，1999年の IMF（国際通貨基金）・世界銀行総会で，重債務貧困国（HIPCs）[2]と世銀のうち国際開発協会（IDA）[3]対象国に，貧困削減戦略ペーパー（PRSP）の作成を求めることを決定したのをきっかけに，開発援助で重視されるようになった。

　援助効果という問題は，わかりやすくいってしまえば，援助は役に立っているのか，役に立つにはどうすればよいのかの問題である。2000年国連総会で国連ミレニアム開発目標（MDGs）の採択や，2001年9月11日の同時多発テロ以降の「貧困はテロの温床となる」という認識の高まりとともに，開発援助を増

I

額すべきだという機運が高まり活発に議論されるようになった。詳しくは 2 章で述べるが，OECD-DAC（経済協力開発機構・開発援助委員会）に援助効果に関する作業部会（Working Party on Aid Effectiveness：以下，WP-EFF）が設けられ，また援助効果をテーマに，ローマ（2002年），パリ（2005年），アクラ（2008年），プサン（2011年）と 4 回のハイ・レベル（閣僚級）・フォーラム（以下，HLF）が開催されてきた。

　詳しくは第 2 章で述べるが，2005年のパリにおける第 2 回 HLF（以下，HLF 2）時の「援助効果に関するパリ宣言」（Paris Declaration on Aid Effectiveness：OECD 2005）の採択で援助効果に関する 5 原則──①オーナーシップ（ownership），②整合性（alignment），③調和化（harmonisation），④成果のマネージメント（management for results），⑤相互のアカウンタビリティ（mutual accountability）──が確認された。2011年プサンにおける第 4 回 HLF（HLF 4）での「効果的な開発協力に関するプサン・パートナーシップ」（Busan Partnership for Effective Development Co-operation＝BPd：OECD 2011n）の採択により「援助効果」とともに「効果的な開発協力」もよく使われる言葉となりつつある。

　援助効果のテーマには，開発と貧困削減にかかわる世界の CSO は国際プラットフォームを形成し，積極的に取り組んできた。CSO の活動の流れに関しては，詳しくは第 3 章でまとめることになる。パリ宣言後，ODA に関する政策提言を行う国際 CSO ネットワークの The Reality of Aid（RoA）がいち早くこれに対する批判・提言を行った。アクラの HLF 3 に向けて RoA に他の CSO も合流し，International Steering Group（ISG）が結成され，やがて BetterAid というプラットフォームに発展していった。

　そのプロセスの中で，CSO は 2 つのことを問われることとなった。かつては新しい援助アクターとして注目された CSO も，活動規模が拡大し，北の先進諸国の ODA 総額が年間約1000億米ドルに対し，北の CSO から南に流れる資金も年間200～250億ドル（AG-CS 2008c：1）となり，CSO 活動が開発現場に与える影響も大きくなっていた。そのような規模の金額と現場での影響力を持った CSO にも援助効果の諸原則を当てはめるべきではないのということが CSO に対して提起された第一の問題であった。HLF 3 に向けてこの問題を検討するため，CSO と南北の政府合同のプラットフォームとして，市民社会と

援助効果に関するアドバイザリー・グループ（Advisory Group on Civil Society and Aid Effectiveness：以下，AG-CS）が結成された。

　また，第二に，ODA の援助効果の問題についてアドボカシーをやっているけれども，CSO 自身の活動も効果をあげているのだろうかという問題も提起された。そして CSO 自身の効果——詳しくは本書で述べていくが，CSO 自らが使った言葉では「開発効果」（開発効果と援助効果の違いについては後述）——向上のための規範づくりにも取り組むこととなった。

　HLF 3 からプサンの HLF 4 までのプロセスでは，二国間・多国間の ODA（政府開発援助）に関するアドボカシー活動を行う BetterAid，CSO 自身の開発効果の問題に取り組む CSO の開発効果に関するオープン・フォーラム（Open Forum for CSO Development Effectiveness：以下，Open Forum）の 2 つの CSO のグローバルなプラットフォームが活動した。また，AG-CS の後継機関として，南北の政府と CSO の代表が CSO の活動に好ましい政策・制度環境（enabling environment）に関して議論する CSO の開発効果と活動に好ましい政策・制度環境に関するマルチステークホルダー・タスクチーム（Multi-Stakeholder Task Team on CSO Development Effectiveness and Enabling Environment：以下，TT-CSO）も設立された。

　ここでプラットフォームということばを説明しておこう。従来は CSO のネットワークに対する注目が高まっていたが，近年よく使われるようになったことばであるプラットフォームとはネットワークの中でも一定の対象テーマと具体的な活動の合意があるものと考えたい。

　BetterAid は WP-EFF に公式メンバーとして参加し，HLF 4 には300名の世界の CSO 代表が参加した。詳しくは第 2 ～ 4 章でふれることとなるが，HLF 4 の成果文書として採択された BPd のとりまとめにあたった18名のシェルパ・グループ（構成メンバーは第 4 章参照）の 1 人として，BetterAid 共同議長でフィリピンの IBON 財団のトゥハン（Antonio［Tony］Tujan）が参加した。CSO の公式参加はこの援助効果に関する国際プロセスの特徴であった。

　Open Forum は「CSO の開発効果に関するイスタンブール原則」（Istanbul Principles for CSO Development Effectiveness：以下，イスタンブール原則）を含む「CSO の開発効果に関する国際枠組みについてのシェムリアップ・コンセンサ

ス」(Siem Reap Consensus on the International Framework for CSO Development Effectiveness：以下，シェムリアップ・コンセンサス）を採択し，これからの CSO の国際開発の活動に関する規範をつくった。

HLF 4 直前のプサン・グローバル市民フォーラム（BGCSF）には103か国と 2 地域（内訳は，アジア太平洋16，南アジア 5，中央アジア 4，中東・北アフリカ 7，サハラ以南アフリカ32，ヨーロッパ22，北アメリカ 2，中南米・カリブ海17。2 つの地域とはパレスチナと香港）から749名の参加者があった。[6]

本書は，援助効果に関する国際的な議論との関連で，CSO の世界の貧困の問題，国際開発協力における独自の役割と意義を検討することを課題とする。CSO は以下の 3 つの次元で援助効果の問題とかかわっている。

第一に，CSO は政府，政府間国際機関，企業に対するアドボカシーの担い手であり，ODA（政府開発援助）についても活発にアドボカシー活動を行ってきた。援助効果もアドボカシー活動のテーマになった。したがって本書の第一の課題は，CSO，あるいは国際開発協力にかかわる「グローバル市民社会」の援助効果に関する提言内容はどのような特徴を持つのか，それらがどこまで南北の国家政府や政府間国際機関に受け入れられたのか，受け入れられた要因は何かを明らかにすることである。

第二に，CSO は世界の貧困問題に国際開発協力に関するアドボカシーとともに事業活動の担い手としてかかわってきたことはいうまでもない。援助効果の議論が高まる中，CSO の活動の効果も問われることとなった。そして CSO 自ら，CSO の効果の問題に取り組んだ。本書の第二の課題は，CSO 自身の開発効果向上のための規範づくりをしたことの意義と，そのプロセスで CSO の独自性がどのように考えられてきたのかを検討することである。

第三に，CSO は南北の政府と無関係に活動しているのではない。南北を問わず，ほとんどの国で CSO はそれぞれの国の制度や政策に従って何らかの形で法人として登録したり，認可を受けたりしている。法制度や政策のあり方は多様であるが，CSO が活動しやすいかどうかは重要な要因である。CSO の活動に好ましい政策・制度環境（enabling environment）をいかに得ていくのかは絶えず重要な課題であった。また北の CSO にとって，1960年代半ば以降，ODA 資金は有力な財源の 1 つである。現在 OECD-DAC 諸国の ODA の14%

はCSOを通じて南の開発現場に流れている（OECD 2013）。北の諸国のCSOは活動資金の30％程度をODA資金から得ているといわれる。いかに南の活動現場でよい政策・制度環境を得ていくか，CSOはODAを有力な財源の1つとする中で独自性を保てるのかは長年議論されてきたことである。本書の第三の課題として，援助効果の議論と関連した政府とCSOの関係のあり方についての議論や，政策・制度環境の問題やODAによるCSO支援をめぐる議論の中で，CSOは独自性を保つ，あるいは拡大するためにCSOがどのような政策提言を行ってきたのかを明らかにしたい。

以上の3つの次元での取り組みはバラバラに行われたのではない。ODAに関するアドボカシー，CSO自身の効果についての規範づくり，CSOに好ましい政策・制度環境づくりの3つの取り組みの相互の影響を検証しながら，3つの取り組みが同時進行した援助効果をめぐるCSOのかかわりの意義を考えたい。

2　なぜ「援助効果」をとりあげるのか

援助効果は，必ずしも日本では広く知られてきたテーマではない。これまでOECD-DACの閣僚級会議が，前述のようにローマ，パリ，アクラ，プサンと4回開催されてきたが，日本で特にメディアで広くとりあげられてきた会議ではない。HLF4に関しては，ルワンダのカガメ（Paul Kagame）大統領，アメリカのヒラリー・クリントン（Hilary Clinton）国務長官，イギリスのミッチェル（Andrew Mitchell）国際開発大臣など約100か国から首脳や閣僚が参加し[7]，国連のパン・ギムン事務総長も出席しているが，日本の代表団の団長は中野譲外務大臣政務官であったこともあり，日本国内でマスコミをはじめこの会議への関心は必ずしも高くなかった。

それでもこのテーマをNGO・市民社会の研究でとりあげる意義は，第一にこれまで述べてきたように，このテーマがCSOのアドボカシーの担い手，事業の担い手の両方の側面に関係するからである。これまでNGO・市民社会研究の多くは，アドボカシー活動に焦点を当て，グローバルな政策決定への影響力，グローバルな規範の「起業家」としての役割などに注目してきた。例え

ば，対人地雷全面禁止条約の制定プロセスにおける地雷禁止国際キャンペーン (ICBL) を中心としたNGOの役割，地球環境問題におけるアドボカシーなどの先行研究がある（足立 2004，目加田 2003；2004，阪口 2006，太田 2009，毛利 2011 [特にⅢ部]，Florini ed. 2001；Edwards & Gaventa eds. 2001；Clark, J ed. 2003 など）。

第二に，前述したようにHLF4やそれに至るプロセスにCSO関係者が公式参加した点で，市民社会にとって画期的であったからである。援助効果の事例は，今後の世界のNGOやCSO，それらがネットワーク化された領域としてのグローバル市民社会が，グローバルな諸課題に関する政策決定にどのような影響を及ぼすことができるのか，今後のNGO・市民社会研究に多くの示唆を持つのではないかと思われる。

第三に，援助効果をめぐる問題に関しては，CSOは援助効果に関するアドボカシー活動と自らのCSOの開発効果に取り組み，また政府とCSOの関係や政策・制度環境に取り組む，政府機関とCSOの双方からなるマルチステークホルダー（multistakeholder：多セクターという意味）なプロセスが同時進行した点でも興味深い。

3 本書の構成

本書ではまず第1章で，NGO，市民社会とCSO，グローバル市民社会といった概念を整理した後に，CSOやグローバル市民社会の国際開発協力を検討する上での枠組みを提示してみたい。

第2章では，貧困削減戦略についても触れた上で，援助効果の問題とはどのような問題か，どのように世界的な議論が進展してきたのかをまとめる。

第3章では，援助効果の問題に関して活動してきたCSOのプラットフォーム，すなわち前述したBetterAid, AG-CS, Open Forum, TT-CSOの流れを概観する。第3章は分量的には短いが，プラットフォームの紹介に1つの章をあてるのは，例えばOpen Forum設立に当たりAG-CSの勧告が大きなきっかけになり，TT-CSOはAG-CSの後継機関である一方でOpen Forum代表が入り，HLF4後のCSOプラットフォームとなったCSO Partnership for Development Effectiveness（CPDE）は BetterAid, Open Forum 両方の活動を継承するなど，4つの関係が密接であるからである。

　第4章では，本書の第一の課題，すなわち CSO，あるいは国際開発協力にかかわるグローバル市民社会の援助効果に関する提言内容はどのような特徴を持つのかを，BetterAid の活動に即して明らかにする。それらがどこまで南北の国家政府や政府間国際機関に受け入れられたのかを検証しつつ，CSO のアドボカシー活動の成果と限界を考察する。

　第5章では，本書の第二の課題に取り組む。Open Forum を中心に，CSO 自身の開発効果向上のための規範づくりをしたことの意義と，そのプロセスで CSO の独自性がどのように考えられてきたのかを検討する。

　第6章では，本書の第三の課題として，援助効果の議論と関連した政府と CSO の関係のあり方についての AG-CS での議論や，政策・制度環境の問題や ODA による CSO 支援をめぐるマルチステークホルダー・プラットフォームである TT-CSO での議論，CSO プラットフォームである Open Forum の議論に焦点を当てる。CSO は独自性を保つ，あるいは拡大するために CSO がどのような政策提言を行ってきたのかを明らかにしたい。

　終章では，第4〜6章でとりあげた相互の関連を検討しつつ，3つの課題とプラットフォームの取り組みが同時進行した援助効果をめぐる CSO のかかわりの意義を考えたい

4　いくつかの用語について

　本書で用いる用語についても若干の説明をしておきたい。なぜならば，援助効果の議論では，しばしば同じ意味で複数の用語が混用されている場合，同じ用語が複数の意味で用いられている場合があるからである。

　本書は援助効果をテーマとするが，援助とは何だろうか。議論の場が主に OECD-DAC であるのだから，先進諸国の ODA が議論の対象であった。また国連の開発関係諸機関や世界銀行も議論に参加したので，多国間 ODA も対象となった。しかし近年，中国・インド・トルコ・アラブ産油国・ブラジル・メキシコ・チリなど，新興ドナーと呼ばれ，産油国を除けば援助国であると同時

に現在でも被援助国でもある諸国の援助が注目されている。HLF4の開催国となった韓国も、援助効果の議論開始時にはDACメンバーではなく、すでにDACの途上国のリストからははずれてODAの対象国ではなくなっていたものの、新興ドナーの1つに考えられたが、HLF4の前年の2010年にDACに加盟した。これまでDACにおいて積み重ねられてきた援助に関する規範やルールを新興ドナーによる援助にもあてはめるのか自体がHLF4での最大の論点となった現実があった（第2章）。その意味で援助効果の議論の援助とは何であるのかも現在は過渡期といえよう。

　より本質的に援助とは何だろうか。佐藤寛は「社会の発展を目指して行われる、外部からの資源投入」（佐藤 2005：52）と定義している。CSOの南の現場に対する支援も援助の1つである。さらに佐藤は、援助を「与える側」と「受ける側」の間に「非対称性」「権力性」があるが、その現実があるがゆえに援助ということばが「忌避」され、国際協力や開発協力といった言葉が用いられる傾向があることを指摘する（同上：56-58）。援助効果の議論では南のオーナーシップが強調されるのも、CSOの効果の議論でパートナーシップに関する規範が出てくるのも、「非対称性」「権力性」をいかに克服するのかという問題意識がある。「非対称性」「権力性」がどこまで克服されていくのかは、今後の成果を見なければならないし、佐藤が指摘する援助の本質の問題は国際開発研究の永遠のテーマともいえ、本書で紹介できるのは「非対称性」「権力性」克服の試みの一事例である。

　本書で紹介する援助効果の議論でも、BPdに見られるように開発協力ということばも見られるが、援助と混用されている場合もあれば、公的な援助以外の民間投資なども含んだ意味で使われている場合もある。またCSOは「援助効果」よりも「開発効果」ということばを用いることを提唱してきた。第4・5章で詳しくCSOのいう「開発効果」の意味を検討するが、ここではCSOの場合は北の政府やCSOの援助活動のあり方だけでなく、南の政府の開発政策や南のCSOのあり方も合わせて議論する意図があることだけ述べておこう。

　ことばが混乱しているもう1つの例は、南・途上国・パートナー国といった言葉が混用されていることだろう。パリ宣言ではパートナー国（partner countries）ということばが使われていたが、AAAとBPdでは途上国（developing countries）が使われている．本書では，紹介するさまざまな文書の原文で使われている言葉を尊重するが，途上国とパートナー国は同じ意味だと考えていただきたい．また南・北といった場合，途上国の諸社会と先進国の諸社会を集合的に表したものと考えていただきたい．

また本書で出てくるアクターにはCSO以外にも，二国間・多国間のODA機関，途上国（南）の政府がある．援助効果の議論ではドナーということばがしばしば出てくるが，二国間・多国間ODA機関を指すこともあれば，北のCSOや国際CSOも含んでいる場合もある．二国間・多国間ODA機関を本書では「公的ドナー」と表すことにしたい．また，「国家政府アクター」という場合は二国間・多国間ODA機関，南の政府すべてを含むものとしたい．

本書では，それぞれの場面で引用や参照した文書で使われている用語を可能な範囲内で尊重することを基本方針としたい．したがって同じ意味を表すことばが複数混用されていることをご了解いただきたい．

5 本研究で用いる資料・文献について

援助効果をめぐる議論であるが，OECD-DAC, WP-EFF, BPdとりまとめに当たったシェルパ・グループなどの会議の議事録については，要約版[8]が公開されている．多くの文書がdraftという語が入った文書名となっているが，そのまま何らかの形で承認されているものである[9]．

HLF4に至るプロセスについては，2011年1月から2012年12月までDAC議長を務めたアトウッド（J. Brian Atwood）が回想する文章を残している（Atwood：2012）．この文書には上記の議事録要約版には出てこない事実関係もいくつか紹介されている．

また本書では，BetterAidとOpen Forumの2つのプラットフォームの資料を多用している．いずれも国際会議の参加時に入手したものや，インターネット上でPDFで公開されているものである．両プラットフォームは2012年12月に解散し，援助効果の問題に関するアドボカシー，CSOの開発効果の規範の実施の両方に取り組むプラットフォームとして，CPDEが発足しているが，BetterAid, Open Forumのホームページはそのまま資料の保管の意味も

あり（容量の関係などの事情からすべてではないが），存続している。それぞれのURLは以下の通りである。

・BetterAid：http://www.betteraid.org
・Open Forum：http://www.cso-effectiveness.org

　また，援助効果の議論に対するCSOのかかわりについて，CSO関係者から評価も含めたレポートが出されている。HLF3までについては，カナダ人で個人コンサルタントとしてAG-CSにかかわったウッド（Jacqueline Wood）とCivicus：World Alliance for Citizen Participationのバロ（Henri Valot）が，HLF4へのプロセスについてはカナダのCSOプラットフォームであるカナダ国際協力協議会（Canadian Council for International Cooperation＝CCIC）で政策研究・アドボカシー担当を務めた（2011年6月末で退職）トムリンソン（Brian Tomlinson）がレポートを執筆している（Wood & Valot 2009；Tomlinson 2012）。記録とCSOの視点からの評価の両面で貴重な文献である。また両レポートは，ともにCSO関係者のみならず南北の政府や国際機関の関係者のインタビューにより，生の声も多数紹介している。トムリンソンのレポートでは，インターネットによるBetterAidとOpen Forumの参加者に対するアンケート調査で出た意見も紹介している。なお，ウッドはHLF3後にカナダ国際開発庁（CIDA）でCSOに対する支援を担当するPartnership with Canadians Branch職員となり，TT-CSOにも参加した。トムリンソンは，Open Forumのイスタンブール原則とシェムリアップ・コンセンサスの起草グループの中心であり，TT-CSOの共同議長も務めた。

　本書の執筆にあたっては，トムリンソン，前述のようにBetterAid共同議長でシェルパ・グループの一員ともなったトゥハン，Open Forumのグローバルコーディネーターのバートレット（Amy Bartlett）の各氏にも個別にお話をうかがっている。

❻ 筆者の援助効果の議論へのかかわり

　筆者は，援助効果の問題に関し，国際協力NGOセンター（JANIC）の政策

アドバイザーを務め，CSOの一員としての活動も行ってきた。その資格でOpen Forumの日本コンサルテーションの開催にかかわり，シェムリアップ・コンセンサスが採択された第2回Open Forum世界総会と，HLF4直前のBGCSFに参加している。またCSOの開発効果をテーマとしたセッションが開催されたCivicus総会にも，HLF4前後の2011年と2012年（開催はいずれも9月にモントリオール）に参加している。本書は筆者のこうした国際会議に参加した際の観察も含んでいる。本書の見解はすべて筆者個人のものであり，JANICやOpen Forumを代表するものでないことを明記しておきたい。

また筆者は，2010年に外務省の「パリ宣言実施状況：ドナー本部評価」（委託先：（株）みずほ情報総研）にアドバイザーとして参加したが（評価主任は高橋基樹神戸大学教授），この点との関連でも本書の見解はすべて筆者個人のものである。

  ＊ 本書では，文献や文書からの引用や要約については，本文中に出典を明記した。ただし，英語文献の標記については，多様な読者の便宜のため，学術文献の特殊な記号を一部避けていることをお断りしておきたい。
　また英語の綴りについて，OECDはイギリス綴りを採用し（例えば，harmonisation），CSOの文書ではイギリス綴りとアメリカ綴りが混在している。本書ではなるべく原文を尊重しているため，イギリス綴りとアメリカ綴りが混在することもお断りしておきたい。

1 日本の国際政治学におけるNGOの初期の研究としては，馬場（1982；1985；1986）があげられよう。
2 現在39か国が指定されているが，アジアが1か国，中南米が4か国以外はサハラ以南のアフリカ諸国である。（http://www.imf.org/external/np/exr/facts/hipc.htm：アクセス2013年11月16日）
3 IDAは1960年に，アフリカ諸国の大量独立を機に従来の国際復興開発銀行（IBRD）の条件では融資の難しい諸国により緩やかな条件で貸し付けを行うため設立された。現在のIDAの融資適格国は81か国である。
4 CSOが効果をあげているのかは，研究者によっても次第にとりあげられるようになっていた。例えば，Riddell（2007：Chapt. 16）。
5 CSOの実践者の間でも，学術的にも，ネットワークとプラットフォームの違いを明確に定義したものはない。
6 会場で配布された参加者名簿による。なお，この数には主催団体の事務局関係者，オブザーバー参加の政府関係者も含む。なお，日本からの参加者は7団体13名（筆者を含む）であった。
7 http://ris.org.in/images/RIS_images/pdf/02%20Enna%20Park.pdf（アクセス2013年9月26日）

8　OECD の諸会議については詳細な議事録を作成しないのが慣例になっている（村田 2000：50）。
9　筆者のメールでの照会に対する OECD 事務局の返答。同時に引用についても，OECD 以外により公開されているものを含め，差支えないとの返答を得ている。

第1章　CSOの国際開発協力活動の研究の視角

はじめに

　この章ではまず，NGO，市民社会とCSO，グローバル市民社会といった概念を整理したい。次に，CSOの国際開発における役割について，歴史的変遷も含めてまとめたい。最後の，本書のテーマである援助効果の国際的議論におけるCSOやグローバル市民社会の役割や意義を検討する上での視角を，グローバル市民社会論，国際政治学——特に規範研究，国際開発研究——特に政府やCSOの役割についての議論——の先行研究を踏まえつつ，提示してみたい。

I　NGO・市民社会・グローバル市民社会とは何か

1　NGOとは何か

　NGOとは英語のNon-Governmental Organizationsの略である。日本語では「非政府組織」や「民間団体」と訳されてきた。NGOとは何であるのか，国際的に一致した定義はない。

　NGOという用語は国連から始まったといってよい。国連憲章71条では「経済社会理事会は，その権限内にある事項に関係のある民間団体と協議するために，適当な取極を行うことができる……」とされている。その国連憲章の日本語訳で「民間団体」とされている部分は，原文英語版ではNon-Governmental Organizationsである。

　今日では国連経済社会理事会の関係の有無にかかわらず，軍縮と平和，貧困解消と開発，人権，ジェンダー平等，環境といったグローバルな問題に取り組

む市民の団体を総称することばとしてNGOは用いられている。一般に政府（中央＝国家だけでなく地方＝自治体も含む）組織でないこと，営利目的でないことがNGOである要件と理解される。

　もう1つ近年よく用いられることばとしてNPO（Non-Profit Organizationsまたは Not-for-profit Organizations）がある。日本では特定非営利活動促進法（NPO法）制定の前後からさかんに使われるようになった。NPOは「非営利組織」を意味するが，やはり国際的に一致された定義はない。実際にはNGOは非営利目的である点でNPOでもあるし，日本ではNGOの多くの団体がNPO法にもとづき，NPO法人として認証を受けている。NGOとNPOを厳密に区分することはできない。

　日本では国際的な問題に取り組む団体はNGO，国内や地域の問題（まちづくり，福祉，環境，子どもなど）に取り組む団体はNPOと自らを紹介することが多い。国際的な問題に取り組む団体は政府による外交と異なった視点で国境を超えた関係を持っているという観点から「政府でない」ことを強調するし，国内的な問題に取り組む団体は企業とは違って「営利目的でない」ことを強調したいためと思われる。

2　市民社会（civil society），市民社会組織（Civil Society Organizations＝CSO）とは何か

　最近ではNGOとともに，時にはNGOに代わってCSOということばがよく使われるようになっている。本書のテーマである援助効果の議論の中でもNGOではなく，CSOが使われてきた。CSOということばが使われるようになった背景には，1つには，NGOだけでなく，活動の一環として国際開発協力を行う労働組合や宗教系組織なども視野に入れたいことがある。また，NGOがnon（非）ということばから始まるため，どうしても否定的なニュアンスを伴いがちであり，nonから始まらない別な言葉が長年探し求められてきたこともあるのではないかと思われる。

　市民社会とは何であろうか。歴史的に見ると，古代のギリシャやローマでは，都市国家であり，政治社会であった。市民とは前者では民会，後者では平民会の出席権を持ついずれも重装備歩兵の男性であり，女性や奴隷は含まず，

特権的な意味での市民の集まりであった。中世ヨーロッパでも，市民とは都市自治の担い手を意味し，商人や手工業者であった。

資本主義・市場経済が発達する中で，特にいわゆる「スコットランド啓蒙」の論者であるファーガソン（Adam Ferguson）やスミス（Adam Smith）らにより国家から自立した市民社会の考え方が台頭する。市場の機能が専制から自立する重要性が強調された。産業革命以後の西欧近代で，「市民」「市民社会」「市民階級」「市民革命」といったことが盛んにいわれるが，そこでは「市民」とは，西欧で都市や資本主義の発達とともに台頭した商工業ブルジョアジーを意味した。市民社会は，自由な「経済社会」と，「法律の前での平等」という自由な「公民社会」という二重の性格を持ったのであった（成瀬 1984：2）。そのことはまた，マルクス（Karl Marx）らにより，市民社会とはブルジョア社会との批判も生み出すことにもなる。

アメリカを観察したトックビル（Alexis de Tocqueville）は活発な市民の自発的結社に注目した（de Tocqueville 1990 [1840]：106-120）。グラムシ（Antonio Gramsci）は市民社会を，国家と経済を媒介し，支配装置にも抵抗拠点にもなりうるものととらえた。これは政府と市場と異なった3つ目の領域としての市民社会という見方のはじまりともいえる。[1]

冷戦終焉前後から再び活発化した市民社会論では，一部には企業などの経済アクターを含む見解もあるが，政府，市場や企業と独立した3つ目の領域や部門として市民社会をとらえるのが支配的である。市民社会とは，NGO・NPO，さまざまな社会運動団体，労働組合，協同組合，専門家団体，学術団体，宗教団体など，広く非政府・非営利目的の市民により組織された団体を含むものとして理解されている。そしてNGOは市民社会の有力なアクターとして考えられるようになった。あるいはODA政策で市民社会支援という名の下でNGOに対する支援が強化される例が増えていった。

冷戦後の時代に，さまざまな論者が市民社会をどう定義しているのか，いくつか紹介しよう。

・経済と国家の間の社会的相互作用の空間で，私事の領域（特に家族），諸組織（特にボランタリーな団体）の領域，社会運動や社会的コミュニケーションの諸形態な

どからなる（Cohen & Arato 1992：ix）。
・国家とは別個で，国家から自立性を持ち，利益や価値を擁護・促進するために自発的に組織された団体からなる国家と家族の間の組織化された空間（White 1996：182）。
・私的領域（家族や企業）とガバナンスの正式な政治機構（議会，政党，軍，司法など）との間の組織化された政治活動のアリーナ（Macdonald 1997：3）。
・市民により自然発生した（self-generated）団体が，政党とは別に，社会生活の規定するルールの形成を模索する政治的空間・領域（Scholte 2005：218）。
・人びとが，営利や政治権力のためでなく，集団的行動をとる関心を持つという理由から，共通の利益を結集して促進する領域（Edwards 2001：2）。
・個人の利得ではなく社会変革を目的とした市民の集団的活動（Clark, J. 2003a：3）。
・共有された利益を推進するため，個人的・集団的な行動・組織・制度により創造された，家族・国家・市場の外の領域（Civicus 2013：10）。

最初の4つは研究者，次の2つは数多くの著作のあるCSO実務家，最後のものは世界のCSOのネットワークによるものである。これらの定義の共通点として，個人（または家族）と国家の間の市民の自発的な組織，あるいはその活動空間・領域ということになろう。

市民社会とは，前述した諸団体の集合名詞なのか，それとも市民が活動を組織したり討議したりする空間あるいは領域なのか，両方の説がある。本書では，空間・領域説をとり，市民社会を「政府，ビジネス・セクターとは独立した，特定の価値実現のために市民により自発的に組織化された多様な政治的・社会的活動のための領域」（高柳 2007c：243）と定義したい[2]。そして，具体的な組織を市民社会組織（CSO）とすることとしたい。

本書でとりあげるCSOプラットフォームのうち，Open Forumは，CSOとは次のようなものであると紹介している。これが援助効果，効果的な開発協力の国際的議論におけるCSOに関する共通の定義と考えられる。

> CSOは人びとが公共圏において共有された利益を追求するため組織化されたすべての非市場・非国家アクターを含むものとして定義できる。会員制を基盤としたCSO，主義主張にもとづいたCSO，サービス指向のCSOを含め，幅広い組織をカバーする。例として，コミュニティを基盤とした団体（Community Based Organisations），村落団体，環境グループ，女性の人権グループ，農民団体，信仰を基盤とした組織（faith-based organisations），労働組合，協同組合，専門家団体，商工会議所，独立し

第1章　CSOの国際開発協力活動の研究の視角

た調査研究団体，非営利メディアがある（Open Forum 2011c：6）。

3　グローバル市民社会（global civil society）とは何か

　グローバル市民社会ということも1990年代からいわれるようになってきた。マシューズ（Jessica Mathews）は，冷戦終結以後の国際社会で国家・市場・市民社会の間で新たな力関係の再編が起こり，主権国家のパワーは相対的に衰退し，NGOなど市民社会が台頭し影響力を高めている「パワー・シフト」が起こり，グローバル市民社会が台頭していると論じた（Mathews 1997）。

　グローバル市民社会の台頭が論じられる背景には，NGO・NPOの活動が世界の非常に多くの国で活発化していったこと，NGOの国境を超えた活動への注目が高まったこと，さらにNGOが国際的な政策決定に影響力を強めていったことがあげられる。1990年代前半から半ばにかけて開催された一連のグローバルな諸課題に関する国連会議――国連環境開発会議＝地球サミット（1992年，リオデジャネイロ），世界人権会議（1993年，ウィーン），国連人口開発会議（1994年，カイロ），社会開発サミット（1995年，コペンハーゲン），世界女性会議（1995年，北京）――では，NGOの並行フォーラムが開催されて政府間会議と同様にメディアなどの関心を集めた。また対人地雷やクラスター爆弾の禁止，国際刑事裁判所設立に関しては，NGOネットワークと中小国の連携により，大国の反対や消極的な態度にかかわらず国際条約の締結が実現した（足立 2004；目加田 2003）。

　グローバル市民社会とは，市民社会が国境を超えてグローバルな諸課題取り組んでグローバルな政策決定に影響を与え，市民社会の活動領域がグローバル化したと考えられる中で唱えられるようになったといえよう。

　ロンドン大学のスクール・オブ・エコノミックス（LSE）は2001年から『グローバル市民社会年鑑』（Global Civil Society）を刊行してきたが，最初の2001年版でグローバル市民社会には以下の3つの命題があると述べた。第一に，国際NGOや国際会議における並行会議の開催などの1990年代以降の飛躍的増加という現実としてのグローバル市民社会である。第二に，グローバル市民社会はグローバリゼーションの1つの側面であると同時に，グローバリゼーションに対する対応，特にグローバリゼーションがもたらしたグローバルな資本主

17

義・市場経済の拡散や情報通信技術などによるグローバルなつながりの強まりから疎外された人びとの組織化という側面を持つ。第三に，市民社会はあいまいであり，多様な解釈がある概念である（Anheier 他 2001：4-12）。そうした議論を行いつつ，2001年版『グローバル市民社会』はグローバル市民社会を「家族・国家・市場の間に位置し，国家の社会・政体・経済の境界を超える，アイディア・価値・制度・組織・ネットワーク・個人の領域」（同上：17）と定義している。

筆者としては，前述の市民社会の定義をもとに，「政府，ビジネス・セクターとは独立した，特定の価値実現のために国境を超えて市民により自発的に組織化された多様な政治的・社会的活動のためのグローバルな領域」として考えたい。なお，ここで注意すべきことは，市民社会，あるいはグローバル市民社会とは，多様なビジョンと組織形態からなり，必ずしも市民社会やグローバル市民社会を構成する団体や個人が協調的に行動するわけではなく，激しい討議や対立の領域ともなることであろう。

4 市民社会・グローバル市民社会の意義の多様な解釈

前述のように市民社会やグローバル市民社会の概念について述べてきたが，市民社会やグローバル市民社会の意義をどう解釈するのかは多様な見解がある。何人かの論者の市民社会の解釈の類型を紹介しよう。カルドー（Mary Kaldor）は，歴史的な解釈として，

- ・「市民社会」（societas civillis）：法の支配や「礼節さ」（civility）の地帯
- ・「ブルジョア社会」：資本主義の台頭に結びついて登場した国家と家族の間の倫理的生活の場

現代的解釈として，

- ・「社会運動家的解釈」：市民による公式の政治外の自己組織や生活に関わる要求を行う空間の拡大
- ・「ネオリベラル解釈」：国家が果たせなくなった役割の多くを代行する非営利でボランタリーな部門
- ・「ポスト・モダン解釈」：西欧中心の従来の市民社会解釈を批判し，多元主義と異議申し立ての場

と合計5つの解釈があるという（Kaldor 2003：Chapt. 1）。5つの解釈のそれぞれの意義を認めつつも，自らはもっとも社会活動家的解釈に近いというカルドーは，グローバル市民社会には「公式なものであれ非公式なものであれ，個人が参加し，自らの声を政策決定者に届かせることのできるあらゆる公式・非公式が含まれる」と述べる（同上：79；邦訳書115）。

カルドーとともにLSEの『グローバス市民社会年鑑』にもかかわってきたグラシウス（Marlies Glasius）は，以下の4つの「バージョン」（version）のグローバル市民社会の理念型があるとする（Glasius 2010：2）。

・「ネオリベラル・バージョン」：社会サービスを国家よりも柔軟に，効果的，効率的に提供する空間や団体の集合体としてのグローバル市民社会
・「リベラル・バージョン」：グローバルな権力保持者（power-holders）に対して人権や環境の価値にもとづいてアカウンタビリティを要求することを通じて進歩的な変化をもたらそうとする空間や団体の集合体としてのグローバル市民社会
・「ラディカル・バージョン」：グローバルな資本主義や「新帝国主義的ヘゲモニー」に抵抗する空間や団体の集合体としてのグローバル市民社会
・「ポスト・モダン・バージョン」：グローバル市民社会の西欧的・新植民地主義的視点を問い，複数の規範的視点の競合関係にある空間や団体の集合体としてのグローバル市民社会

グラシウスの4つの「バージョン」はカルドーの3つの「現代的解釈」に「リベラル・バージョン」を加えたものともいえよう。

エドワーズ（Michael Edwards）は，「協同的生活」（associational life），「良い社会」（good society），公共圏（public sphere）――市民社会は議論・討議の場として期待される――の3つの市民社会の解釈を紹介する。そして，良い社会の実現には，その手段として「協同的生活」が，さらに「協同的生活」の多様なあり方や良い社会とは何かの多様な見方を踏まえ，討議の空間である公共圏も重要であるとし，3つを包括した市民社会論の必要性を唱える（Edwards 2009；2011）。

開発援助における市民社会支援について研究したバン・ルイ（Alison Van Rooy）は，市民社会には，価値と規範，NGOなどの諸団体の集合名詞，運動の空間，歴史的瞬間，反ヘゲモニー，反国家の6つのとらえ方があるという

(Van Rooy 1998；2012)。

　こうした多様な解釈から，市民社会をめぐっては以下の論点があることを指摘したい。

①市民社会の役割としては，自発的かつ協同の理念にもとづく事業実施主体の側面，社会変革の運動の側面，議論の空間や公共圏としての側面があり，どの部分を強調するのか，また3つの側面は必ずしも両立しないのではないか。

②市民社会の「市民」(civil) には規範的な意味が含まれるのか。市民的価値――人権，自由，平等，民主主義，反差別，寛容，多元主義，非暴力など――の推進という意味を含んでいるのかにも多様な見解がある。原理主義運動や民族主義運動を市民社会に含める議論もあるがこれは適切か。環境CSOのシーシェパード (Sea Shepard) をはじめ，時に実力行使を行う団体は市民社会の組織といえるのか。

③従来の西欧社会を念頭に置いた市民社会を，非西欧社会の文脈でどう考えるのか[4]。この点は特に開発における市民社会・CSOの役割を考える時に重要であろう。

5　グローバル市民社会の多様なアクター

　カルドーによれば，グローバル市民社会を担うアクターには，「古い」社会運動[5]（古典的な労働運動，民族・反植民地解放闘争），「新しい」社会運動（人権，平和，女性，環境，「第三世界」との連帯運動），NGO，トランスナショナルな市民ネットワーク，「新しい」民族主義・原理主義運動[6]，「新しい」反資本主義運動の6つの類型があるとする (Kaldor 2003：Chapt. 4)。カルドーはグローバル市民社会の諸アクターの特徴を表1-1のようにまとめている。

　表1-1も踏まえつつ，CSOの有力なアクターであるNGOの特徴をまとめてみよう。第一に，NGOは，活動において事業実施とアドボカシーの両面があるのに対し，他のグローバル市民社会アクターはアドボカシーが中心である。**4**で，市民社会の役割としては，自発的かつ協同の理念にもとづく事業実施主体の側面，社会変革の運動の側面，議論の空間や公共圏としての側面の3

第1章　CSOの国際開発協力活動の研究の視角

● 表1-1　グローバル市民社会の諸アクターの特徴

	社会運動		NGO	トランスナショナルな市民ネットワーク	「新しい」民族主義・原理主義運動	「新しい」反資本主義運動
	「古い」社会運動	「新しい」社会運動				
扱う問題	再配分、雇用と福祉、民族自決、反植民地主義	人権、平和、女性、環境、第三世界への連帯	人権、貧困解消と開発、人道支援、紛争解決	女性、ダム、地雷、国際刑事裁判所、気候変動	アイデンティティ政治	グローバリゼーションの被害者との連帯、国際機関の廃止・改革
構成	労働者、知識人	学生、新しい情報階級、社会福祉の職業関係者	プロフェッショナル、専門家	プロフェッショナル、運動家	労働者、小規模企業家、農民、インフォーマルセクター	学生、労働者、小農民
組織形態	垂直的、階層的	ゆるやかな、水平的連携	官僚的、企業的なものから小規模でインフォーマルなものまでさまざま	INGO、社会運動、草の根グループのネットワーク	垂直的または水平的またはカリスマ的リーダーシップ	NGO、社会運動、草の根グループのネットワーク
行動形態	請願、示威行動、ストライキ、ロビー活動	メディアの利用、直接行動	サービス提供、アドボカシー、専門知識、メディアの利用	並行サミット、メディアの利用、地域と専門の知識の利用、アドボカシー	メディアの利用、大衆示威、暴力	並行サミット、直接行動、メディアの利用、インターネットによる動員
資金	会費	個人の支援者、コンサートのようなイベント	個人の支援者、国際機関、民間財団、南のINGOは北のINGO	個人の支援者、INGO、民間財団	ディアスポラ、犯罪活動	個人の支援者、協会、民間財団
政府との関係	国家権力奪取	国家と社会の関係の変革	市民社会・国家・国際制度に影響を与える。国家や国際機関の事業実施に協力	国家・国際制度力	国家権力の奪取	国家・国際制度・多国籍企業との対決

(出典)　Kaldor (2003：80-81；邦訳116-117) を筆者修正

つがあることを指摘したが，事業実施の主体としての側面は主に NGO が持つものであり，他の市民社会アクターは必ずしも持っていない。

　第二に，組織的にいうと，NGO とそれらが関わることが多いトランスナショナルな市民ネットワークは，他のグローバル市民社会のアクターに比べて専門性・プロフェッショナル性が強い。NGO やそのネットワークの社会的影響力——裏を返せば社会的責任——の増大は，活動内容の専門性を高める要請につながっていく。また NGO の中には数百人の専従スタッフを持つもの，数百億円の年間予算を持つものも出てきた。プロフェッショナル化——スタッフが専従化・専門職化することと，仕事の内容そのものにより高い専門性が求められることの両方が含まれよう——は必然性を持つものである。実際カルドーも NGO は「社会運動に比べ組織化され概してプロフェッショナルだ」(Kaldor 2003：86；邦訳書124) と述べる。プロフェッショナル化することはまた官僚機構化が免れないことも意味する。また大規模な国際 NGO —— World Vision, Plan, Care, Oxfam, Save the Children, Medicine sans frontiers など——は近年多国籍化する傾向にあり，政策決定は国際理事会や国際事務局などを中心に行われる。「国際市民社会エリート」が出現し，各国の会員となっている市民，貧困や環境破壊の影響を特に受けている草の根の市民が政策決定に影響を及ぼしにくくなっているのではないかという疑問すら出ている (Bebbington 他 2008：8；Edwards 2008：47)。あるいはカルドーが「公共空間の NGO 化 (NGOization)」(Kaldor 2003：92；邦訳：131) と述べるような，市民社会における NGO への力の偏在への懸念も議論されている。NGO のプロフェッショナル化は必然である一方で，議論の空間や公共圏としての側面を弱める危険性を伴うジレンマがある。

　第三に，政府部門を批判しつつも，NGO は他の市民社会アクターと比べて政府部門と連携・協同して事業を実施していることがある。それはカルドーのことばを借りれば NGO は「飼いならされた」(tamed) 性格を持ちやすい (同上：89；邦訳：135)。開発 NGO に関しては，二国間・多国間の ODA (政府開発援助) も主要財源の1つであり，ODA 資金への依存が独自性や自立性を妨げるのではないかという指摘は長年行われてきた (第6章)。援助効果，効果的な開発協力の議論をはじめとした近年の開発援助の文脈で開発 NGO が「飼いな

らされる」可能性にどのようなものがあるのかは本書全体の課題である。

6　グローバル市民社会論に対する批判論・懐疑論

グローバル市民社会論については，そもそもそのようなものは存在するのか，あるいは時期尚早ではないかといった批判や疑問が出されてきた。

グローバル市民社会に対する懐疑論の代表的なものとして，A・クラーク（Anne Marie Clark）らによるものがある（Clark, A.他：1998）。A・クラークらはグローバル市民社会の台頭は単純にトランスナショナルな目標を共有したNGOの増加だけでは測ることはできないとする（同上：2）。そして，グローバル（global），市民（civil），社会（society）の3つの要素に，以下の基準を設けつつ分解し，グローバル市民社会の台頭という見解の妥当性を検証している。

- グローバル（global）：「地理的に多様で代表性においてバランスが取れていることと非国家アクターを含むこと」
- 市民（civil）：「グローバルな相互作用における定期的な参加とNGOのガバナンスのグローバルな諸形態への参加」
- 社会（society）：「社会的考慮の存在，相互の行動の予測性，実質的理解の共有」

そして，

- グローバル：NGOの数の飛躍的増大は見られるが，地理的な偏りがみられ，特に北のNGOに偏っている。
- 市民：新しいルールが作られ，NGO間の相互交流も増えているが，NGOの国際的政策決定への参加や国家とNGOの関係には国家により制約が課されている。
- 社会：NGO間の相互理解は進んでいるが，NGOと国家の関係について枠組みが共有されていないし，国家の側が国家主権を主張することで実質的なNGOと国家の合意には制約が生じている。

として，NGOの発言力の拡大やNGO間のネットワーク化は進んでいるものの，「グローバル市民社会は間違いなく台頭したというには時期尚早である」（同上：33）と結論づけている。この議論を紹介した遠藤貢（2011：266）も指摘していることだが，グローバル市民社会の定義がかなり限定的である。

人権・環境・女性に対する暴力といった問題をめぐる国境を超えたNGOなどのネットワークを「トランスナショナル・アドボカシー・ネットワーク」

(transnational advocacy network) と表現し，その影響力を研究したケック (Margaret E. Keck) とシキンク (Kathryn Sikkink) もグローバル市民社会論とは一線を画す。経済のグローバリゼーションや情報・交通技術の発達はグローバル市民社会をもたらすという見方は楽観的すぎるのではないだろうか，さまざまな機会や相互作用にもっと注目すべきではないかとし，「グローバル市民社会」よりも「トランスナショナル市民社会」(transnational civil society) の方がしっくりくるという (Keck & Sikkink 1998：Chapt. 1, 特に32-34)。

本書では以下の2つの理由から，「グローバル市民社会」の取り組みとして援助効果の問題に関する世界のCSOの取り組みを検討したい。

第一に，LSEの『グローバル市民社会年鑑』の最初の2001年版では，3つの理由からケックやシキンクをはじめとした「トランスナショナル市民社会」ではなく，「グローバル市民社会」を論じるとしている (Anheier 他 2001：16-17)。

- ・「グローバル市民社会」は現実を過大評価する可能性はあるものの，「トランスナショナル市民社会」は現実を過小評価しているのではないか。「トランスナショナル」では移動や通信における革命だけでなく，市民社会が国家単位のものから近年急速にグローバルに開放されていることを過小評価しているのではないだろうか。
- ・LSEグループの「グローバル市民社会」はグローバリゼーションへのアカウンタビリティ確保のためにも市民社会もグローバル化すべきとの主張にもとづく。そしてグローバリゼーションをより人間的で，説明責任を伴い，市民的なものにしていく意図がある。
- ・「グローバル市民社会」は「トランスナショナル市民社会」に比べ，規範的な意味を持っている。地球上のすべての市民を含み，グローバル市民として行動できるようになるような願望を含んでいる。

援助効果に関するCSOの取り組み──BetterAidとOpen Forum──を見た時，通信革命によりインターネットを通じた迅速な情報の提供や共有が行われ，また90か国で2万以上の団体が参加し，各国・地域・世界レベルでのコンサルテーションを行ったプラットフォームには，多くの市民のボトムアップ・プロセスにもとづく参加という規範的な意味もあり，「グローバル市民社会」の方が「トランスナショナル市民社会」よりふさわしいと筆者は考える。

第二に，BetterAidとOpen Forumにかかわった人びとの間で「グローバ

ル市民社会」の意識が共有されていたことも筆者として重視したい。HLF4直前のCSOとしての立場のとりまとめや討議のために開催されたのは「プサン・グローバル市民社会フォーラム」（Busan Global Civil Society Forum）という名称で開催された。Open ForumがCSO自らの「開発効果」の原則を取りまとめた文書であるシェムリアップ・コンセンサスでは，この文書が「<u>グローバル市民社会の開発活動の指針となる基準の合意を達成したもの</u>」（Open Forum 2011c：3：強調引用者）と明記している。またトムリンソンのレポートもBetterAidとOpen Forumのことを「グローバル市民社会プロセス」と述べ（Tomlinson 2012：25），Open Forumの成果について「世界中のCSOが開発における役割についての何百もの自己省察を持ち寄った<u>グローバル市民社会のCSOの実践の効果に関する確認</u>」（同上：5：下線強調引用者）と述べている。

2　CSOと国際開発

1　国際開発におけるNGO/CSOの役割──歴史的変遷

　国際開発や開発援助の歴史を見てみると，1960年代は，経済成長中心の観点から国家主導の大規模インフラ開発を重視する開発援助アプローチ──経済インフラの整備などを通じて経済成長や工業化を推進すればいずれその成果が国民各層に滴り落ち（トリクル・ダウン），貧困は解消されていくと信じられた──が支配的であった。それが修正され，1970年代は基本的ニーズ（BHN）戦略の時代，1980年代は構造調整の時代，1990年代は構造調整とともにグッド・ガバナンス，参加型開発・人間開発・社会開発などさまざまな考え方が並行する時代，2000年代は貧困削減戦略の時代と，国際開発の思想・規範・アプローチが変遷してきた。NGOやCSO（市民社会またはCSOという形で議論されるようになるのは1990年代以降であるので，それ以前の時代についてはNGOということばで論じる）の役割が注目されるようになったのは1970年代のBHNの時代以降といえよう。

　① 1970年代（BHNの時代）と1980年代（構造調整の時代）
　1970年ごろから，NGOの貧困と開発の問題領域における役割が注目されるようになった。当時の従来のアプローチに対する疑問が高まり，BHNへの直

接支援も重視されるようになった。OECD-DAC 諸国が NGO を通じた ODA 供与は，序章でも述べたように1960年代半ばから始まっていたが，本格化したのはこの BHN 戦略の時代といえる。

その金額が大きくなった1980年代になって，NGO の意義や役割について本格的に言及されるようになる。1983年に OECD 開発センター（Development Centre）が行った NGO に関する研究で，国際ボランタリー団体協議会（ICVA）専務理事のコズコスキー（Anthony Kozkowski）も，元 DAC 議長のルイス（John Lewis）も，NGO の貧困問題，特に政府間援助が届きにくい最貧層への取り組みや，貧困層の参加における NGO の役割，柔軟性や低コストを NGO のメリットとして指摘する（Kozlowski 1983 ; Lewis 1983）。OECD の1988年の NGO に関する調査研究は，NGO のメリットとして，以下をあげた（OECD 1988：26）。

・最貧層に直接届く開発活動ができる
・貧困層の動員・組織化や自助活動を促進できる
・NGO の専門家は自発的であり，シンプルな生活をする意志を持っているので，コストがかからない
・NGO は新しい考えや技術を取り入れやすい性質を持つ

しかし，1980年代の開発援助を支配したのは，南の債務危機をきっかけに世界銀行・国際通貨基金（IMF）を中心に進められた構造調整（structural adjustment）であった。構造調整とは，南の諸国が構造改革プログラムを実施することがコンディシナリティ（援助を行う上での条件づけ）とされた上での，南の国際収支の赤字に対する支援（構造調整融資）を行うものであった。構造調整の根底にはネオ・リベラルな思考があり，南が求められた改革は，政府による社会サービスの縮小，規制緩和，自由化，民営化，外国資本の積極的導入，分権化，通貨の切り下げなどであった。NGO は構造調整に伴う社会サービスの民営化の担い手として明確に位置づけられていたわけではなかったが，「サハラ以南のアフリカの一部における社会サービスの政府の予算上の制約を緩和する」（OECD 1988：27）といった表現で構造調整による政府の社会サービスの縮小を補完する役割は期待されていた。同時に南北の NGO から構造調整の否定

的影響についてのアドボカシー活動や社会啓発を行う必要性も指摘されていた (Drabek 1987：x)。

1970年代は，NGO は，トリクル・ダウン仮説に対する疑問が高まり BHN 論が台頭する中で，貧困層に対する直接の開発活動の担い手として，そして 1980年代に入って構造調整による南の政府の社会サービスが後退する中でその補完者として NGO が注目されていた時代といえよう。

② 1990年代——グッド・ガバナンス，参加型開発・人間開発・社会開発

1990年代になると開発援助をめぐる3つの動向が NGO に対する期待を高めることとなった。第一に，冷戦の終結に伴い，民主主義が普遍的価値として強調されるようになり，また実際の東欧諸国や中南米諸国の民主化を踏まえ，民主化支援が新しい開発援助の課題として台頭した。前節でみたように，市民社会ということがいわれるようになり，その重要性にも注目が高まった。NGOは民主化や市民社会支援の重要な担い手と考えられるようになる。第二に，構造調整を含む開発や援助の効果の向上のため，グッド・ガバナンス（good governance 以下，GG）の重要性が強調される。市民社会支援は GG の観点からも注目されるようになった。第三に，開発論の新たな展開である。国連開発計画 (UNDP) による『人間開発報告書』(Human Development Report) の発行 (1990年から)，国連社会開発サミットの開催 (1995年：コペンハーゲン) に伴い，人間開発 (human development) や社会開発 (social development) といった，人間を開発の中心に据え，あるいは人間の選択肢の拡大を目的にし，経済成長は手段の1つと考え，市民の参加を重視する開発論が台頭した。元来貧困層に直接届く，あるいは貧困層の参加や組織化を促進しやすいと考えられてきた NGO は，人間開発や社会開発の担い手としていっそう期待が高まった。一方で，1990年代には世界銀行・IMF により構造調整も引き続き進められた。1990年代はいわば構造調整と人間開発・社会開発の2つの考え方にもとづいた開発実践が並行して進められた時代といえよう（大芝 1996）。

NGO の役割はどのように考えられていたのだろうか。まず，参加型開発，人間開発，社会開発が提唱される中で，そうした開発の担い手として注目されている。元来貧困層に直接届く，あるいは貧困層の参加や組織化を促進しやすいと考えられてきた NGO は，人間開発や社会開発の担い手としていっそう期

待されたことはいうまでもない。1993年の『人間開発報告書』は，人間開発における民衆参加を特集する中で，NGO について1章を割き，その役割を強調するとともに，貧困への対処，貧困層へのクレジットの提供，最貧層への援助，周縁化された人びとのエンパワーメント，ジェンダー差別への挑戦，緊急援助の6つの活動における NGO の成果と課題を検証している（UNDP 1993 Chapt. 5）。OECD-DAC も参加型開発を提唱する中で，NGO の役割の重要性を強調している（OECD 1989：Para. 18；OECD-DAC 1993：Para. 21）。

一方で，構造調整が継続していたことにより，NGO の開発現場での活動は構造調整に伴う南の政府の社会サービスの活動の削減により拡大していた側面もある（Robinson 1997：61）。

次に，市民社会の役割の重要性が強調された。OECD-DAC は民主主義と参加型開発とのリンケージを指摘した後，「民主主義の基本となるのは，多様な利害を代表し，政府と均衡し合うような広範な組織や団体からなる多元的市民社会の発達である……多元主義を発達させること，例えば自立的な市民団体，職業・利益団体は，民主主義の促進の重要なステップである」（OECD-DAC 1993：Para. 25）と述べ，市民社会促進の重要性を唱える。そして ODA による市民社会支援が行われるようになったが，その担い手として NGO が重要な役割を演じていく（Van Rooy & Robinson 1998）。同時にこのころから NGO は市民社会の重要なメンバーとして位置づけられるようになる。そのような中，次第に NGO とともに，CSO ということばも使われるようになっていった。

③ 2000年前後——貧困削減戦略と市民社会

21世紀に入り，1つには，2000年の国連ミレニアム総会におけるミレニアム開発目標（MDGs）が採択され，2015年までに絶対的貧困者を半減させることをはじめとした貧困削減，初等教育，ジェンダー平等，保健などに関して具体的な数値目標が示され，その達成が国際社会の共通のコンセンサスとなった。[10][11] MDGs の実現において，関係セクターで実績があると考えられてきた CSO への期待が高まるのはいうまでもない。

また，詳しくは第2章で見るが，1999年に世界銀行・IMF 理事会は，HIPCs と IDA 対象諸国を対象に PRSP の作成を求めることを決定した。PRSP で強調されたことは，オーナーシップ（ownership）とパートナーシップ

(partnership)で，途上国がオーナーシップを持ちつつ，途上国政府が援助機関・市民社会・民間セクターとのパートナーシップによりつくられたPRSPにもとづいて各援助機関が共通の目標や優先順位で援助を行うとされた。南のCSOには，自国政府のPRSPづくりに政策提言などの形で参加するという役割が生じることでもあった。

ここで21世紀に入ってからは，世界銀行・IMFの構造調整と国連の人間開発・社会開発の2つの潮流が競合するのではなくなった。世界銀行と国連の「接近」（大野 2005：164-165）といわれるように，PRSPは次第にMDGsおよびそれにもとづく各国レベルの貧困削減目標の達成の手段として，世界銀行と国連（特にUNDP）の間での連携が進められるようになった。[12] またPRSP対象国でない諸国も貧困削減戦略（Poverty Reduction Strategy＝PRS）を主体的に作成する方向性ができた。このことはまた，CSOは貧困削減の実施者とPRSへの提言者という2つの役割を与えられることを意味する。

2 国際開発におけるCSOの今日的役割

1980年代ごろから，CSOの国際開発における役割とは，開発現場での事業活動，アドボカシー，開発教育（世界の貧困問題や南北問題について，現状を知り，問題の構造的背景を理解し，問題解決のための行動を促進する市民啓発の活動）の3つといわれてきた（高柳 2001；2007a）。

今日では，さらに細かくCSOの国際開発における役割は論じられる。Open ForumはCSOの国際開発における役割として以下の10をあげる（Open Forum 2011b：28）。

①コミュニティ，貧困者や周縁化された人びとのグループの支援，直接に直接関わる
②基本的なサービスや不可欠なインフラを供給する
③周縁化された草の根グループ，貧困に直面する人びと，特に女性をエンパワーする
④コミュニティ，市民社会，民間セクター，地方自治体，その他の開発アクターの連携を図る

⑤CSOの知識・視点・提案をもとに公共政策アジェンダをより豊かなものとする
⑥政府や援助機関の政策と開発の実践を監視する
⑦民主主義・連帯・社会正義に関する啓発活動を行い，そうした社会価値の形成を助長する
⑧国内・国際的な自発的取り組みを奨励する
⑨開発のための資金や人材の発掘と活用を進める
⑩CSO間の連携・ネットワークを促進する

従来の活動の類型に従えば，①②③は事業活動，⑤⑥はアドボカシー，⑦は開発教育，④⑧⑨⑩は3つにまたがる活動であろう。

3　本書の研究の視角と注目点

1　CSOの独自性とは

　本書は，序章でもしめしたように，援助効果の問題を例に，CSOの独自の役割と意義は何であるのかを検討することを課題とする。LSEの『グローバル市民社会』年鑑の2009年版は貧困問題を特集し，「より公平な世界を求める上でグローバル市民社会の役割は何だろうか」（Kaldor他 2009：1）を問うている。そして，序章で以下のような問題提起を行っている。

> この［グローバル市民社会という］領域（sphere）は，実際には，国際NGOやその他のグローバルな北（global North）で組織され資金を得ている機関により伝えられる豊かな国のアイディアや価値により支配されているのだろうか？　貧困の広く普及した概念はそれを経験したことのない人びとにより形成されているのだろうか？　さらに悪いことに，グローバル市民社会は富と貧困の両極を正当化したり，貧困の継続に「順応する」（naturalizing）メカニズムなのだろうか？　それは豊かな国のヘゲモニーの一表現なのだろうか？　それは豊かな人に代って不平等を管理する「政府性」（governmentality）の形態を代表するものなのだろうか？　それとも貧しい人びとの声のプラットフォームとなる潜在性を持つものなのだろうか？（同上）

　CSOは「支配的な開発モデルに対するオルターナティブ」の担い手として期待されてきた（Bebbington他 eds. 2008）。その一方で，この問題提起にあるよ

うに，カルドーのいう「飼いならされる」可能性が指摘されてきた。あるいはトゥベト（Terje Tvedt）のように，Dostangos（Donor States and NGOs）システムの一員としてCSOの有力な資金源の1つである公的ドナーに取り込まれたアクターとする見解もある（Tvent 2006）。

CSOは「支配的な開発モデルに対するオルターナティブ」の担い手なのだろうか，それともDostangosの一員として「飼いならされた」存在なのだろうか。

ただし，ここで確認しておくべきことは，序章やこの章で紹介したように，1960年代半ば以降，本格的には1970年代のBHNの時代以降に，北のCSOにとってODAは有力な財源の1つとなっていくが，CSOが公的ドナーに「飼いならされる」危険性とともに，CSOのアイディアが公的ドナーに取り入れられてきたことである。参加，ジェンダー，環境などがそれらに含まれるだろう（Lewis & Kanji 2009：175-181）。

2 テーマ設定における独自性

本書では「援助効果」（aid effectiveness）と「開発効果」（development effectiveness）の2つのことばが出てくる。OECD-DACやHLF 3後に設けられてきたWP-EFFでは「援助効果」をテーマに議論されてきた。一方，第5章ではCSOのOpen Forumによる「開発効果」の規範づくりについて述べるが，CSOが追求したいことは「開発効果」であり，「援助効果」の議論を「開発効果」の議論に設定し直すこともCSOの目標となった。

ではCSOは援助効果と開発効果の違いをどう考えているのだろうか。CSOは，パリ宣言以来，援助効果の議論が資金管理や事務コスト削減をいかに行うのかといった技術的な側面からとらえているのではという疑問を持ち，また，援助効果のみならず開発効果を問うべきだと唱えてきた（ISG 2008；BetterAid 2010b；2011a）。そして開発効果とは，「人権を基盤とするもの」（BetterAid 2010b：3）であり，「貧しい人びとや周縁化されている人びとに対する開発アクターの活動のインパクトに関するもの」「貧困・不平等・周縁化・不正義の兆候だけでなく，根源に取り組む持続的な変化を促進する」ものである（同上：2）。開発効果ということばは，BetterAid共同議長のトゥハンの所属団体であ

るIBONがより詳しく説明する[13]。開発効果は,

・開発協力の効果の測定方法を,援助のマネージメントと実施方法の改革から,援助の改革による開発目標の成果に変えること
・国際開発協力の関係や優先順位を,途上国の開発に焦点を当て,援助をそれに従属するものととらえ直すこと
・援助のパートナーシップにおける開発目標の焦点を特に貧しい人びとの貧困,社会正義,持続可能性に当てること

の3点で従来の開発協力のあり方にチャレンジする。そして開発効果の要素として,①人びとが権利を主張するためのエンパワーメント,②正義(justice)と公平性,③持続可能性,④国家間の平等と連帯,⑤各国の民主的開発という意味での主権,⑥各国の自立(self-reliance)と自治の6つをあげる(IBON International 2009：31-42)。

ただし注意しなければならないことは,開発効果ということばはこれまでの国際的な議論の中で多義的に使われていることである。キンドルネイ(Shannon Kindornay)とモートン(Bill Morton)は,①開発援助組織の効果,②援助以外の開発関連の政策(貿易・移民・平和構築など)も含めた一貫性と政策調整,③援助による開発の成果としての開発効果,④以上の3つを含めた開発プロセス全体の効果の4つの意味で使われてきていて,CSOの開発効果論は③に属するという(Kindornay & Morton 2009)。筆者は③に加え開発に関するCSOとしての規範も含んだ,CSOの規範に従った意味での開発の成果という意味での開発効果と考える。ではその規範とはどのようなものだろうか次に述べたい。

3 規範の「起業家」・推進者としてのCSO

援助効果議論におけるCSOの独自性を考えるとき「規範」(norms)は重要なキーワードとなろう。BetterAidとOpen Forumの活動をまとめたトムリンソンのレポートは,CSOが援助効果の議論にかかわった意義の1つが規範(norms)の提唱や推進であることを強調する。「市民社会は開発における深い実践的な経験とともに,規範への強いコミットメントをもたらした」(Tomlinson 2012：8),「CSOは間違いなく,貧しいか周縁化された人びとと直接活動

する現場の多様な開発経験を持ち込んだ。しかし同じくらい重要なことは，開発を人権，平等，社会正義に焦点を当てた社会・経済変化のダイナミックな政治プロセスであるという規範的な理解を伴って参加したことである」(同上：40) といったことを繰り返し述べている。「支配的な開発モデルに対するオルターナティブ」の担い手ということは，支配的な国際開発協力に関する規範に対するオルターナティブな規範の「起業家」，推進者としての役割を演じるということであろう。

近年の国際政治学では，特に1990年代後半以降のコンストラクティビズムの[14]台頭に伴い，アイディアや規範の役割に注目するものが増えてきた。[15]国際開発協力に関しても，アイディアや規範が果たす役割に注目した研究がいくつか出されている (Lumsdaine 1993；van der Veen 2011；小川 2011；稲田 2013)。アイディアとは「個人が持つ信条」(Goldstein & Keohane 1993：3) であるといわれ，規範に知識も加え，人びとの頭の中にある理念・認識・信条といったものとして理解されよう (大矢根 2013)。規範とは，「所与のアイデンティティを持ったアクターの適切な行動の基準」(Finnemore & Sikkink 1998：891)，「特定のアクターの集合体において，許される行動と許されない行動，すなわち適切な行動に関する共通の期待を示すようなアイディア」(大矢根 2013：12)，「『～すべきである』という社会的期待」(山田高・逸見 2013：130) などと定義される。共通する点として，アクターの行動に関して共通して期待される行動の基準ということであろう。NGO・市民社会はアドボカシー活動を通じて「規範起業家」(norm entrepreneur) の役割を担っているといわれてきた (例えば，毛利 2011：第Ⅲ部)。あるいはCSOの規範と合致する他のアクターが提唱した規範の推進や普及に大きな役割を演じる。[16]

トムリンソンのいう「規範」は，国際政治学でいう「規範」よりも一般的な意味であろうが，CSOは援助効果の国際的議論のプロセスで，二国間や多国間のODA機関や南の政府——以下，これらをまとめて「国家政府アクター」と呼ぶ——に期待する行動の基準を提唱・推進し，あるいはCSOの仲間たちに期待する行動の基準をつくってきた。本書では，CSOが援助効果の議論で推進しようとした規範とはどのようなものであったのか，どこまで，そしていかに賛同を得たのかに注目したい。

規範という場合，多レベルのものとして理解されることが多い。一般に国際政治学では，「構成的規範」あるいは「価値規範」（constitutive norms）と呼ばれる国際社会全体にかかわる，あるいは国際社会のアクターが共通して実現されるべき価値を表す規範と，「統制規範」（regulative norms）と呼ばれるアクターの相互の関係や行動様式を規定する規範があるといわれる（納家 2005：2；秋山 2012：18）。

　規範をキーワードにした国際開発協力に関する研究では，小川（2011）は国際開発協力の目的に関する「目的規範」，国際開発協力の活動方針やアプローチに関する「アプローチ規範」，人間開発やMDGsといった「スローガン規範」の3種類の規範があるという。稲田（2013：特に19-27）は，開発や開発援助の思想や潮流を規範としてとらえている。

　本書では，開発や国際開発協力における規範という場合，次の2つのレベルのものがあるととらえたい。第一に，「開発アプローチに関する規範」である。これは開発とはいかにあるべきか，いかに貧困削減という一致した目的を達成するのかというアプローチに関する規範であり，開発思想の潮流とも深くかかわる。第二に，「政策・実務規範」と名づけることとするが，より開発や国際開発協力の諸アクターの具体的な政策や実務の方向性を表す規範である。なお，ここで開発や国際開発協力の規範やアクターとしたのは，国家政府アクター，CSOのいずれにおいても，外部から国際開発協力のアクターとしてかかわる二国間・多国間のODA機関や北のCSO・国際CSOはもちろん，開発現場の南の政府やCSOの指針となることもめざした規範が本書の議論では含まれるからである。

4　開発アプローチに関する規範の転換をもたらしたのか
① CSOのオルターナティブ

　CSOの役割との関連が中心であるが，本書でいう開発アプローチに関する規範の変遷はすでに述べた。すなわち，1960年代までは経済成長とトリクル・ダウン，1970年代はBHN，1980年代は構造調整が主流の規範であり，1990年代は構造調整と人間開発・社会開発の2つの規範が並行した時代であった。

　21世紀に入り，世界銀行のPRSPと国連のMDGsの「接近」の中で，目標

としてのMDGs，その手段としての貧困削減戦略という形が確立してきた。そこでの開発アプローチに関する規範はどのようなものであろうか。一方で，MDGs達成のため，関連の人間開発・社会開発セクターの政策が重視された。その一方で，PRSPでは貧困削減の手段として持続的経済成長の重要性が強調され，また貿易や投資の自由化，民営化なども政策の方向性としてあげられている (World Bank 2003)[17]。PRSPでは経済成長と市場メカニズムを重視した開発戦略が受け入れやすいともいわれた (Hermere 2005)。こうした21世紀の開発アプローチに関する規範を本書では「成長による貧困削減規範」と呼ぶことにしよう。

　このような開発アプローチ規範に関する流れの中で，CSOの役割は，前述のカルドーの「ネオリベラル解釈」と「社会運動家的解釈」に現れているように，政府や市場の失敗を補完しサービス供給を行うボランタリー活動なのか，ネオリベラルな資本主義やその考え方にもとづく経済グローバリゼーションに異議を唱える社会運動なのかといった形で論争されてきた (Kaldor 2003；Howell & Pearce 2001；Chandhoke 2002)。あるいは前述のグラシウスのグローバル市民社会の「バージョン」(Glasius 2010) に当てはめれば，「ネオリベラル・バージョン」では政府の失敗を補完するサービス供給活動，「リベラル・バージョン」では人権や環境といった視点を重視するアドボカシー活動，「ラディカル・バージョン」では資本主義やその考え方にもとづく経済グローバリゼーションに異議を唱える社会運動が重視される役割ということになろう[18]。CSOは，経済成長や自由化・民営化を手段としつつ貧困削減をめざすという開発規範の実施者なのか，人権や環境を重視した，あるいは経済グローバリゼーションに対抗したオルターナティブな規範を提唱する立場なのか，さまざまな立場があったといえる[19]。いうまでもないことだが，現実のCSOは，1つの団体をとっても，サービス供給・アドボカシーの両方に取り組む団体が多いこともあり，1つの「解釈」や「バージョン」で説明するよりも，複数の「解釈」「バージョン」にあてはまる活動が同居していると考えるべきであろう。

　近年の国際開発協力CSOの動向，詳しくは第4～6章で述べることとなるが，援助効果の議論との関係で見ると，「支配的な開発モデルに対するオルターナティブ」とは，何だろうか。人権ベース・アプローチ (Human Rights-based Approach to Development）あるいは権利ベース・アプローチ（Rights-based Approach to Development：以下，RBA）が近年 CSO の間で台頭している（Lewis & Kanji 2009：80-82；Fowler 2011：49）。RBA が CSO のオルターナティブとなったといってよいだろう。

② RBA とは何か[20]

RBA とは何だろうか。RBA は CSO のみならず，国連機関や二国間 ODA 機関でも採用されていて，CSO 固有のものでは決してない。

もともと国際開発と国際人権は異なる分野と考えられがちであった。しかし，1986年に国連総会で「発展の権利に関する宣言」（Declaration on the Right to Development）[21]が採択され，冷戦時代の市民的・政治的権利と経済的・社会的・文化的権利のどちらを優先するのかというイデオロギー的対立が解消する中で，両者の一体性を確認した「ウィーン宣言及び行動計画」（Vienna Declaration and Programme for Action）が1993年にウィーンで開催された国連世界人権会議で採択され，1997年には国連のアナン（Kofi Annan）事務総長が国連改革議論の中で国連の開発活動における人権主流化の方向を示した。UNICEF（国連児童基金）は1997年に子どもの権利条約の実現を組織の目的とすることを明確にするなど，国連の開発関連諸機関でも人権主流化の具体的動きが出てきた。2003年に，国連開発グループ（UNDG）により「開発協力における人権ベース・アプローチ——国連機関の共通理解に向けて」[22]（The Human Rights Based Approach to Development Cooperation：Towards a Common Understanding Among UN Agencies）という文書がまとめられた。この文書によれば，以下の 3 点が共通の理解の柱である（UNDG 2003）。

- すべての開発協力，政策，技術支援は世界人権宣言やその他の国連人権条約で定められた人権の実現を進めるべきである。
- 世界人権宣言やその他の国際人権条約の人権基準や導き出される原則は，すべてのセクターにおけるプログラミングとプログラミングのすべての段階で指針となる。
- 開発協力は履行義務者（duty-bearers）が義務を果たす能力および／または権利保有者（rights-holders）が権利を要求する能力の開発に貢献する。

この文書が国連の開発関連諸機関で RBA が広まるきっかけとなった。

また，1995年前後から Oxfam, Care, Save the Children, ActionAid など国際

●表1-2　公的ドナーの開発に人権を統合するアプローチ

	二国間ドナー	多国間ドナー(主要なもの)
人権に関する政策が確立・RBAにもとづく政策	カナダ スイス スウェーデン フィンランド イギリス オランダ ニュージーランド ドイツ オーストリア スペイン デンマーク	ヨーロッパ連合（EU） 国連難民高等弁務官事務所（UNHCR） 国連開発計画（UNDP） 国連児童基金（UNICEF） 国連教育科学文化機関（UNESCO） 国連人口基金（UNFPA） 国連人権高等弁務官事務所（OHCHR）
人権を組織目的の1つに		国際労働機関（ILO） 国連エイズ合同計画（UNAIDS） 国連人間居住計画（UN-HABITAT） UN Women 世界食糧計画（WFP） 世界保健機関（WHO）
包括的な人権政策はないが，セクター計画等で人権に言及	オーストラリア アメリカ	アフリカ開発銀行 アジア開発銀行 米州開発銀行 国際金融公社（IFC） イスラム開発銀行 国連環境計画（UNEP） 国連工業開発機関（UNIDO） 世界銀行（IBRD/IDA）

（出典）　OECD & World Bank（2013：5-6）を筆者改編

●表1-3　開発に人権を取り入れる方法

人権基盤型アプローチ（RBA）	人権は開発の本質的な目標と考えられ，援助の新しいアプローチにつながり，制度的変革も必要となる。
人権主流化（mainstreaming）	既存の活動のあらゆるセクター(例:水道・教育)で確実に人権を統合する。「害を与えてはならない」（do no harm）の要素も含む。
人権に関する対話	外交や援助の対話に人権を含み，時にコンディショナリティにつながる。重大な人権侵害の場合は援助の形態や額に影響が出ることがある。
人権プロジェクト	特定の権利(例:表現の自由)の実現，集団(例:子ども)，人権組織(例:CSO)の支援を直接のターゲットにしたプロジェクトやプログラム。
暗黙の人権活動	ドナーは明確に人権問題に取り組むのではなく，他の表現(「保護」「エンパワーメント」「ガバナンス」など)を用いる。目標・内容・アプローチは他の人権統合の方法と関連づけられるかもしれない。

（出典）　OECD & World Bank（2013：24）．強調：引用者．

● 表1-4　RBAと他の開発アプローチの違い（Save the Children Internationalによる）

従来のアプローチ	RBA
行動は自発的でオプショナル	行動は責務
人びとには満たすべきニーズがあり，それらに優先順位をつけることができる	人びとには法的に裏付けられた声を上げる権利とエンタイトルメントがある
貧しい人びとはチャリティの対象として助けを受ける資格がある	貧しい人びとは権利主体として助けを受ける権利がある
一部の人びとは取り残されることがありうる。（つまり目標は100％でないこともある）	すべての人びとは潜在能力を発揮する同一の権利を持っていて，そうできるように支援されるべきである（目標は100％）
開発活動の影響を受ける人びとは受動的な受益者である。プログラムやプロジェクトの効果の向上のために参加するよう招請されうる。	開発活動により影響を受ける人びとは権利を持った積極的参加者である。
一部のニーズは一部の文化で認知されないかもしれない	権利は普遍的であり譲渡ないものであり，弱められたり奪われたりしない
権力構造は変革が困難であり，その中で活動する実際的な方法を見つける必要がある	人権の実現への進展を妨げる権力構造は効果的に変革されなければならない
開発はテクノクラティックなプロセスであり，最もよく知っている技術的「専門家」に主導されるべきである	開発アクターは，権利保有者が権利を主張し，公共の政策決定に参加できるようエンパワーしなければならない
ニーズには「階層性」があり，いくつかのニーズは他のニーズより重要であることがほとんどである	権利は不可分で相互依存的であるが，実務的な優先順位付けは必要とされるかもしれない

（出典）Save the Children（2005：25），川村（2008：14）の訳語を筆者修正。

● 表1-5　教育セクターにおけるRBAの特徴（ActionAid Internationalによる）

金額	ニーズ・ベース・アプローチでやっていたであろう活動	RBA：今のActionAidの活動
20ポンド	ケニアで，制服の一部を購入し，1人の子どもが学校に通えるようにする。	グローバル・アクション・ウィークの一環として，2人の子どもがケニアの議会で話す旅費を支援した。この結果，教育大臣は，制服がないことで学校に来られないようにしてはいけないという書簡を17,800の初等教育学校に送った。
200ポンド	ナイジェリア北部で1校の学校の教科書・教材を購入する。	ナイジェリア北部におけるコミュニティ学校マネージメント委員会の学校の改善について報告書をまとめる。それによりナイジェリアの全校で委員会の設置を政府は義務づけた。
2,000ポンド	タンザニアで教室を1つ増設し，100人の子どもが受益した。	タンザニアのNGOのMariffaの子どもたちがなぜ学校にいけないのかの調査を支援した。その結果学費が問題であることが判明した。学費廃止のキャンペーンの結果，就学する子どもが100万人増加した。
20,000ポンド	バングラデシュで2年間のノン・フォーマル教育センターを開設し，100人の子どもが受益した。	バングラデシュ全国の多数の地域でコミュニティの監視グループを育成し，実際に教育予算が学校レベルに適正に使われているのかを監視した。これが公立学校のパフォーマンスを改善し，何百万もの子どもたちが受益した。

（出典）ActionAid（2012：16），川村（2013：123）の訳語を筆者修正。

CSO にも RBA は広がった。また，イギリス・スウェーデン・デンマーク・ノルウェー・スイス・フィンランド・ドイツといったヨーロッパ諸国の二国間 ODA 機関も RBA を採用していった。

RBA とは何であるのか，多様な解釈があり，共通の定義や理解はない。共通項を見つければ，開発を国連や地域機構で採択された国際人権条約など国際人権基準にもとづき経済的・社会的・文化的権利や，市民的・政治的権利の実現と考えるアプローチといえよう。また，権利保有者の満たされていない権利，履行義務者の義務の分析が重視される。

RBA は単に人権と開発に統合するだけではなく，人権を開発の目標として，従来の開発アプローチとは異なったアプローチを，あるいは本書のいい方をすれば新しい開発アプローチに関する規範を模索するものである。さまざまなドナーが人権を開発に統合するためどのようなアプローチを採用しているのかを表 1-2 に，RBA と他の人権を開発に統合するアプローチの違いを表 1-3 にまとめた。RBA 以外の施策については，開発アプローチ規範を転換するのではなく，本書でいう政策・実務規範として人権を取り入れたと考えられよう。

ではどのような意味で RBA は新しいアプローチなのだろうか。表 1-4 は国際開発 CSO の Save the Children が従来のアプローチに比べた RBA の特徴をまとめたものである。表 1-5 は国際開発 CSO の ActionAid International が教育を具体例に RBA による活動は従来の「ニーズ・ベース・アプローチ」[23]とどのように違ってくるのかを表したものである。

RBA では，貧困とは人権を満たされない状態と考えられ，貧困層はニーズを満たされるべき受益者というよりも，諸権利の実現を履行義務者に対し要求する権利保有者ととらえられる。また RBA では非差別が原則で，格差拡大を招くような支援は許されず，脆弱な立場の人びとの権利主張のためのエンパワーメント支援が重視される。ActionAid の教育の例を見てもわかるように，RBA にもとづく活動は，限られた数の人びとのニーズに対応するよりも，多くの人びとが権利を満たせないでいる制度的要因を解明し，権利実現のための環境整備につなげるものといえよう。ActionAid の教育の例は，CSO の活動としてアドボカシーがより重要になっていることを示唆する。しかし RBA は事業活動をやめてアドボカシーに移行するべきなのか，[24]事業活動も個人やコ

ミュニティの権利主張の能力を高められるのだから並行的なものなのか，意見は分かれる（Kindornay 他：492-493）。

　ヨンソン（Urban Jonsson）は，RBA は従来のニーズ・ベースや人間開発のアプローチに比べて，アカウンタビリティを重視すること，トレードオフ論（成長が一時的に格差を拡大するというトレードオフ，開発のためには一時的な市民的・政治的権利の停止はやむを得ないという経済的・社会的権利と市民的・政治的権利のトレードオフ）を排除して貧困層の保護により資すること，法・制度改革により法の支配を進めること，社会運動を促進することで市民社会を強化すること，開発協力はチャリティや連帯にととまらず義務として考えられること，の諸点で優位を持つという（Jonsson 2006：59-60）。

　繰り返しになるが，RBA は CSO 特有のものではない。表 1−2 で RBA を採用している他の二国間・多国間ドナーとともに，CSO は RBA の共同の「規範起業家」・推進者である。RBA を基調に開発を進めるべきとの規範を本書では「人権規範」と呼ぶことにしよう。

　CSO は開発アプローチに関する規範を「成長による貧困削減規範」から「人権規範」に転換することを主張したといえる。「人権規範」への転換は成功したのか，それとも「成長による貧困削減規範」が支配的な開発アプローチに関する規範である中での政策・実務規範として人権を取り入れることにとどまったのかは，本書が注目する点である。

5　政策・実務規範の特徴――特にオーナーシップ

　本書ではまた，援助効果のプロセスを通じて合意された政策・実務規範についても紹介する。BetterAid の政策・実務規範に関する提言はどのような意味で CSO としての独自性を持つのだろうか。CSO の提言はどこまで受け入れられ，また受け入れられる，あるいは受け入れられない要因は何であろうか。Open Forum の CSO の開発効果に関する規範はどのような政策・実務規範を含んでいるのだろうか。

　本書で特に注目するのは，オーナーシップと CSO と政府の関係に関する政策・実務規範である。前者は開発における国家と CSO の役割について，後者は CSO の独自性をどう考えるのかに関する規範である。

① 政策・実務規範としてのオーナーシップ——開発における国家とCSOの役割

開発や貧困削減における大きなテーマは，国家とCSOなど多様なアクターの役割やアクター間の役割分担であろう。

援助効果の問題における市民社会の役割は「開発主義国家」(developmental state) の問題，すなわち開発において国家政府が唯一の中心的なアクターなのか否の問題と関係する (Zimmerman 2007：6)。「開発主義国家」とは，個人・家庭・地域社会でなく国家レベルの経済発展を至上命題に，国家政府が強いリーダーシップをとり，資源の集中的動員と管理を図ろうとする国家であろう。[25]

CSOは，「開発主義国家」が次第に疑問視されていく中で，注目を高めてきた。1つには，開発における国家あるいは政府部門の役割が疑問視され，国家主導型開発か，市場主導型開発か，あるいは後者の場合に国家や政府の役割とは何なのかが論争されてきたことである。前述の構造調整とは，開発主義国家を否定的に考え，開発における市場や民間アクターの役割を重視し，CSOは民間アクターとして構造調整による政府の社会サービスの縮小を補完する役割が期待されたのであった。

しかし，20世紀末になると開発における国家の役割を見直す動きが高まった。1997年版世界銀行の『世界開発報告』のテーマは「変容する世界における国家」であり，南の国家政府の，持続可能で，成果が共有され，貧困削減を伴う開発への不可欠な基本的任務として，①法的基盤の確立，②マクロ経済の安定を含む歪みのない政策環境の維持，③基礎的社会サービスとインフラストラクチャーへの投資，④弱者保護，⑤環境保護の5つをあげる (World Bank 1997)。開発における国家の役割の見直しは，市民社会の役割の見直しにもつながることである。

もう1つ，「開発主義国家」はしばしば「開発独裁」「開発政治」「抑圧的開発政治体制」などと呼ばれる，開発を優先し，国民の市民的・政治的権利を抑圧する体制を生んだ（東南アジアや中南米で多くみられた）。あるいは，特にアフリカに多く見られたが，個人独裁や家産制国家[26]となる国もあった。

冷戦後の世界では民主主義が普遍的価値との認識が強まり，民主化支援が開発援助の大きな課題となった。

PRS や援助効果におけるキーワードは「オーナーシップ」である。「オーナーシップ」は PRS や援助効果議論の重要な政策・実務規範であろう。詳しくは第2章で述べるが，PRS やパリ宣言で，オーナーシップは基本的には，国家の役割の見直しまたは復権，援助の「再政府化（re-governmentalization）」(Lewis & Kanji 2009 : 43) を背景にしながら，国家政府のオーナーシップと考えられた。そして，パリ宣言の5原則のうちオーナーシップ，整合性，調和化の3つから「途上国の政府は，市民社会や経済界の参加を得つつも，主体的に貧困削減戦略・開発戦略をつくり，ドナーはそれに援助活動を整合させ，相互の調和化を行うべきだ」という規範が生まれたといってよい。この背景には南の多くの諸国で民主化が進行し，「ある程度民主的な政策決定が可能となったという認識」(高橋 2009 : 116) が共有されてきたことがあろう。これを本書では「国家中心型オーナーシップ」規範としよう。

　しかし，南の諸国に一体的なオーナーシップがあると想定するのであれば「ミスリーディング」(稲田 2013 : 120) なものであろう。あるいは「オーナーシップの単純な見方を前提としている。それは政府の政策は民主的プロセスから簡単に作ることができ，広く正当なものと認められるというものである。実際にはどこであろうと政策形成や民主的プロセスはこれよりはるかに複雑なものである」(Brown & Morton 2008 : 5-6) という批判も当てはまるであろう。

　「国家中心型オーナーシップ」の下で，CSO は役割を失うということでは必ずしもない。国家政府は CSO などとのパートナーシップで，貧困削減戦略策定に参加する役割を与えられてきた。また，CSO も策定された貧困削減戦略に整合した実施者となることも考えられるが，これはカルドーのいう「飼いならされる」可能性を高めるであろう。

　「国家中心型オーナーシップ」に対抗した規範として，CSO は「民主的オーナーシップ」を提唱した。「民主的オーナーシップ」とはどのような特色を持ち，「国家中心型オーナーシップ」から規範の転換が達成されたのかは，本書では重要な論点と考える。

　② CSO と政府の関係に関する政策・実務規範

　援助効果に関する議論では，CSO と政府の関係に関する規範も議論され，合意された。特に HLF 3 以前は AG-CS が，HLF 3 以後は TT-CSO が議論の

場となった。CSO と国家政府アクターのマルチステークホルダー・プラットフォームである AG-CS と TT-CSO がまとめた CSO と政府の関係に関する政策・実務規範はどのような特徴を持ち，どのようなプロセスで合意を形成していったのだろうか。オーナーシップに関する規範と関連づけて論じたい。

6 2つのプラットフォーム（HLF 3 前），3つのプラットフォーム（HLF 4 前）の相互作用と CSO の正統性の模索

　援助効果への CSO のかかわりの特徴として，CSO のプラットフォームとドナーや南の政府と合同のマルチステークホルダー・プラットフォームのプロセスが並行して進んだことがあげられる。テーマとしても，ODA の援助効果，CSO の開発効果，CSO と政府の関係の 3 つが並行して議論された。

　詳しくは第 3 章で述べるが，HLF 3 に向け，ISG（HLF 3 直前に名称が BetterAid に）が ODA の援助効果に関するアドボカシーのプラットフォームとして活動する一方で，マルチステークホルダー・プラットフォームである AG-CS が CSO にパリ宣言の適応の可否と方法を議論した。AG-CS の議論の中から，CSO は効果をあげているのかという問題が提起され，Open Forum の創設に向けた CSO の動きが始まった。

　HLF 3 から HLF 4 の間は，ODA の援助効果に関するアドボカシーのプラットフォームとして BetterAid，CSO の開発効果の規範づくりに取り組む Open Forum の 2 つの CSO プラットフォームと，CSO の政策・制度環境を議論するマルチステークホルダー・プラットフォームの TT-CSO の 3 つのプラットフォームの活動が並行した。TT-CSO は WP-EFF の中の 1 つのタスクチームとされ，また WP-EFF に CSO（BetterAid）が正式参加した点では，WP-EFF 自体もマルチステークホルダー・プラットフォームであった。ただし，WP-EFF 全体では CSO は 77 メンバーのうちの 1 メンバーに過ぎなかったのに対して，TT-CSO は共同議長（3 名）のうちの 1 名を CSO が務め，より対等な立場で運営に参加した。

　CSO のプラットフォームによるアドボカシーと開発効果の規範づくり，マルチステークホルダー・プラットフォームにおける CSO と国家アクターとの対話が同時並行したことの意義は何だろうか。

Open Forum の設立の経緯を見ると，マルチステークホルダー・プラットフォームである AG-CS での議論から，CSO は援助効果に関するアドボカシー，独自のアクターとしての事業活動の両方に必要な正統性の確保の向上は必要であったといえよう。正統性は，NGO や CSO が注目される中で，アドボカシー，事業活動両面でつねに問われてきたことである（大芝 2009）。

　正統性（legitimacy）とは，エドワーズ（Michael Edwards）は「社会において存在し，何かをする権利，すなわちある組織が選択した行動に関して合法であり，受け入れられ（admissible），正当化（justified）されていること」（Edwards 2001：7）と定義する。

　ブラウン（L. David Brown）とジャガダナンダ（Jagadananda）は，正統性を「CSO の存在，活動とインパクトが社会の中核の価値や制度の観点から正当化され適正であるという重要なステークホルダーの間での認識」と定義する。この定義は Open Forum でも採用されている。そしてブラウンとジャガダナンダは，少なくとも法的正統性，規範的正統性，実際的（pragmatic）正統性，経験にもとづく（cognitive）正統性の 4 つからなるという。実際的正統性とは他のステークホルダーに提供する具体的な成果や条件から生じる正統性，経験にもとづく正統性とは活動や目標が社会全体に適正で有意義なものとみなされることにより生じる正統性であるという（Brown & Jagadananda 2007：7-8）。

　ショルテ（Jan Aart Scholte）は，パフォーマンスの正統性（情報・知識・能力・高い費用対効果などの専門性），民主的正統性（一般市民を代表し，参加を得て，アカウンタビリティを持つこと），モラルの正統性──グローバルな社会の良心や公益を代表することからなるという（Sholte 2002：5）。

　山本吉宣（2013：207）は，CSO の正当性（原文）は専門性，知識，規範，活動実績にもとづくと述べる。

　ブラウンとジャガダナンダのいう実際的正統性と経験にもとづく正統性，ショルテのいうパフォーマンスの正統性と民主的正統性，山本のあげる専門性・知識・活動実績は，本書のテーマである援助効果の問題に当てはめれば，第 5 章のテーマである CSO の活動は効果をあげているのかということに他ならない。

　また，1990年代から CSO の研究・実務両面での中で重視されてきたアカウ

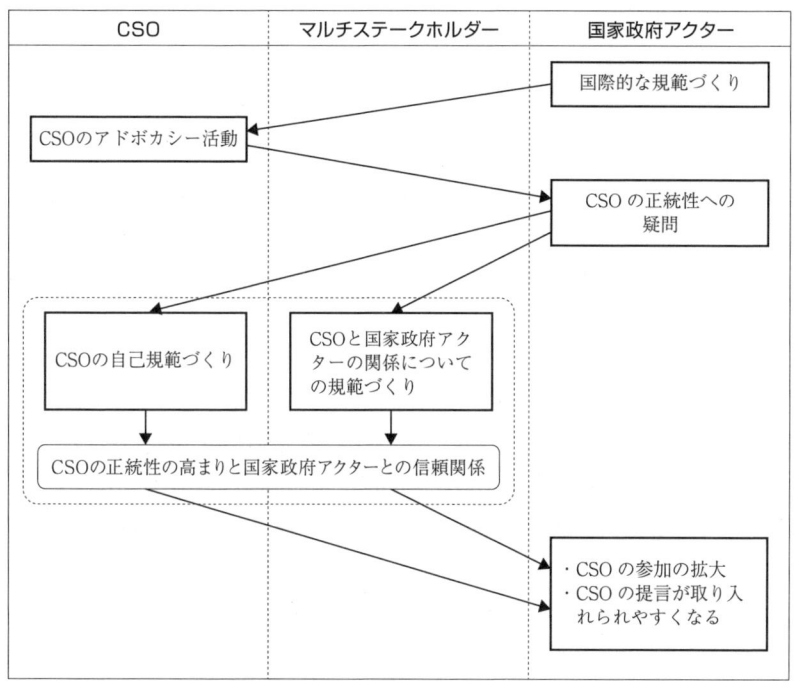

第1章　CSO の国際開発協力活動の研究の視角

●図1-1　CSO, 国家政府アクター, マルチステークホルダー・プロセスの相互作用

CSO	マルチステークホルダー	国家政府アクター
CSO のアドボカシー活動		国際的な規範づくり
		CSO の正統性への疑問
CSO の自己規範づくり	CSO と国家政府アクターの関係についての規範づくり	
CSO の正統性の高まりと国家政府アクターとの信頼関係		
		・CSO の参加の拡大 ・CSO の提言が取り入れられやすくなる

（出典）筆者作成

ンタビリティも正統性の重要な要素であろうし，実際に Open Forum の組織運営に関する規範でキーワードとなった。アカウンタビリティとは，CSO 研究では「個人や組織が認知された権威に報告し，その行動について責任を取る手段」（Edwards & Hulme 1995：9）が代表的な定義である。

このような CSO のアドボカシーと開発効果の規範づくり，マルチステークホルダーの CSO と政府の関係の規範づくりや対話が同時並行したプロセスを図式化すると，図1-1のように表せるのではないだろうか[27]。この図式から，CSO の自己規範づくりとマルチステークホルダー対話が，CSO の正統性を高め，CSO の参加の拡大と CSO の提言の採用の可能性の拡大をもたらしたとの仮説が提示できるが，実際にこの仮説がどこまで妥当であろうか。本書では，複数のプラットフォーム間の相互作用が，CSO の規範推進にどこまで有効で

あったのかを検討したい．特に，アドボカシーにおけるCSOの規範の推進や，CSOが活動しやすい政策・制度環境の規範づくりにCSOの正統性とアカウンタビリティ向上の取り組みは，どこまで有効であったのかを検証していきたい．

おわりに

　第3節で示した研究の視点について，この後の章でどのように取り入れられるのか述べておこう．

　第2章では，援助効果をめぐる国際的動向を紹介するが，ここでは援助効果に関する規範がどのように形成されてきたのか，どのような開発アプローチに関する規範にもとづくのか，どのような政策・実務規範が合意されたのかを見ていく．第3章は，ISG → BetterAid, Open Forum, AG-CS, TT-CSOの4つのプラットフォームの紹介であるが，複数のプラットフォームが並行する経緯とそれぞれのプラットフォームの組織的特徴を確認したい．

　第4章では，CSOの援助効果に関するアドボカシー活動の成果を検証する．CSOは，援助効果から開発効果へのテーマ設定の転換，開発アプローチに関する規範の変更，「国家中心型オーナーシップ」から「民主的オーナーシップ」への規範の変更をなしとげられたのか，要因も含めて検討する．ここでは，フィネモア（Martha Finnemore）とシキンクの「規範のライフ・サイクル論」（Finnemore & Sikkink 1998）など国際政治学の規範研究の理論的成果を参照する．

　第5章では，CSOの開発効果の規範づくりについて，最初にこの問題を提起したAG-CSと，この課題に取り組んだOpen Forumの活動，実際に作成された規範の意義を検討する．開発アプローチ規範としてのRBAを基盤としていることを確認するとともに，政策・実務規範として，開発活動や正統性とアカウンタビリティ確保のためどのような政策・実務規範に合意したのかを見ていきたい．

　第6章では，マルチステークホルダー・プラットフォームのAG-CSとTT-CSO, CSOプラットフォームであるOpen ForumがCSOと国家政府アクター

の間の関係や政策・制度環境について，協議と対話を通じてどのような規範を形成したのか検討する。

終章では，第4～6章の議論をもとに，4つのプラットフォームと3つの課題への取り組みの相互作用が，CSOの規範推進にどこまで有効であったのかを検討したい。これは，CSOの自己規範づくりとマルチステークホルダー対話が，CSOの正統性を高め，CSOの参加と提言の採用の可能性の拡大をもたらしたとの仮説が妥当であるのかを検証することでもある。

1　市民社会論の流れについては，山口（2004），星野（2009），西川（2011，特に第4章），Anheier 他（2001）；Edwards（2009：5-11）を参照するとよい。
2　なぜ，空間・領域説をとるのか。1つには，筆者が出席してきた援助効果・効果的な開発協力をテーマとしたCSOの国際会議で，「市民社会の組織化されていない部分を無視してはならない」という意見を耳にしてきたからである。市民社会を団体の集合名詞ととらえると，組織化されていないさまざまな市民の動きを排除することになる。もう1つは，近年ではいわゆる「反グローバリゼーション運動」または「グローバル正義運動」（global justice movement）と呼ばれる現在の市場経済中心のグローバリゼーションに疑問や反対を唱えるネットワーク運動や，インターネットを通じたドット・コーズ（dot cause）と呼ばれるネットワーク（Clark, J. 2003a：Chapt. 8）も台頭しているからである。こうしたネットワークは，必ずしもリーダーを決めないなど，インフォーマルで「組織」とはいいがたい側面がある。市民社会を団体の集合名詞と考えると，インフォーマル性の強いネットワークも排除することとなる。
3　ヘルド（David Held）らグローバリゼーションを経済だけでなく，政治・文化なども含めた転換と見る立場（Held ed. 2004）からは，グローバル市民社会の台頭もグローバリゼーションの一環としてとらえられる（McGrew 2004）。
4　市民社会概念を非西欧的文脈でどう考えるのか，いくつかの研究が出ている。例えば，Glasius 他 eds.（2004）；田坂編（2009）。
5　社会運動についてカルドーは「社会の転換をもたらすために共に行動する人びとの組織，グループ」（Kaldor 2003：82；邦訳書118）と述べるが，一般的には「ターゲットとされた権威に対する集団的要求を行うための持続的で組織された一般の取り組み」（Tilly 2004 quoted in Tarrow 2005：6-7）と定義されよう。
6　「市民」に規範的意味が含まれるという立場からは，「新しい」民族主義・原理主義運動を含めることには異議があるかもしれない。
7　国際開発の思想・規範・アプローチが変遷については多数の文献があるが，近年出されたものとして，Willis（2011）；Desai 他 eds.（2012）；西垣他（2009：特に第Ⅰ部），下村他（2009：特に第3-4章），高柳（2011b：第1章），稲田（2013：第1章）をあげておく。
8　ただし，OECD-DAC諸国がGGに民主化の推進を含めた（OECD-DAC 1993）のに対し，世界銀行（World Bank 1992）にとってGGとは行政や司法のあり方の改善など効率と透明性の向上を意味し，民主化を含んでいなかった（大芝1994：3章）。

9 人間開発とは，UNDPの人間開発報告書の刊行を機に広まったことばで，現在では「人間開発とは，人々が長寿で，健康で，創造的な人生を送る自由，そのほか，意義ある目標を追求する自由，さらにはすべての自類の共有財産である地球のうえで，平等に，持続可能な開発を形づくるプロセスに積極的に関わる自由を拡大することである。人々は個人としても，集団としても人間開発の受益者であると同時に，推進役でもある」(UNDP 2010：邦訳3) と定義されている。社会開発は1995年3月の国連社会開発サミット開催をきっかけに注目されるようになった概念であり，「従来の経済・GNP成長を目的視する開発に対し，人間を中心に据え，市民社会の参加を重視する開発の理念と政策」と定義できるだろう (高柳 1997：91)。ただし社会開発ということばには，本書でいうような社会開発サミットをきっかけとした開発の新しい理念・政策・実践という意味とともに，社会分野 (教育・保健など) における開発，社会的影響に配慮した開発などの意味があり，多義的なことばである。社会開発の多様なとらえ方については，佐藤 (2007) を参照。また，社会開発の概念については，西川 (2000：第9章) を参照。

10 絶対的貧困の基準として，MDGs採択当時は1人1日1米ドル未満の収入とされていたが，世界銀行は2008年8月にこれを1人1日1.25米ドルに改定した。

11 MDGsの諸目標はMDGs採択により初めて出てきたわけではない。例えば普遍的初等教育の達成は1990年にタイのジョムティエンで開催された「万人のための教育世界会議」で国際目標とされたし，MDGsの多くはOECD-DACが1996年に発表した21世紀の開発戦略 Shaping the 21st Century (OECD 1996) に含まれていた。

12 MDGsの成果中心主義にもとづいて，世界銀行・IMFのネオ・リベラルな潮流と国連の人間開発の潮流との妥協との見解もある (Hulme 2010：120)。

13 トゥハンはBetterAidの開発効果論はIBONの開発効果論を基盤としてきたと筆者のインタビュー (2013年12月15日) で述べている。

14 コンストラクティビズム (constructivism) とは，国際関係を主権国家間の国益 (その核心のものとしての国家の生存や領土の不可侵) をめぐる力の闘争と見るリアリズム (realism) と，リアリズムに対して主権国家以外の多様なアクターの役割にも注目し，争点や利益の多様性，主権国家より上位の権威が不在の国際関係における国際協調の可能性などを説くリベラリズム (liberalism) の二大潮流に対し，リアリズム・リベラリズム双方の (物質的) 利益への過度な注目を批判し，価値観・アイディア・規範・アイデンティティ・歴史認識など主観的要因とその共有が演じる役割に注目するアプローチといえよう。リアリズム・リベラリズムにも多様なバージョンが存在するし，コンストラクティビズムがリアリズム・リベラリズムと並ぶ第3のアプローチなのかも論争がある。こうした理論の流れについては国際政治学・国際関係論の概説書でたいてい触れられている。コンストラクティビズムに関しては，大矢根編 (2013) を参照するとよい。

15 日本の学界でも，個別テーマを扱った研究は数多い。さまざまなテーマのものが所収されているものとして，日本国際政治学会編 (2005) と大矢根編 (2013) の2点をあげておきたい。

16 「規範起業家」とともに，推進や普及を進めた諸国の役割に注目した研究として，栗栖 (2013)。

17 一方で日本の開発経済学者から，PRSPは経済成長への関心が不足し，直接的な貧困削減策に強調されすぎているとの批判もあった (大野 2005：170-171)

18 類似の議論として，マクドナルド (Laura Macdonald) のように，「新保守主義」(構造調整

下で縮小する政府の役割を補完し，人びとのニーズを満たす活動を行う），「自由主義・多元主義」（地域の開発における政策決定への人びとの政治的参加を促進），「ポスト・マルクス主義」（社会運動の一環として支配的な政治・社会・経済構造に挑戦する）の3つの立場があるという議論もある（Macdonald 1997）。
19　実際に CSO の立場は多様であり，多くのアドボカシー活動で「改革派」と「急進派」の対立があるといわれてきた。「急進派」は，資本主義や市場経済，グローバリゼーションに反対する。貧困，環境破壊，差別などグローバルな諸問題の根源と考えるからである。そしてこれらを進める世界銀行・IMF などの国際経済機関や，G7/8（先進国首脳会議）の廃止を求める。しかしながら，今日「急進派」が唱えるオルタナティブ（代替案）がいかなるものか，必ずしも明確でない。これに対して「改革派」は，資本主義や市場経済，グローバリゼーション自体には反対しない。しかしながら今の世界経済システムやグローバリゼーションの行き過ぎた市場中心主義を是正し，「人間の顔をした」資本主義やグローバリゼーションへの変革を唱える。世界銀行・IMF などの国際経済機関や G7/8の変革を主張する（高柳 2007c）。
20　RBA についての代表的文献としては，Uvin（2004）；Gready & Ensor eds.（2006）；Hickey & Mitlin eds.（2009）；Kindornay 他（2012）；勝間（2007），川村（2008；2013）があげられる。以下はこれらの文献にもとづいた要約である。
21　A/RES/41/128
22　UNDG は，国連の開発関連諸機関の連絡調整や協力促進のため，アナン事務総長の下での国連改革の一環として設立された。UNDP 総裁が議長を務め，2013年12月現在で32の国連の開発関連の組織や基金が加盟している。
23　RBA はしばしばニーズ・ベース・アプローチと対比させて論じられるが，両者を対立的にとらえることの適否については多様な見解がある。
24　この立場に立つ論者は，CSO のサービス活動が行ってきた教育・保健などのニーズ充足は，本来は経済的・社会的権利の実現の義務履行者である政府の責任であると考える傾向がある。
25　この「開発主義国家」の定義は，末廣昭（1998：18）の開発主義の定義（「工業化の推進を軸に，個人や家庭や地域社会ではなく，国家や民族などの利害を最優先させ，そのために物的人的資源の集中的動員と管理を図ろうとするイデオロギー」）を参考にしている。
26　「支配者が自らに個人的に従属した臣下を使って，国家をいわば自分の『家の財産（家産）』のように私的に統治する状況」（武内 2010）。
27　こうした図式化については，Risse & Sikkink（1999）の「人権のスパイラル・モデル」からヒントを得ている。

第2章 援助効果とは何か——議論の経過

はじめに

 本書のテーマである「援助効果」(aid effectiveness) とはどのような問題なのであろうか。援助効果をめぐる議論はどのように展開してきたのだろうか。今日の開発援助に関する国際的な議論の場は，大きくいって，ブレトン・ウッズ機関（IMFと世界銀行），国連，OECD-DACの3つがある。援助効果はOECD-DACを中心に議論されてきたことであるが，他の2つの流れとも密接に関連している。

 まずは援助効果が議論される背景を述べた後，国連機関，ブレトン・ウッズ機関での動向を述べた上で，OECD-DACを中心とした援助効果の議論を，HLFやそこで採択された宣言文——代表的なものとしてHLF2で採択された「援助効果に関するパリ宣言」（パリ宣言）——を中心に紹介したい。

1 援助効果の議論の背景

 なぜ21世紀に入り，「援助効果」が国際的なテーマになったのだろうか。
 第一の理由は，欧米諸国の多くでは1990年代にはODA額が低迷していたが，21世紀に入り，後述するMDGsの国連総会における採択などによりODA増額の機運が高まった。また，2001年9月11日のアメリカにおける同時多発テロをきっかけに，テロの根底にある貧困の問題に取り組む必要性が指摘されたこともODA増額の機運を高めた。しかし北の国民・納税者のODA増額への納得を得るためには，その効果や透明性・アカウンタビリティを向上させる必要があった。

第二の理由は，二国間・多国間の開発援助機関，CSO などがバラバラに，相互調整することもなく援助活動を行った結果，プロジェクトが相互に重複したり，逆に地理的・分野的に偏在したりし，また社会全体にどのような効果をあげているのか検証しづらい状況が生じたことである。より実務的には，ドナー（援助機関）ごとに異なる手続きが援助を受ける途上国に過重な事務負担を生じさせてきた。こうした状況は，「援助の氾濫」(aid proliferation) や「援助の断片化」(aid fragmentation) と呼ばれる（OECD 2009a : Chapt. 2；高橋 2010 : 107-108；下村 2011 : 114-115)。そして，さまざまな援助アクターがバラバラに小規模な援助活動を行うのではなく，援助協調を行い，統一した戦略で，また手続きもできるだけ統一して途上国政府の負担を減らすべきだと考え方が援助効果の議論をリードした北西欧諸国（北欧諸国やイギリス・オランダなど）や世界銀行などで高まった（高橋 2009；2010)。こうしたドナーからは，従来のプロジェクトごとに援助を行うアプローチとは違った以下のようなアプローチが提唱されてきた（下村他 2009 : 60-61)。

- セクター・ワイド・アプローチ（Sector-wide Approaches = SWAps）：特定セクターごとの開発戦略を途上国とドナーとの間で合意し，その戦略に対しドナー間で協調して援助を行う。
- コモン・バスケット（Common Basket）：途上国とドナーが特定のセクターや国全体の開発計画に合意し，ドナーが共通基金を設けてここに拠出する。
- 一般財政支援（General Budget Support = GBS）：ドナーが援助を途上国の財政支援という形で供与し，国家予算全体の運営に関与する。

援助効果の議論は，「援助の氾濫」「援助の断片化」の現実に対し，援助協調により解決しようという機運の中で進んだといってよいだろう。

2　国連での議論──ミレニアム開発目標（MDGs）とモントレー・コンセンサス

1　MDGs

　2000年の国連ミレニアム総会で国連ミレニアム宣言が採択され，その中で国際開発について具体的な目標が示されている。これがミレニアム開発目標

(MDGs) である。MDGs には，①極度の貧困と飢餓の撲滅，②普遍的初等教育の達成，③ジェンダー平等の推進と女性の地位向上，④乳幼児死亡率の削減，⑤妊産婦の健康の改善，⑥ HIV ／エイズ，マラリア，その他疾病の蔓延防止，⑦環境の持続可能性の確保，⑧開発のためのグローバル・パートナーシップの推進の 8 つの目標に関する21のゴールが定められている。パリ宣言は MDGs の達成の加速化を重要な目的にしている（OECD 2005：Para. 2)。

　後で見るように，OECD-DAC でも援助効果の重要な目的は MDGs の達成とされている。

2 モントレー・コンセンサス

　2002年 3 月19日から22日まで，メキシコのモントレーで国連主催の開発資金国際会議（International Conference on Financing for Development）が開催され，「開発資金に関するモントレー・コンセンサス」（Monterey Consensus on Financing for Development：United Nations 2002) が採択された。

　この会議の中心の議題は，官民の開発援助資金の確保に関してであったが，モントレー・コンセンサスでは援助効果に関することも含まれている。パラグラフ43では，ODA の手続きの調和化，アンタイド化の推進，途上国のオーナーシップの強化や PRSP（後述）を含む貧困削減戦略にもとづいた支援などが提唱されている（同上：Para. 43)。

3 ブレトン・ウッズ機関と貧困削減戦略

1 PRS アプローチとは

　援助効果の議論を理解する上で，特にその主要原則の 1 つである「オーナーシップ」を唱えたブレトン・ウッズ機関の「貧困削減戦略」に触れなければならないだろう。21世紀に入ってからの開発援助では PRS アプローチが台頭しているといわれてきた。1999年に世界銀行の当時の総裁（在任 1995～2005）ジェームス・ウォルフェンソン（James Wolfensohn）により「包括的開発枠組み」（Comprehensive Development Framework = CDF）が提唱されたことと，同年秋，世界銀行と国際通貨基金（IMF）は HIPCs[2]と世界銀行のうち IDA 対象諸

国を対象にPRSPの作成を求めることを決定したことが，PRSアプローチの台頭のきっかけになった。

　CDFやPRSPで強調されたことは，オーナーシップとパートナーシップであった。従来，さまざまな開発援助にかかわる組織は個別に途上国にプロジェクト中心に援助を行ってきたのに対し，PRSアプローチは途上国がオーナーシップを持ちつつ，途上国政府が援助機関・市民社会・民間セクターとのパートナーシップによりつくられたPRSPにもとづいて各援助機関が共通の目標や優先順位で援助を行おうとするものである。オーナーシップの所在の中心は途上国政府であるともいえる。

　貧困削減戦略が開発援助の新しいアプローチといわれるのは，第一に実際に多くの該当国がPRSPの作成作業を進めていること，第二にPRSPが債務救済やIDA融資だけでなく，多くの多国間・二国間開発援助機関の支援の基盤となる文書となっていることがある。第一の点では本書執筆時点で65か国がPRSPを作成し，世界銀行・IMF理事会の承認を受けている[3]。第二の点では，例えば特にPRSアプローチの採用に熱心な二国間援助機関といわれるイギリスの国際開発庁（Department for International Development＝DFID）はPRSPにあらわれる当該国主導の貧困削減戦略の支援がMDGs達成に向けたイギリスの支援の枠組みであると述べる（DFID 2005）。

　PRSの普及により，PRSの作成とそれにもとづく援助は規範となり，開発援助における「貧困削減戦略レジーム[4]」の成立も論じられるようになった（高橋 2009；稲田 2013：17-18）。

2 PRSP

　PRSPが世界銀行・IMF理事会から承認されることが債務削減とIMFソフトローンの条件である。債務削減については同じ1999年のG7のケルン・サミットでHIPCsに対する債務帳消しが合意された。一方で貧困削減を進めるには，利用可能となる資金を途上国政府が確かに貧困削減に使うこと，途上国政府のガバナンスの改善が必要であるとの考えが特に先進国間にあったといわれる（稲田 2004）。

　PRSPはCDFを基盤にした3か年の行動計画であり，①オーナーシップ，

②結果重視，③包括性，④優先づけ，⑤（援助機関・市民社会・民間セクターとの）パートナーシップ，⑥長期的取り組みの6つの原則にもとづいて作成される（世界銀行日本事務所）。そして，①貧困の現状の確認とその原因の診断，②目標（10～15年の長期のものと，2～3年の短期のもの）と政策の提示，③政策の効果のモニタリングと評価の体制，④外部からの支援とその効果，⑤策定と実施への広範な人々の参加の仕組みの5つの要素から構成される（柳原 2001）。

国連ミレニアム総会でMDGsが採択されて以来，世界銀行・IMFもその実現を唱えてきた。第1章で前述した世界銀行と国連の「接近」（大野 2005：164-165）により，PRSPは次第にMDGsおよびそれにもとづく各国レベルの貧困削減目標の達成の手段として，世界銀行と国連（特にUNDP）の間での連携が進められるようになった。PRSPの多くはMDGsに準じて当該国なりの開発目標をしめしている。

3 PRSアプローチの意義

PRSアプローチはどのような意義を持つのだろうか。アフリカのPRSPの経験をまとめたブース（David Booth）は，①各国で貧困削減が主流化し拡大したこと，②公共セクターガバナンスの改革の重要であること，③国内の政治的対話の新しい空間がつくられたこと，④モニタリングのプロセスが貧困削減戦略の質を向上させうること，⑤援助の関係を転換させることの5つを指摘する（Booth 2003）。PRSアプローチの成果として，①各国政府が貧困問題により注目するようになったこと，②かつてないほど市民社会が貧困政策の論争に関与していること，③国際的または各国ごとに援助機関間の協調が進んだことをあげる論者もいる（Driscoll & Evans 2005）。

対象国には，非民主的で行政の能力やアカウンタビリティに問題が多く，必ずしも貧困問題への取り組みに熱心でなかった国が少なくない中で，貧困削減戦略の主流化やガバナンス改革の約束が——少なくともタテマエの上では——行われた。「低所得国政府は貧困層の利益の増進を主たる政策目標とするとの想定は一般には妥当しない。多くの低所得国で，貧困削減への取り組みは国際レジームとしての『PRSP体制』が確立されその外圧の下で初めて本格化された」（柳原 2003）との指摘すらある。しかしPRSP以前にモザンビーク・タン

ザニア・ウガンダのように独自の貧困削減戦略を作成していた国があることも事実である（AFRODAD 2002）。

PRS アプローチに関する説明は長くなったが，それは PRS のオーナーシップとパートナーシップの考え方が援助効果の議論にも強く反映しているからである。

最後に付け加えておかなければならないことは，2000年代後半以後，PRS の「後退・拡散」が見られることである。DAC のメンバーではないなど国際的な援助潮流の外で急速に援助活動を行ってきた中国をはじめとする新興ドナーの援助が拡大する一方で，リーマンショック（2008年）以後に，特に PRS に熱心であったヨーロッパ諸国の中で ODA を減額する国もあることが背景にある。[5]

4 DAC における援助効果の議論のはじまり

1 先駆けとしての OECD-DAC「新開発戦略」

1996年に OECD-DAC は21世紀の ODA の方向性に関する政策文書として，「21世紀に向けて――開発協力の貢献」（Shaping the 21st Century：The Contribution of Development Co-operation：OECD 1996）を採択した。これは「新開発戦略」ともいわれる。この文書は，「極度な貧困下に暮らす人々の2015年までの半減」をはじめ，後に MDGs に取り入れられる開発の具体的な達成目標をいくつか示した文書として知られる。

同時に援助の効果をいかにあげるのかもこの文書の重要なテーマとなっている。21世紀に入ってからの援助効果の議論の源流にある文書とも位置づけられよう。①受入国がオーナーとなった戦略（locally-owned strategies）の支援，②現場での国際的調整，③監査と評価，④協力の基礎の拡大をあげている（同上：15-18）が，パリ宣言の5原則（後述）との関係でいえば，①は「オーナーシップ」，②は「調和化」，③は「成果のマネージメント」と「相互のアカウンタビリティ」の各原則につながっている。

2 援助の調和化に関するローマ宣言と援助効果に関する作業部会の設置

2003年2月にローマで開催されたHLF1で採択されたのが「援助の調和化に関するローマ宣言」(Rome Declaration on Harmonisation)(OECD 2003a)である。ローマ宣言では，ドナーごとの個別の手続きの要求がパートナー国の事務コストの増大を招いていること，パートナー国の開発戦略の優先順位や途上国の予算管理などのシステムに合わない援助が行われていることが認識されている。その上で，開発援助をパートナー国それぞれの貧困削減戦略などに整合させること，援助の手続きとそのための各ドナーの慣行の見直しを唱えている。

同年3月にはDACでWP-EFFの設置が決められ，翌月のOECD理事会で承認された(OECD 2003b)。

5 援助効果に関するパリ宣言

1 パリ宣言とは

2005年2月から3月にかけてOECD-DACは，途上国や多国間開発援助機関の代表も交えつつ，HLF2を開催し，その成果はパリ宣言としてまとめられた(OECD 2005)。HLF3と4は，パリ宣言の実施状況の中間・最終評価の場として意図された。パリ宣言は，援助効果，さらには世界の開発援助全般に関する規範としての意義を持つものといえよう。

パリ宣言は，貧困と不平等の削減，成長の加速化，能力の構築，MDGsの達成のための援助効果の向上のためドナーとパートナー国のとるべき施策をまとめ(Para. 2-3)，以下に紹介する5つを援助効果の原則としてあげている。

なお，「パートナー国」とは，被援助国のことであるが，オーナーシップに関しての「援助機関と対話し，市民社会と民間セクターの参加を奨励しつつ，他の開発リソースとともにすべてのレベルの援助の調整に主導性を持つ」(Para. 14)という表現からして，被援助国の国家政府を表していると解釈すべきである。

2　パリ宣言の5原則

① **オーナーシップ（Ownership）**：南の諸国は，自ら開発戦略を作成し，制度を改善し，汚職をなくす。南の各国政府はドナー間の調整に主導権を持ち，市民社会や民間セクターの参加を得る。

パートナー国は幅広い協議を通じて開発戦略の作成・実施を行い，また開発戦略を結果重視のプログラムや中期計画，年度予算に反映させる。ドナー間の調整に主導権を持ち，市民社会や民間セクターの参加を奨励する（Para. 14）。その一方でドナーはパートナー国の主導性を尊重し，その能力強化を支援する（Para. 15）。

② **開発援助の整合性（Alignment）**：ドナーは，南の諸国の国家開発戦略に沿って，それを基盤とする支援を行う。

ドナーは，パートナー国の国家開発戦略を基盤とする支援を行うことが求められる（Para. 16）。そのためにもパートナー国が政策を策定・実行し，国民や議会に説明する能力は強化されなければならない（Paras. 17, 23）。能力強化にはドナーの支援も必要である。ドナーはパートナー国の国家開発戦略を根拠とする単一の枠組みに沿って援助を行い（Paras. 16, 19, 21），援助の実施や調達に当たってパートナー国のシステムとプロセスを利用する（Paras. 21, 28）。また援助の価値を高めるためにも，ドナーは開発援助のアンタイド化[6]を行う（Paras. 30）。

③ **援助調和化（Harmonisation）**：ドナーは，可能なかぎり活動を調整し，援助の手続きを簡素化し，重複を避けるため情報を共有する。

さまざまなドナーは，可能な限り，各パートナー国で共通の計画，資金供与，評価などを行う。プログラム援助[7]を増加させる。援助の調査の合同実施などを通じて，これまでバラバラに行われてきた援助の手続きを協調して行うようにする（Paras. 32-33）。またお互いの長所を見極めつつ，セクターや国単位で援助活動実施のリーダー国を決めるなど役割分担を行う（Paras. 35）。環境アセスメントについてもドナー間で調和化する（Paras. 40-42）。

④ **成果のマネージメント（Management for Results）**：南の諸国，ドナーはともに常に開発の成果を生み出し，測定する。

パートナー国は国家開発戦略と国家予算を結びつけるとともに，成果を検証

●表2-1　パリ宣言の12の指標（要約）

	オーナーシップ	2010年のターゲット
1	パートナー国は，実施可能な開発戦略を持つ	少なくとも75％のパートナー国が実行可能な開発戦略を持つ
	整合性	**2010年のターゲット**
2	信頼できるパートナー国のカントリー・システム	(a)公共財政管理（PFM）：パートナー国の少なくとも半分が評価を上げる (b)調達：A-Dの4段階評価で少なくとも3分の1のパートナー国が1段階以上評価を上げる
3	援助資金の流れが各国の優先順位と整合する	政府予算に報告されない援助の割合を半減する。85％が政府予算に報告されるようにする。
4	協調された能力強化の支援	技術協力の50％が国家開発戦略と合致した協調プログラムを通じて実施される
5a	各国のPFMシステムの利用	**ドナー数の割合** ・全ドナーのパートナー国PFMシステムの利用→5点以上 ・90％のドナーのパートナー国PFMシステムの利用→3.5-4.5点 **援助金額の割合** ・PFMを利用しない援助のパーセンテージの3分の2の削減→5点以上 ・PFMを利用しない援助のパーセンテージの3分の1の削減→3.5-4.5点
5b	各国の調達システムの利用	**ドナー数の割合** ・全ドナーのパートナー国調達システムに利用→A ・90％のドナーがパートナー国調達システムを利用→B **援助金額の割合** ・パートナー国調達システムを利用しない援助の割合を3分の2減らす→A ・パートナー国調達システムを利用しない援助の割合を3分の1減らす→B
6	行政機構と並行した実施組織を避けるための能力強化	行政機構と並行した実施組織を3分の2削減する
7	援助の予測可能性を高める	予定されていた年度に実施されない援助の割合の半減
8	援助のアンタイド化	援助のアンタイド化の継続
	調和化	**2010年のターゲット**
9	プログラム援助の増大	援助資金の66％をプログラム・ベース・アプローチで実施する
10	共同の現地ミッションや国別分析	(a)現地ミッションの40％の共同化 (b)国別分析の3分の2の共同化
	成果のマネージメント	**2010年のターゲット**
11	国別開発戦略，セクター・プログラムの透明で監視可能な成果評価枠組みを持つ国の増加	透明で監視可能な成果評価枠組みを持たない国を3分の1減らす
	相互のアカウンタビリティ	**2010年のターゲット**
12	パリ宣言にあるような相互評価が実施できるようになる国の増加	全パートナー国による相互評価の実施

（出典）　OECD（2005：9-10）をもとに筆者要約

する指標を確立する。ドナーも成果にもとづいたマネージメントを行うとともに，パートナー国の成果検証システムに結びつける（Paras. 43-46）。
⑤ 相互のアカウンタビリティ（Mutual Accountability）：ドナーと南の諸国は開発の成果について相互にアカウンタビリティを負う。
パートナー国とドナーの間の開発リソースの利用についての相互のアカウンタビリティと透明性を高める（Paras. 47-50）。

3 パリ宣言の12の指標

パリ宣言には，5原則の達成を測るために，2010年を目標達成年にした12の指標が，**表2−1**のように盛り込まれた。

6 アクラ行動計画（AAA）

パリ宣言はその実施状況の評価のために2008年に途上国で再びHLFを開催することを定めている（OECD 2005：Para. 12）。それにもとづき，2008年9月にアクラでHLF3が開催され，そこで採択されたのがアクラ行動計画（Accra Agenda for Action = AAA：OECD 2008）である。パリ宣言には表2−1で見たように2010年までの達成目標が示されていたが，HLF3はいわばその中間評価の会議であった。

パリ宣言の実施状況について，AAAでは進捗はしているが不十分であるとしている（Para. 6）。その上で，以下の3つを柱に提言を行っている。

1 途上国のオーナーシップの強化
・オーナーシップの強化は最大の優先項目（Para. 12）
・各国レベルで，議会や地方自治体，CSOなどを交えた政策対話の強化（Para. 13）
・途上国の開発の主導とマネージメントのための能力強化（Para. 14）
・各途上国のシステムの利用の強化（Para. 15）

2 より効果的で広範なパートナーシップ
・援助の断片化の防止（Para. 17）とアンタイド化の推進（Para. 18）
・新興国の援助，南南協力の台頭を歓迎（Para. 19）

・CSO との関係強化（Para. 20）　第 6 章にて詳述

3　開発の成果の達成とアカウンタビリティ
・成果の向上（Para. 23）
・一般へのアカウンタビリティ・透明性の強化（Para. 24）
・コンディショナリティのあり方を変える（Para. 25）
・中期的な予測可能性の拡大（Para. 26）

また AAA では WP-EFF がパリ宣言の実施の進捗状況の監視を続け，2011年に HLF 4 を開催することを明記している。

7　HLF 3 から HLF 4 の間の援助効果の議論

1　WP-EFF における南も含めた広範な参加

HLF 3 以後の WP-EFF は，パートナー国24，被援助国・援助国双方である国（いわゆる新興ドナー）7，援助国（EU を含む）31（DAC 24 メンバーに加え，東欧諸国 7 か国）[8]，国際機関 9，その他（CSO など）5，これに DAC 議長を加えた77のメンバーであった（OECD 2009b：9）。共同議長は被援助国・援助国双方から 1 名ずつとした。前者はタラート・アブデル＝マレク（Talaat Abdel-Malek：エジプトの経済学者，国際協力大臣顧問），後者は欧州援助協力・開発総局長のクース・リッシェル（Koos Richelle）が務めていたが，リッシェルの EU 内部での異動でバート・コンダース（Bert Koenders：オランダの元下院議員・国際協力大臣）に2011年はじめに交替した。さらに，2011年10月にコンダースは，国連コートジボワール活動（UNOCI）代表に就任したため辞任し，それ以後議長はアブデル＝マレク 1 名となった。副議長は HLF 4 開催国の韓国のパク（Enna Park）と世界銀行のピータース（R. Kyle Peters）であった。

2　複雑な組織

HLF 3 以後の WP-EFF は，課題別取り組みを強化するため，以下のように 5 つのクラスターがつくられたが，HLF 4 までにさらに 3 つがつくられ，またそれぞれのクラスターの下にいくつかのタスクチームがある非常に複雑なも

のとなった。

・クラスターA：オーナーシップとアカウンタビリティ
・クラスターB：各国のシステムの利用
・クラスターC：透明で責任ある援助
・クラスターD：進捗状況の評価
・クラスターE：成果のマネージメント
・南南協力
・保健
・民間セクターと効果的な援助

このうちCSOが深くかかわったのは「民主的オーナーシップ」関連のテーマ多く含まれたクラスターA（広い基盤を持った［broad-based］オーナーシップ・タスクチーム，TT-CSO，アカウンタビリティに関するワークストリーム）と，援助の透明性，コンディショナリティ，タイド援助などの問題を扱ったクラスターCであった。

3 パリ宣言の実施状況報告書 (2011)

HLF4を前に，パリ宣言の実施状況が表2-1で示した指標にもとづいて発表された。表2-2のように，13項目のうち，わずか1項目が達成されたにとどまった（OECD 2011a）。

報告書は達成できたものは少なかったものの，いくつかの点で大きな進捗があったことも明らかにしている。まず調査の対象となった途上国が34か国から78か国と大幅に増加した。指標1「実施可能な開発戦略を持つ国」については，「実施可能な」レベルの国も2005年の11％から2010年は37％と，75％の目標には遠く及ばないものの，大幅な向上といえる（同上：Chapt. 2）。指標11「成果評価枠組みを持つ国」も5％から20％に向上している。

国によりある程度の進捗が見られたものもあった。1つはオーナーシップと関連してCSOなどの国家開発戦略策定への参加であるが，これは第6章のテーマであるので後述する。PFM（指標2a）については3分の1の諸国でポイントが上がる一方で，4分の1の諸国では下落した（同上：45-46）。そしてドナーのPFMの利用（指標5a）については，40％から48％への少しばかりの

●表 2-2　パリ宣言の実施状況（要約）

	パリ宣言指標*	2010達成状況	2010達成目標*	状況
1	パートナー国は，実施可能な開発戦略を持つ	37%	75%	未達成
2a	信頼できる公共財政管理（PFM）システム：パートナー国の少なくとも半分が評価を上げる	38%	50%	未達成
2b	信頼できる調達システム	n/a**	数量基準でない	
3	援助資金の流れが各国の優先順位と整合する：政府予算に報告される援助資金を増やす	41%	85%	未達成
4	協調された能力強化の支援	57%	50%	達成
5a	各国のPFMシステムの利用	48%	55%	未達成
5b	各国の調達システムの利用	44%	数量基準でない	
6	行政機構と並行した実施組織を避けるための能力強化：並行した実施組織数3分の2削減	1,158	565	未達成
7	援助の予測可能性を高める	43%	71%	未達成
8	援助のアンタイド化	86%	89%以上	未達成
9	プログラム援助の増大	45%	66%	未達成
10a	共同の現地ミッションの増大	19%	40%	未達成
10b	共同の国別分析	43%	66%	未達成
11	成果評価枠組みを持つ国の増加	20%	36%	未達成
12	相互評価が実施できるようになる国の増加	38%	100%	未達成

(注)　＊パリ宣言時（表2-1）から達成目標が見直された項目がある。
　　　＊＊有効なデータのある国数が少ないため達成状況評価不能。
(出典)　OECD（2011a：19）を筆者要約

上昇であった（同上：50）。並行した実施組織（指標6）については3分の2削減の目標には及ばないが32％削減することができた（同上：55）。DAC諸国のアンタイド化もわずかばかり進んだ（同上：54）。

　ほとんど進捗が見られない，あるいは悪化した項目もある。政府予算に報告される援助の割合（指標3）は44％から41％に悪くなっている（同上：48-49）。現地ミッションや国別分析（指標10）も，それぞれ20％から19％，41％から43％と悪化か停滞である（同上：66-67）。予定された年度に実施された援助は42％から37％と，援助の予測可能性を低下させている（同上：74）。相互評価メカニズム（指標12）のある国も44％から38％に低下した（同上：90-93）。なお，全調査対象（2005年＝34か国，2010年＝78か国）とは別に，両年で調査対象と

● 表2-3　パリ宣言の実施状況（2006年と2010年の共通の調査対象32か国）

	パリ宣言指標*	2006達成状況	2010達成目標*	2010達成状況
1	パートナー国は，実施可能な開発戦略を持つ	19%	75%	52%
2a	信頼できる公共財政管理（PFM）システム：パートナー国の少なくとも半分が評価を上げる	0%	50%	38%
3	援助資金の流れが各国の優先順位と整合する：政府予算に報告される援助資金を増やす	44%	85%	46%
4	**協調された能力強化の支援**	49%	50%	51%
5a	各国のPFMシステムの利用	40%	55%	48%
6	行政機構と並行した実施組織を避けるための能力強化：並行した実施組織数3分の2削減	1,656	565	1,158
7	援助の予測可能性を高める	42%	71%	43%
8	援助のアンタイド化	87%	89%以上	87%
9	プログラム援助の増大	43%	66%	46%
10a	共同の現地ミッションの増大	20%	40%	22%
10b	共同の国別分析	41%	66%	44%
11	成果評価枠組みを持つ国の増加	7%	36%	22%
12	相互評価が実施できるようになる国の増加	44%	100%	50%

（出典）OECD（2011a：21）をもとに筆者作成

なった32か国のデータもあるので表2-3にまとめた。

　いずれにしても，パリ宣言の進捗状況は芳しくない，規範として合意されたものが各国で実行に移されていない，いい換えれば規範が内部化されていないことが明らかになった。特に援助の予測可能性，アンタイド化，現地ミッションや国別分析といったドナーにかかわる事項は逆行からわずかな進展で，報告書は途上国に比べドナー側の進捗状況の遅れを指摘する（同上：15）[9]。

8　HLF 4 と BPd

　2011年11月29日から12月1日まで，プサンでHLF 4が開催され，最終日に

BPd (OECD 2011n) が成果文書として採択された。BPd の起草・採択のプロセスについては，CSO の役割を中心に第4章で詳述するので，ここでは概略と特徴だけ紹介しよう。

1 効果的な開発協力の諸原則

BPd は，「私たちのパートナーシップを支える多様性と開発協力の触媒的 (catalytic) な役割を擁護し，国際的な人権，働きがいのある人間らしい仕事 (decent work)，ジェンダー平等，環境的持続可能性と障がいに関する国際的に合意されたコミットメントに一致して，効果的な開発のための協力の基盤として共通の原則を共有する」とした上で，4つの原則を提示している。その4つとは，①途上国による開発の優先順位のオーナーシップ，②成果に焦点を当てる，③インクルーシブ（inclusive ＝社会全体を含んだ）な開発パートナーシップ，④相互の透明性とアカウンタビリティである（Para. 11）。ここで重要なことは，グローバルな人権，ジェンダー，雇用，環境，障がいなどに関する合意が前提として明記されたことである。

そのうち①に関しては次のパラグラフで「民主的オーナーシップ」も明記されたが（Para. 12a），そのことの意義は第4章の課題としたい。

①②④を実現するために BPd では，以下が提言されている。

・透明で，途上国主導の成果フレームワークの共通のツールとしての採用
・AAA でも提唱された援助のアンタイド化の推進：2012年に達成計画を検証
・各国のシステムの利用
・開発協力に関する情報と一般のアクセスの向上
・予測可能性の向上
・途上国主導の援助協調の強化：プログラム・アプローチの強化，共同計画，フィールドスタッフの権限強化と相互協力

人権については，この原則の部分とともに，前文で MDGs 達成が緊急の課題となることを述べる中で人権や民主主義が開発と不可分な課題であることも述べられている（Para. 3）。この点の意義は第4章で CSO のアドボカシー活動も含めとりあげたい。また，ジェンダーと CSO の役割について述べたパラグラフもあるが，第4章と第6章でとりあげることとしたい。

2 効果的な開発の課題

BPdの特徴の1つは，援助効果の問題を超えて，効果的な開発の課題をあげていることであるが，その背景には「援助は開発の解決策の一部でしかない。焦点と注目を援助効果から効果的な開発のチャレンジに広げるときである」(Para. 28) という認識がある。恒川（2013：190）の説明を借りれば，援助が開発に「自動的に」「結びつくのではないことを明確に認識し，援助が開発の『触媒』になるように検討する必要があることを宣言した」のであった。その上で，「開発は強力で，持続的で，インクルーシブな成長によりもたらされる」(Para. 28a) ことや，政府の自己財源，効果的な制度，南における地域統合の重要性も述べる。民間セクターの役割の重要性を述べている (Para. 32) こともBPdの特徴である。

3 新興ドナーの台頭と南南協力

HLF4の特徴として，新興ドナーの影響力が拡大したことがある。BPdには，最終段階になって前文でパラグラフ2として以下が挿入された。

> 南南協力に適用される性質，モダリティ，責任は南北協力のものと異なる。同時に私たちは皆，共通の目標と共有された原則を基盤に参加する開発課題にかかわっている。その文脈で，私たちは個別の国の状況にもとづいた効果的な協力を支援する取り組みの強化を奨励する。プサンの成果文書で合意された原則，公約，行動は南南パートナーには自発的に参考にされるものとする (Para. 2)。

南南協力の重要性は効果的な開発のところでも言及されている (Para. 30, 31) が，このようなBPdの南南協力への適用は自発的（当該国の合意で適用しなくてよい）というパラグラフが入ったのは，新興ドナーの代表である中国が援助効果の諸原則は南北間の援助にだけ適用されるべきで，南南協力には適用しなくてもよいことを明記しなければ，会議を欠席するとHLF4の直前に強硬に主張したからである。

HLF4時にDAC議長であったアトウッドの回想（Atwood 2012：20-23）を要約すると以下のようになる。HLF4前日の11月28日に成果文書を起草するシェルパ会議（第4章で述べる）に中国代表は欠席した。当日WP-EFF議長，

●表 2-4　GPEDC 執行委員会の構成

共同議長		
開発協力受取国	1	ナイジェリア
開発協力供与国・受取国	1	インドネシア
開発協力供与国	1	イギリス
執行委員会メンバー		
開発協力受取国	5	チャド, グアテマラ, バングラデシュ, サモア, 東チモール＊
開発協力供与国・受取国	1	ペルー
開発協力供与国	3	EU, 韓国, アメリカ
民間セクター	1	Confederation of Danish Industry
議会	1	列国議会同盟 (Parliamentary Union)
CSO	1	CPDE
多国間開発銀行	1	世界銀行
UNDG	1	UNDG
OECD-DAC	1	OECD-DAC

(出典)　GPEDC ホームページ (http://effectivecooperation.org/about/steering-committee/　アクセス2014年1月18日)
　　　　＊東チモールは紛争・脆弱国家代表である。

　韓国政府代表などが中国代表団を訪問したが，中国代表団から成果文書に署名できない旨通告された。また中国のみならず，インドとブラジルもプサンの成果文書に署名しない方針であることがマスコミで報道された[10]。そのうちブラジルは，HLF4初日の11月29日に署名する方針を表明した。当日イギリスの国際開発大臣のミッチェルはプサンに来る途中に北京を訪問中で，中国の商務部部長との会談を予定していた。そしてミッチェルはその会談で，後にパラグラフ2となる中国とインドの文案の提示を受けた。翌日プサンに到着したミッチェルも交え DAC 閣僚級会合を持ち，アメリカ・カナダ・オーストラリアから疑問点がいくつか出されたが，結局このパラグラフを挿入することで合意した。

　CSO 代表としてシェルパを務めたトゥハンによれば，HLF4の直前や期間中のこのプロセスにおいて，中国に安易に妥協すべきでなく中国抜きの合意でも仕方がない（特にアメリカ），中国の欠席は何としても避けたい（特に DAC 事務局や韓国）の2つの立場があったという[11]。

　このことは中国，インド，ブラジルなどの新興ドナーの参加しない援助に関する国際合意が無意味であると感じるアクターが増える一方で，新興ドナーが

●表2-5　GPEDCの指標

項　目	指　標	目標（2015）
1. 開発協力は途上国の優先順位を満たす成果に焦点を当てる。	協力アクターによる国別成果枠組みの利用	全途上国で国別成果枠組みが利用される
2. 市民社会が関与と開発への貢献を最大化できるような環境で活動する。	CivicusのEnabling Environment Index	継続的向上
3. 民間セクターの開発への関与と貢献	官民対話の質を測定	継続的向上
4. 透明性：開発協力に関する情報に一般の人々がアクセスできる	共通の基準により実施状況を測定する	共通の基準の実施：すべての協力アクターが，タイムリーで包括的な情報の電子媒体での提供に向けて共通で公開された基準での公開に向け取り組んでいる。
5. 開発協力の予測性の向上	(a)各年度：予算年度内に供与される開発協力の割合	(a)年度内に供与されない資金の半減（2010年基準）
	(b)中期的：計画通りの資金供与	(b)計画通りに供与されない資金の半減
6. 議会に監視される予算に援助が計上される	途上国の議会で承認される年度予算に計上される開発協力の割合	予算に計上されない開発協力を半減する，かつ開発協力の85％が予算に計上される
7. インクルーシブなリビューの強化を通じたアクター間の相互のアカウンタビリティ	インクルーシブな相互評価に参加する国の割合	全途上国での導入
8. ジェンダー平等と女性のエンパワーメント	ジェンダー平等，女性のエンパワーメントへの予算配分を追跡できるシステムを持つ国の割合	全途上国での導入
9. 効果的な組織：途上国のシステムの強化と利用	(a)途上国のPFMシステムの質 (b)途上国のPFMと調達システムの利用	(a)(b)半分の途上国のPFMや調達システムの評価の向上
10. 援助のアンタイド化	アンタイド率	継続的向上

（出典）　GPEDCホームページ
（http://effectivecooperation.org/files/about-trackingprogress/INDICATORS.pdf。アクセス2014年1月19日）一部筆者要約

　いわば拒否権を持つまでの影響力を持ったことを意味する。また，新興ドナーがこれまでDACでつくられてきた規範やルールに従うことを拒否することを明確にするものでもあった。

4 HLF4後の組織とBPdの指標

HLF4は達成期限が2010年であったパリ宣言の最終的な実施状況を確認することが当初の目的であった。BPdでは，HLF4後の組織的な枠組みと指標については2012年6月までに合意されるものとしていた（OECD 2011n：Paras. 35b & 36b）。2012年6月28・29日のWP-EFFの最終会合で以下のように合意された。

まず組織的枠組みであるが，OECDとUNDPを共同事務局とした効果的な開発協力のためのグローバル・パートナーシップ（Global Partnership for Effective Development Co-operation = GPEDC）を結成する。執行委員会の構成と，実際に選ばれたメンバーは表2-4のようになった（OECD 2012a）[12]。

また，BPdで合意された事項をモニタリングしていくための指標の項目は表2-5のように決まった（OECD 2012b）。ここで注目すべきことは，CSOの政策・制度環境の指標としては，世界のCSOのネットワーク団体の1つであるCivicusの政策・制度環境指数（Enabling Environment Index）が使われることとなったことであろう。

おわりに

本章では，1996年のDAC新開発戦略から2011年のプサンでのHLF4までの援助効果をめぐる議論の流れを，関連する国連の動きとブレトン・ウッズ機関の提唱から始まった貧困削減戦略も含めて紹介してきた。

第一に，パリ宣言とその諸原則は，援助効果，さらには開発援助政策についての政策・実務規範として合意された。その規範の中核となったのは，貧困削減戦略（PRS）アプローチ以来のオーナーシップである。オーナーシップとともに，「援助の氾濫」「援助の断片化」に対する批判も受けて，整合性や調和化も強調された。わかりやすくいえば，途上国の主体性を強化し，途上国が主体的につくった貧困削減戦略を共通の基盤に，さまざまなドナーは貧困削減戦略に合わせた援助を，手続きなども含めてできるだけ共同でやろうということが政策・実務規範となったといえよう。そのためにも，途上国の能力強化とともに，援助の予測可能性やアンタイド化，ドナー間の援助協調などの課題も整合

性や調和化の一環としてとりあげられた。HLF4の成果文書であるBPdでは項目として整合性や調和化はあがらなかったが，個別のテーマは引き続き重視されていた。

　第二に，援助の成果や南北の市民に対する透明性やアカウンタビリティが強調され，やはり政策・実務規範となったことである。

　第三に，では開発アプローチに関する規範はどうだろうか。貧困削減やMDGsの達成が目標であることは，パリ宣言，AAA，BPdのいずれもが一致して述べている。しかしどのような開発アプローチをとるのかが明確になっているのは「持続的で，インクルーシブな成長」や民間セクターの役割の重要性を述べたBPdが初めてであり，パリ宣言やAAAでは開発アプローチに触れずに政策・実務規範が示されていたといえよう。第1章で述べたことであり，第4章で詳しいプロセスを見ていくが，HLF4は開発アプローチに関する規範において「成長による貧困削減規範」か「人権規範」かの議論の基軸が明確になった会議であった。

　第四に，援助効果の議論はDACを中心に，当初はDAC加盟国をはじめとしたドナーにより行われたのが，HLF2から途上国も議論に参加し，HLF4では新興ドナーの影響力が高まった。しかし新興ドナー，特に中国は，それまでにDACやWP-EFFで築かれてきた規範やルールを自らの援助活動に受け入れることを拒んだのであった。

　最後に，第四の点とも関連することだが，開発援助に関する国際協調の体制はどうなったのだろうか。MDGsやPRSやパリ宣言をはじめとした援助効果の諸原則により，開発援助に関して国際社会で目標・規範・ルールに関するコンセンサスができ「貧困削減戦略・援助効果レジーム」と呼べるようなレジームが成立したかに見えた（高橋2009；高柳2011a）[13]。しかし，BPdで援助効果の諸原則の南南協力への適用は任意となったことは，台頭しつつある新興ドナーが十分参加していないレジームになってしまったことを意味する。

　1　石川滋（2006：159-161）は北西欧諸国が援助手続きや援助政策の共通化，プロジェクト支援でなくセクターごとのプログラム支援などを唱え，実行してきたことを指摘する。

　2　現在39か国が指定されているが，そのうち33か国がサハラ以南アフリカである。（http://web.

worldbank.org/WBSITE/EXTERNAL/TOPICS/EXTDEBTDEPT/0,,contentMDK:20260049~menuPK:64166739~pagePK:64166689~piPK:64166646~theSitePK：469043,00.html：アクセス2013年6月26日）

3　IMFホームページによる。（http://www.imf.org/external/np/prsp/prsp.aspx：アクセス2013年12月8日）

4　レジームとは，「国際関係の特定の問題領域における，アクターの行動が収斂するような，暗黙または明示的な原則・規範・ルール・決定手続きのセット」（Krasner 1983：2）が代表的な定義であるが，特定の問題領域における規範やルールの体系を表す概念としてしばしば用いられる。開発援助に関しレジーム論を用いて分析した研究として，稲田（2004；2013），柳原（2008），高橋（2009）があげられる。ただし，例えば1990年代には構造調整（IMF・世界銀行）と人間開発・社会開発（国連）の2つの本書でいう開発アプローチに関する規範が並行するなど，複数の「中途半端な」レジームの競合（小川 2008），あるいはレジーム論でとらえることの難しさ（小川　2011；特に序章）も指摘されてきた。

5　遠藤衛の2012年国際開発学会研究大会における報告「レジーム変動論から見た1990年代以降の援助アプローチの展開——タンザニアにおける援助実践を中心に」。

6　開発援助の調達先を援助国などに限る援助を「タイド援助」という。アンタイド化とは開発援助の調達先の限定をやめていくことであり，調達コストを下げることにより，より援助の効果を高めることができる。

7　開発援助は伝統的には特定の開発プロジェクトを対象としてきたが，プログラム援助とは被援助国の特定セクターの政策全般に対し一定の割合で支援を行うもので，特定のプロジェクトに使途が限定されず被援助国の資金利用の柔軟性が高まる。

8　この24メンバーには韓国も含まれるが，韓国がDACに加盟したのは2010年であるので，2008年時点ではDAC 23メンバーと韓国と東欧7か国というのが正確である。

9　ここで留意すべき点は，国際開発の問題領域では，例えばODAの対GNP比0.7%という国際目標がDACメンバーの内4か国によってしか達成されないなど，しばしば規範の達成状況が悪いことがある。1つの要因は，国際開発における国際目標は条約や協定といった拘束力のあるものでなく，政治的文書であり，しばしば現実からすると野心的とすらいえる高い目標が設定されやすいことがあげられる。なお，国際開発協力における目標が十分実行されない背景について，小川（2011：特に63-68）の研究を参照するとよい。

10　*The Guardian*, 29 November 2011.

11　筆者のインタビュー（2013年12月15日）。

12　CSOは，4人目の共同議長としてCSOを加えること，執行委員会のメンバーをCSOは2名として，労働組合の代表を参加させることを要求したが受け入れられず，GPEDC設立を決定した2012年6月のWP-EFFポスト・プサン暫定グループの会合で最後退席して抗議した。

13　柳原（2008）はパリ宣言により「PRSPレジーム」に代わる「開発援助レジーム」が形成されたと論じるが，高橋はパリ宣言の「採択は大きなできごとではあったが，パリ宣言によって貧困削減レジームとは異なる別のレジームが形成されたと考えるよりも，むしろこれによって貧困削減レジームでの合意の収斂がより具体化され，強められたと見た方がよいだろう」（高橋 2009：123）と述べる。筆者の考えは高橋に近く，PRSPを契機とする「貧困削減戦略レジーム」が，さらにパリ宣言の5原則により強化されたとの立場から「貧困削減戦略・援助効果レジーム」に深化したと考えてきた。

第3章　4つのプラットフォームの概要

はじめに

　序章で述べたように，HLF2から3に至るプロセスでは，ISGからBetter-Aidへと発展するODAに関するアドボカシーを行うCSOプラットフォームと，援助効果の問題におけるCSOの役割を検討するCSOと南北の政府合同のAG-CSの2つのプラットフォームが活動した。HLF3以後，HLF4に向けて，ODAに関するアドボカシー活動を行うBetterAid，CSO自身の開発効果の問題に取り組むOpen Forumの2つのCSOのグローバルなプラットフォーム，南北の主権国家の政府や政府間国際機関とCSOの代表（Open Forum代表が参加）がCSOの活動に好ましい政策・制度環境（enabling environment）を議論するTT-CSOが活動した。

　実際にはそれぞれの時期のプラットフォームは相互に連携して活動を行い，実際かかわる団体や個人も大幅に重複した。また，HLF4直前のプサン・グローバル市民社会フォーラム（BGCSF）は，BetterAid, Open Forum, 韓国のプラットフォームであるKoFID（Korean Civil Society Forum for International Development Cooperation）の3団体共催で開催された。

　この章では，次章以降でCSOの取り組みについて検討する準備として，まずなぜOECD-DACがCSOとの関係を重視したのかを述べた後，援助効果の問題に取り組んできたグローバルなプラットフォームはどのようなものか，設立の経緯を中心に整理しておこう。

Ⅰ　OECD-DAC の CSO 重視

1　どのように CSO は援助効果の議論に公式参加するようになっていったのか

　援助効果の国際的な議論の特徴は CSO の参加，特に HLF 3 以後の正式参加である。なぜ DAC は CSO の参加に積極的であったのだろうか。

　最初に援助効果の問題に取り組んだ The Reality of Aid（RoA）との関係に触れる必要があるだろう。DAC は RoA が活動を開始して以来，対話を行ってきた。RoA は，最初1993年に DAC 諸国の CSO がそれぞれ自国の ODA について CSO の視点から批判的に評価するプロジェクトとして ICVA（International Council of Voluntary Agencies）と EUROSTEP（European Solidarity towards Equal Participation of People）の提案でスタートした。1993年に最初の RoA レポートの出版に合わせパリで執筆グループが会合を行った時に，DAC 議長との対話も行われた。1998/99年までは毎年，2000年以降は隔年でレポートを出版してきた。1996年から南の各地域の CSO のネットワークやプラットフォームも寄稿するようになり，2001年に事務局が IBON に移行して以降，南が主導しつつも南北の CSO 共同の開発援助に関する調査研究・提言のプロジェクトとなっている。

　DAC は長いこと，RoA の援助問題に関し批判的かつ建設的に取り組みを評価してきた。DAC 首脳部は援助効果に関する世界的な取り組みを進めるためにも RoA との対話が必要と考える一方で，パリ宣言に対する RoA の批判（詳しくは第 4 章）は気になっていた（Wood & Valot：2009：5）。WP-EFF はパリ宣言の実施に CSO の意見を取り入れるべく，2006年11月に RoA やその参加団体を含むいくつかの CSO と会合を持ったのが両者の対話の始まりであった。

　HLF 3 時には WP-EFF は CSO 代表者80名の正式参加を認め，以後 CSO は WP-EFF に正式参加することとなった。

2　BetterAid, Open Forum への資金的支援

　CSO は WP-EFF に正式参加するようになったのみならず，一部のドナー諸

国からの資金的支援を受けた。BetterAid と Open Forum は，プール形式支援（pooled funding）と呼ばれるが，Sida を中心にヨーロッパ諸国がグループをつくり，そこがプログラム支援を行う形での支援を受けた。このプールに参加した諸国は，オーストリア，イギリス，スウェーデン，フィンランド，スイス，デンマーク，フランス，オランダ，ベルギー，チェコである。Open Forum は HLF 4 までの費用が299万ユーロで，そのうち94％をこのプールから得ていることを明らかにしている[3]。

2　ODA に関するアドボカシー・プラットフォーム
―― ISG から BetterAid へ

　前述したように，CSO として最初に援助効果をめぐる問題への取り組みは RoA によるものであろう（詳しい内容は第4章）[4]。2007年1月のナイロビで開催された世界社会フォーラム（World Social Forum）にて，Concern（アイルランド），HIVOS（オランダ）などヨーロッパの7つの国際開発協力 CSO のネットワークである Alliance 2015の呼びかけで HLF 3 に向けた世界の CSO のアドボカシーを話し合う会議が開催され，RoA, ActionAid, CCIC, Civicus など18の CSO が参加した[5]。その結果として ISG がインフォーマルに発足した。

　2007年3月にはパリで WP-EFF と CSO との再度の会議が持たれ，これに参加した CSO により30団体からなる ISG が公式のものとしてスタートした。さらに同年の夏にかけてホームページの開設（www. betteraid. org）と，より開かれたプラットフォームとしての BetterAid の構想がまとめられた[6]。そして次第に BetterAid の名前で活動を行うようになっていった。

　ISG は2008年1月に HLF 3 に向けた提言書 BetterAid：Civil Society Position Paper for the Accra High Level Forum on Aid Effectiveness（ISG 2008）を発表し（その内容は第4章で紹介する），HLF 3 直前のアクラ市民社会フォーラムに至るプロセスで世界の700の CSO の賛同を得ることとなった。HLF 3 時に BetterAid は公式に発足した。

　HLF 3 後の2008年10月に ISG は会議を持ち，HLF 3 後も援助効果の問題に取り組んでいくことを確認し，BetterAid を CSO の活動現場での経験にもと

●表 3-1　BACG のメンバー

2009年～11年	2011年～
北の CSO	**北の CSO**
CCIC	CCIC
Concord	Concord
European Network on Debt and Development	European Network on Debt and Development
IBIS（デンマーク）	InterAction（アメリカ）
InterAction（アメリカ）	UK Aid Network
Trocaire（アイルランド）	Women in Develpment Europe
UK Aid Network	**南の CSO**
Women in Develpoment Europe	AFRODAD
南の CSO	Arab NGO Network for Development
AFRODAD	Asia Pacific Forum on Women, Law and Development
Arab NGO Network for Development	Coordinadora de la Mujer（ボリビア）
Coordinadora de la Mujer（ボリビア）	FEMNET
FEMNET	Ghana Aid Effectiveness Forum
Ghana Aid Effectiveness Forum	Green Movement Sri Lanka
Green Movement Sri Lanka	KoFID
LDC Watch	LDC Watch
ODA Watch（韓国）	Network of West and Central African NGO Platforms
Network of West and Central African NGO Platforms	Reality of Aid Africa
Uganda NGO Forum	Uganda NGO Forum
グローバル CSO	VOICE（バングラデシュ）
Action of Churches Together	**グローバル CSO**
ActionAid	Action of Churches Together
AWID	ActionAid
Care International	AWID
CARITAS	Civicus
Civicus	IBON Foundation
IBON Foundation	ITUC
ITUC	People's Coalition on Food Sovereignty
People's Coalition on Food Sovereignty	Reality of Aid
Social Watch	Social Watch
Tranparency International	Tranparency International

（出典）　Tomlinson（2012：138-139）

づいた援助効果に関する提言を幅広く集めるプラットフォームとすることとした。そして2009年2月のヨハネスブルグでの会議（BetterAid 2009a）でISGは，BetterAidの運営機関としてのBetterAidコーディネーティング・グループ（BetterAid Coordinating Group＝BACG）に転換することとなった（Tomlinson

2012：9-13)。BACGは南のメンバーを60％とすることや，地域別バランスを考慮しつつ，**表3-1**のようなメンバーで構成された。途中2011年に改選されているが，北のCSOを減らし，南を増やしている。

2008年10月，当時のISGはWP-EFFにCSOの公式参加を提案した。翌月のWP-EFF会議でCSO代表としてBetterAidに2名の出席権を与えることを決定した（WP-EFFの構成については第2章で既述）。BetterAidの共同議長であったトゥハンとアルマニー（Cecilia Alemany：Association for Women's Rights in Development = AWID）がWP-EFFに参加し，後者は2011年からモロ＝ココ（Mayra Moro-Coco）に交替した。また事務局はIBONに置かれた。

2009年にBetterAidはHLF3でまとめられたAAAの実施状況をCSOの視点から検討した文書を発表し（BetterAid 2009），2010年からBetterAidは援助効果に関する提言書——RBAや南南協力といったテーマ別のものを含む——を発表していった（BetterAid 2010a；2010b；2010c）。2011年4月にOpen Forumと共同でまとめた提言書CSOs on the Road to Busan (BetterAid with Open Forum 2011) は以後のBetterAidのアドボカシー活動の基盤となった。

3 CSOの開発効果に関するプラットフォーム
―― Open Forum

アクラのHLF3で採択されたAAAでは，CSOについては以下のように2箇所で大きく言及された（OECD 2008）。

- 13パラグラフ（私たちは各国レベルでの開発に関する対話を拡大する：抜粋）：途上国政府は国家開発政策・計画の準備・実行・監査において議会や地方自治体と密接に共同で働く。途上国政府はまたCSOとも共同で働く。
- 20パラグラフ（私たちは市民社会組織との協働を拡大する：全文）：私たちはCSOとの協働作業を深める。CSOは独自のアクターでありその取り組みは政府や民間アクターのものを補完する。私たちはCSOが完全に潜在力を発揮して開発に貢献できることを保障することに関心がある。そのために，
    a）私たちはCSOが，CSOの視点にもとづいてパリ宣言をいかに適用できるのか検討することを招請する。
    b）私たちはCSOの開発効果を促進するCSO主導の多様な利害関係者間プロセス

●表3-2　Open Forum GFG メンバー

2009年～10年	2010年～
アフリカ AFRODAD Civil Society Forum for Poverty Reduction（ザンビア） Federation of Malian NGO Networks Network of West and Central African NGO Platforms	**アフリカ** All Africa Council of Churches Civil Society Forum for Poverty Reduction（ザンビア） Collectif des ONG pour la Securite Alimentaire et le Developpment Rural（カメルーン） Network of West and Central African NGO Platforms Uganda NGO Forum
南北アメリカ ALOP（ラテンアメリカのCSOプラットフォーム） Coordidora Civil de Nicaragua UNITAS（ボリビア）	**南北アメリカ** ALOP（ラテンアメリカのCSOプラットフォーム） CSA-TUCA（ラテンアメリカの労組のプラットフォーム） Coordidora Civil de Nicaragua UNITAS（ボリビア）
アジア Arab NGO Network for Development Asia Pacific Research Network South Asia Network for Social and Agricultural Development	**アジア** Arab NGO Network for Development Asia Pacific Research Network CANGO CCC KCOC NGO Jahon（ウズベキスタン）
ヨーロッパ Concord Czech Platform of Development NGOs KEPA（フィンランド）	**ヨーロッパ** Concord Civil Society Institute Georgia Czech Platform of Development NGOs Nordic +
北アメリカ・太平洋 ACFID（オーストラリア） CCIC InterAction	**北アメリカ・太平洋** CCIC InterAction Pacific Island Association of NGOs
国際CSO Action of Churches Together Care International CIDSE（カトリックのCSOプラットフォーム） Civicus IBON Foundation Plan International	**国際CSO** Action of Churches Together Care International Civicus
セクター Asia Pacific Forum on Women, Law and Development ITUC People's Coalition on Food Sovereignty	**セクター** Asia Pacific Forum on Women, Law and Development ITUC People's Coalition on Food Sovereignty

（出典）Tomlinson（2012：140-141）

で協働するという提案を歓迎する。その一部として私たちは，ⅰ）CSOと政府の取り組みの調整を向上させること，ⅱ）CSOの成果のアカウンタビリティを強化すること，ⅲ）CSO活動の情報を向上させることを求める。
　c）私たちはCSOとともに，その開発への貢献を最大化できる活動に好ましい政策・制度環境を提供する。

Open ForumはAAA20パラグラフを市民社会自らが実行すべく組織されたといってよい。

　次節で述べるように，AG-CSは市民社会の援助効果を1つのテーマとした。2008年2月のガティノーでのAG-CS世界フォーラムの際に，CSOだけによる非公式会合が開かれ，CSO自身による援助効果向上の取り組みの必要性が合意された。2008年6月にパリでCSO約70団体が集まって会議を開催し，Open Forumの創設が決まった。

　Open Forumは「開発における市民社会セクターの役割と効果について，共有された原則の枠組みにもとづいて明確化し促進すること」を目標とする。具体的には，①公開されたプロセスの形成，②開発効果に関するCSOビジョンの形成，③共通の原則について合意，④原則の適用についてのガイドラインの合意とよい実践例の文書化，⑤活動に好ましい政策・制度環境の最低基準のグローバルな合意の5つを目的とした。

　またOpen Forumは，2008年6月のパリ会議により，世界の25のCSOからなるGlobal Facilitation Group（GFG）により運営されることになった。GFGのメンバーは2010年の世界総会で改選された。そのメンバーは**表3-2**の通りである。Open Forumの事務局はEU諸国の国際開発CSOのプラットフォームであるConcord（European NGO Confederation for Relief and Development：本部はブリュッセル）に置かれることとなった。グローバル・コーディネーターにはバートレットが就任した。

　Open Forumは2009年に本格的な活動を開始し，まず各国・地域やテーマ・セクターごとのコンサルテーションを実施した。2010年9月にイスタンブールで世界総会を開催し，CSOの開発効果に関する8つの原則（「イスタンブール原則」）に合意した。さらにイスタンブール原則に関するリアクション収集や精緻化のために各国でコンサルテーションが開催され，それらを受けて2011年6

月にカンボジアのシェムリアップで第2回世界総会が開催された。そこでは，イスタンブール原則を含む「CSOの開発効果の国際枠組みに関するシェムリアップ CSO コンセンサス」(Siem Reap Consensus on the International Framework for CSO Development Effectiveness：Open Forum 2011c：シェムリアップ・コンセンサス）を採択した。

Open Forum の成果であるイスタンブール原則とシェムリアップ・コンセンサスの内容と意義については第5章で検討することとなる。

なお，日本ではイスタンブール世界総会後の2011年2月に第1回ナショナル・コンサルテーションを開催し，イスタンブール原則を日本の文脈で評価した。2011年9月には第2回ナショナル・コンサルテーションを開催し，シェムリアップ総会の報告を行うとともに，8つのイスタンブール原則を日本でどう実施していくのかを検討した。

4 CSOと南北の政府合同のプラットフォーム── AG-CS

2007年1月から，WP-EFF により設立された AG-CS が活動を開始した。

AG-CS の発足で大きな役割を果たしたのはカナダの ODA 機関であるカナダ国際開発庁（CIDA）であった。CIDA は資金的支援を行うとともに議長を務めた。CIDA は1968年の設立以来，NGO/CSO を支援する「パートナーシップ・プログラム」を重視し，DAC 諸国の中でも先駆的な取り組みを行ってきた（高柳 2001）。AG-CS で大きな役割を果たした背景には，当時 CIDA が援助効果の議論を視野に入れながらも，CSO に対するパートナーシップ政策の再検討を行っていたことがあった（Wood & Valot 2009：8-9）。2005年にはカナダの CSO や専門家のみならず，南の CSO（例えばバングラデシュの BRAC やブラジルの NGO プラットフォームの ABONG）や，OECD-DAC，国連，スウェーデンの国際開発庁（Sida）などの専門家も含め，合計22名からなるパートナーシップ・プログラムに関する専門家パネル（Expert Panel on Partnership Programming）も設置していた。そのような中，2006年10月31日にヴェルネール（Josée Verner）国際協力相（当時）は「国際協力の日」のスピーチの中で，「カナダはパリ宣言において市民社会を認知するリーダーとなる」と述べ，後にできる

●表3-3 AG-CSの構成メンバー

	南	北
政 府	ルワンダ ニカラグア ザンビア	カナダ フランス ノルウェー
CSO	IBON AFRODAD Third World Network-Africa	CCIC ActionAid Concord

(出典) AG-CSの諸資料をもとに筆者作成

AG-CSに積極的に関わる姿勢を明確にした[8]。

AG-CSは南北から政府・CSO 3つずつのメンバーから構成され（表3-3），以下の3つの課題についてWP-EFFとアクラ・フォーラムに提言を行う目的を持っている（AG-CS 2007a）。

①開発アクターとしてのCSOの役割の理解
②市民社会に関し，パリ宣言の適応の可能性と限界の検討
③市民社会の援助効果についてのよい実例を紹介

AG-CSは2007年9月に論点を整理したConcept Paper（AG-CS 2007a）とIssues Paper（AG-CS 2007b）を作成し，2回の世界フォーラム（2007年8月：スウェーデンのヘーネサンド［報告書：Sida 2007］，2008年2月：カナダの首都オタワ近郊のガティノー［報告書：AG-CS 2008b］）と41回の地域・国レベルのコンサルテーションを開催し，アクラ・フォーラムに提言文書「市民社会と援助効果：調査結果のまとめと勧告」（Civil Society and Aid Effectiveness: Synthesis of Findings and Recommendations：AG-CS 2008c）と，提言に沿ったCSOの実践事例集（AG-CS 2008d；2008e）を提出した。また会員制ホームページを立ち上げてAG-CSの諸会議や援助効果と市民社会の問題に関するさまざまな資料を提供した[9]。

AG-CSの活動や提言内容については，目的③については第5章で，①②については第6章で検討する。

5 CSO と南北の政府合同のプラットフォーム──TT-CSO

　HLF 3 後，CIDA, Sida, CCIC は AG-CS の今後をどのようにするのかを協議した。AAA の CSO 関係のパラグラフ，AG-CS の勧告をフォローアップし，CSO 自らの開発効果向上の取り組み，すなわち Open Forum の活動を支援するメカニズムをどうするのかである。2009年 4 月に，ドナー，パートナー国，BetterAid, Open Forum の非公式会合が開催され，TT-CSO の設立が決定された（TT-CSO 2009a）[10]。TT-CSO は[11]，WP-EFF の中のクラスター A「オーナーシップとアカウンタビリティ」の下に置かれることとなった。Open Forum と BetterAid から 8 ～10名，二国間ドナー機関（北の政府）の CSO 担当者16～18名，途上国 3 か国（バングラデシュ，マリ，セネガル）からなり，共同議長を Open Forum のトムリンソン，Sida のノルビー（Chalotta Norby），マリ政府のマカロウ（Modibo Makalou）が務めることとなった。そして TT-CSO は以下を目的とすることとなった（同上）。

- AAA の CSO 関連のパラグラフの具体的で測定可能な基準づくり
- AAA の公約と AG-CS の勧告に関するパイロット事例の促進と進捗状況の検証
- 援助・開発効果に関する CSO のイニシアティブ，特に Open Forum の支援と参加の促進。AAA の実施促進と WP-EFF への報告
- 政策・制度環境に関する経験と良い実践事例の促進と共有
- CSO の効果を高めるようなドナーの経験と良い実践事例の促進と共有

　TT-CSO は HLF 4 前に 7 回の会議を開催した。会議では，AAA の CSO 関連の実施状況や政策・制度環境に関する問題だけでなく，BetterAid, Open Forum の現状報告や両プラットフォームへのドナーの支援策なども協議された。6 回目のスウェーデンのヘーネサンドで開催された会議（2011年 3 月16・17日）で HLF 4 に向けた提言書をまとめた（TT-CSO 2011a；2011b）。

　TT-CSO の提言書の内容と，その Open Forum の政策・制度環境についての提言に与えた影響，成果がどのように HLF 4 に反映されたのかについては第 6 章で検討する。

　なお，TT-CSO は HLF 4 後も活動を継続している。トムリンソンとマリ政

第3章　4つのプラットフォームの概要

府は共同議長を継続しているが，北の政府からの共同議長はオランダに交替した。

補論——CPDE

HLF4後に，BetterAidとOpen Forumの活動を継承するグローバル市民社会のプラットフォームとしてCPDEが，2012年2月（セブ），5月（アムステルダム）の会議を経て，2012年12月のナイロビにおける会議で発足した。CPDEの発足のため採択されたナイロビ開発効果宣言（The Nairobi Declaration for Development Effectiveness：CPDE 2012）によれば，CPDEの目的は，

- RBAにもとづき，ジェンダー平等，人間らしい働きがいのある仕事（decent work），環境持続可能性，貧しく周縁化された人びとの尊厳・正義・生活の向上のため開発協力の転換を提唱していくこと
- パリ・アクラ・プサンで達成した事項の実施を監視すること
- 開発協力のアカウンタビリティを向上させていくこと
- CSO自身の開発効果の向上に取り組み，政策・制度環境の向上に取り組むこと

の4つである。そして，CSOの開発効果，政策・制度環境，RBAを3つの重点課題とした。後に南南協力とポスト2015（MDGs後の国際開発目標）も重点課題に加えられた。また，グローバルな取り組みよりも国家レベルや地域レベルでの取り組みを重視する。

現在CPDEには，①CSOの政策・制度環境，②CSOの開発効果，③RBA，④南南協力，⑤ポスト2015，⑥民間セクターといったワーキング・グループが設置されている。

事務局はIBONに置かれている。

1　RoAが最初に構想された1992年に，日本ではNGO活動推進センター（現国際協力NGOセンター＝JANIC）が提案を受け，参加した。最初の1993年にレポートの日本の章は，同年3月まで調査・研究担当のパートタイム・スタッフとしてJANICに勤務していた筆者が執筆した。筆者はその後も，JANICの依頼を受け，1997/98年，1998/99年，2000年，2002年，2012年のRoAレポートの日本の章を執筆している。
2　筆者もこの対話の席に日本の章の執筆者として出席している。

3 http://cso-effectiveness.org/donors-and-funding,019?lang = en（アクセス2013年10月6日）
4 WSFは世界経済フォーラム（WEF）への対抗フォーラムとして2001年から2005年までは毎年，それ以後は世界フォーラムと地域開催を隔年で行う形で開催されてきた．詳しくは，毛利（2011：第Ⅳ部2章），山田敦（2008）を参照するとよい．
5 アクションエイド（ActionAid）はもともと里親支援NGOとしてイギリスで長年活動してきたが，2003年に本部をヨハネスブルグに移転し，南のNGOへの転換を図っている．（詳しくは高柳 2007a：50-51）
6 以上のISGとBetterAidの設立の経緯については，主にWood & Valot（2009：4-7）による．
7 専門家パネルは，2005年10月24・25日と2006年12月11・12日の2回，会議を持っている．しかし，2007年以降開催されず，そのまま立ち消えとなっている．
8 "Speech of the Honourable Josée Verner, Minister of International Cooperation, for International Cooperation Days".
9 http://web.acdi-cida.gc.ca/cs。またAG-CSの主要文書はCCICの以下のホームページからも入手できる．(http://www.ccic.ca/e/002/aid.shtml#ag_cso)
10 後の議事録ではこの会議はTT-CSOの第1回会議と位置づけられることとなった．
11 TT-CSOの名称がしばらく確定しなかったため，巻末の参考文献一覧にも表れているようにさまざまな名称が議事録でも用いられている．

第4章　援助効果の議論における CSO の　アドボカシー活動

はじめに

　この章では，援助効果をめぐる国際的な議論に対する CSO のアドボカシー活動について論じる。CSO はパリ宣言が採択された HLF 2 直後から援助効果の問題に対して積極的に取り組んできた。アクラの HLF 3 に向けて提言活動を行った。序章で述べたように，HLF 3 以後，WP-EFF は CSO 代表を正式メンバーとして加え，BetterAid から 2 名が参加した。HLF 4 で採択された BPd の起草グループ（シェルパ）にも BetterAid を代表してトゥハンが加わった。
　CSO は援助効果の問題に関し，どのような主張・提言を行ったのだろうか。どういう点で南北の国家政府や国家間国際機関に対し独自性を持った主張・提言だったのだろうか。CSO の主張はどこまで受け入れられたのか。受け入れられた，あるいは受け入れられない要因は何だったのか。その結果，グローバル市民社会のプラットフォームである BetterAid の提言活動の意義は何だろうか。そしてそのことをもとに国際開発におけるグローバル市民社会の意義はどのように論じることができるのだろうか。この章では以上の問題に答えていきたい。
　まずパリ宣言からアクラ HLF 3 までの期間と，HLF 3 直後の時期における CSO のアドボカシーの内容について触れた後，特に BPd 作成のプロセスへの参加も含め HLF 4 に向けた CSO のアドボカシーについて述べたい。

1 本章の研究の視角

1 「援助効果」か「開発効果」か――テーマの設定

OECD-DAC や HLF 3 後に設けられてきた WP-EFF では「援助効果」をテーマに議論されてきた。一方，第 5 章では CSO の Open Forum による「開発効果」の規範づくりと合わせ，CSO が追求したいことは「開発効果」であり，「援助効果」の議論を「開発効果」の議論に設定し直すことも CSO の目標となった。「CSO は援助効果の問題に関する主張・提言は，どのような点で南北の国家政府や国家間国際機関に対し独自性を持つものだったのだろうか」「CSO の主張・提言はどこまで受け入れられたのか」を考えるにあたって，CSO が，「援助効果」を「開発効果」にテーマを設定し直すことを試みるプロセスとしてとらえたい。

2 CSO の「人権規範」にもとづく「成長による貧困削減規範」への挑戦

第 1 章でも述べたように，一般的に NGO・市民社会はアドボカシー活動を通じて「規範起業家」の役割を担っているといわれ，援助効果の議論についても規範の提唱や推進が 1 つの重要な意義であることを，BetterAid・Open Forum の活動をまとめたトムリンソンのレポートは繰り返し述べている（Tomlinson 2012）。言い換えれば，CSO の重要な意義は「規範起業家」であったことといえる。

「CSO は援助効果の問題に関する主張・提言は，どのような点で南北の国家政府や国家間国際機関に対し独自性を持つものだったのだろうか」「CSO の主張・提言はどこまで受け入れられたのか」という問題に答えていくためには，まず，CSO は開発アプローチに関する規範においてどのような特徴や独自性を持つのか，それがどこまで受け入れられたのかを検討することとなる。第 1 章でも述べたように，援助効果議論において CSO が前面に出したオルターナティブな開発論は，RBA（権利ベース・アプローチ）である。そして援助効果議論が進む中で，開発アプローチに関する規範では，「成長による貧困削減規範」

と「人権規範」の競合が明らかになってきたというのが本書の視点である。

BetterAid はアドボカシー活動の中核に RBA を据え（BetterAid 2010b），Open Forum は「CSO の開発効果に関するイスタンブール原則」の第1原則を人権の尊重や RBA とした（第5章）など，援助効果の議論における CSO の開発論の中核は RBA であったといえよう。ここで BetterAid が RBA をどのようにとらえているのかを紹介しよう。BetterAid は国連「発展の権利に関する宣言」に言及しつつ，「開発協力はすべての人びと，特に貧困層や社会の中の不利な状況に置かれている個人——その多くは女性——の幸福（well-being）への真のインパクトにより評価される」とする。開発協力における貧困層のエンパワーメントと，経済的・社会的・文化的権利やジェンダー平等を含めて国際人権基準を尊重し，保護し，満たすことを求める。さらに「国家の女性の権利を含む人権を尊重・保護・充足する義務は，政府がすべての人びとがこれらを行使し，漸進的に実現するのに必要な条件をつくることを必要とする」と述べ，南の国家政府が義務履行者であることを明確にしている（同上：3）。

本章では，経済成長と市場アクターの役割を重視した支配的な「成長による貧困削減規範」に対し，オルターナティブとしての RBA を提唱する CSO が「人権規範」の立場から挑戦するという構図で CSO のアドボカシー活動をとらえてみたい。

3 政策・実務規範——オーナーシップを中心に

第1章で述べたように，本書で規範という場合には，開発アプローチに関する規範とともに，開発や開発協力の政策・実務規範も含んでいる。「CSO は援助効果の問題に関する主張・提言は，どのような点で南北の国家政府や国家間国際機関に対し独自性を持つものだったのだろうか」「CSO の主張・提言はどこまで受け入れられたのか」を検討するにあたっては，政策・実務規範にも注目する必要があろう。CSO はどのような政策・実務規範を「起業」し，どこまで受け入れられたのかにも注目したい。

特に注目したいのは，援助効果の議論の中核であるオーナーシップに関連するものである。第1章でも述べたように，開発における国家と市民社会の役割という基本的な問題にかかわってくる問題である。パリ宣言に現れるオーナー

シップの考え方は「国家中心型オーナーシップ」と呼ぶことができるものであるのに対し、CSOは「民主的オーナーシップ」をオルタナティブとして提唱し、「国家中心型オーナーシップ」に挑戦していくプロセスとして援助効果の議論をとらえたい。

4 規範のライフ・サイクル論と「拒否国」

「CSOの主張はどこまで受け入れられたのか。受け入れられた、あるいは受け入れられない要因は何だったのか」という問題に答えるために、国際政治学の規範論、特にフィネモアとシキンクの「規範のライフ・サイクル論」(Finnemore & Sikkink 1998) を参考にしたい。

「規範のライフ・サイクル論」とは以下のように要約できよう（同上：895-905）。

第1段階は、「規範の誕生・発生」(norm emergence) で、「規範起業家」は提唱した新しい規範を受け入れるよう説得を試みる。「ひっくり返る、あるいは敷居をまたぐポイント」(tipping or threshold points：以下、TTP)——フィネモアとシキンクは3分の1の国か核心的に重要な国の同意を条件にあげる——を経て、第2段階の「規範のカスケード（拡散）」(norm cascades) に入る。規範を主導するようになった諸国がそれを受け入れるよう他の国を説得し、受け入れていく国家が増える段階である。第3段階は規範の「内部化」(internalization)、すなわち当該規範が広く受け入れられ、議論の余地がなくなり、内部化される段階である。

規範のライフ・サイクル論にもとづいて対人地雷廃絶、など5つの事例の検討を行っている毛利（2011：第III部）は、国際条約・協定の採択をTTP、その批准・発効を「規範のカスケード」とみなしている（同上：165）。BPdでのCSOの提言の諾否に焦点を当てる本書では、これに倣い、TTPを越えられるか否かまでが検討の対象となろう。第2章でも述べたように、パリ宣言の13の指標についてそれぞれが進捗を見せたものの、達成されたのは1つに過ぎず、援助効果に関しては、さまざまな規範について合意が成立した点で「規範のカスケード」は進んでも、「規範の内部化」の段階についての議論は難しい。

また、TTPに達する条件としてフィネモアとシキンクがあげる3分の1の

第 4 章　援助効果の議論における CSO のアドボカシー活動

国か核心的に重要な国の同意が援助効果の議論に当てはめられるのかも，この議論が行われた OECD の文脈で検証が必要である。OECD は1948年にアメリカのマーシャル・プランにもとづく援助の配分や欧州域内の経済協力を目的に設立された欧州経済協力機構（OEEC）が，1961年に改組して先進諸国間の経済・社会分野での協力を目的とした組織となったものである。そのような歴史的背景を持っているため，欧州諸国の発言力が強く，大国と小国が平等で他の国際機関に比べて小国の活躍の場となりやすい。一定以上の経済水準，市場主義経済，民主主義と基本的人権の尊重など共通の特質を持つ先進諸国をメンバーとする，先進諸国の「クラブ的性格」を持つ（村田 2000：48）OECD の（あるいは援助供与国の「クラブ的性格」を持つ DAC の）政策決定の特徴としては，コンセンサスづくりを重視していること，コンフロンテーション（confrontation）とピア・プレッシャー（peer pressure）と呼ばれるような，対面で議論を尽くしつつお互いにゆるやかな圧力をかけあうことがある（同上：序章，第 1 章；稲田 2013：111）。

　DAC に関しては，日本が最大の ODA 供与国であった1989年と1991〜2000年を除き，アメリカが第二次世界大戦後世界最大の ODA 供与国であったこともあり，議長は1961年の DAC 設立時から1999年まで常にアメリカから出ていた。しかし冷戦終焉後，クリントン政権下での政権と議会の対立に伴う ODA の停滞，ブッシュ（息子）政権の単独行動主義などにより，アメリカは「ドナー間での合意づくりにリーダーシップをふるうことに以前ほど強い関心を示さなくなった」（高橋 2009：115）。1999年以降は，2011〜2013年にアメリカのアトウッドが務めた以外は，DAC 議長は欧州諸国（フランス [1999〜2003]，イギリス [2003〜08]，ドイツ [2008〜11]，ノルウェー [2013〜]）から出ている。DAC における「核心的に重要な国」の特定は難しいといえよう。

　また，援助効果の議論の検討に当たって難しいのは，WP-EFF に，第 2 章で見たように，OECD や DAC のメンバーでなく，OECD 加盟国の特質を共有しない途上国や新興ドナーも参加していることである。いいかえれば，援助効果の議論は OECD の従来の「クラブ的性格」が崩れながら行われた。HLF 4 では DAC メンバーでない新興ドナーを含めた国際開発協力をめぐる合意をいかにつくるのかが焦点となった。

フィネモアとシキンクの「規範のライフ・サイクル論」や，それを参照した毛利は，例えば対人地雷全面禁止条約がアメリカ・ロシア・中国といった大国の参加なしに，また国際刑事裁判所設置もアメリカの反対にかかわらず合意された例をあげ，提唱された規範は大国の参加や合意は規範が条約などに結実する条件ではないと考えられている（Finnemore & Sikkink 1998；毛利2011）。しかし本書のテーマである援助効果の議論では，第2章で述べたように，HLF 4の直前に，中国が，援助効果に関する合意は北から南への協力は拘束しても，南南協力は拘束しないことを明確にしなければ会議に欠席すると強硬に主張した。結局中国とインドから提案されたパラグラフをそのまま採用する形で挿入しHLF 4 への中国の参加を得ることとなった。

地球環境をめぐる国際プロセスの研究では，「拒否国」（veto state），「阻止国」（blocking state），「拒否国連合」（veto coalition）にも注目される。「拒否国」「阻止国」「拒否国連合」については，「どの地球環境問題でも，その協力が問題に対処する合意の成功が不可欠であり，強力な国際行動を阻止する潜在力を持つ一国または国家群がある。これらの諸国が合意に反対したり弱めようとしたりしたときに，拒否国・阻止国・拒否国連合となる」と説明される（Chasek 他 2006：14）。これを応用すれば，HLF 4 では中国は「拒否国」，中国・インドの 2 か国（もしくはブラジルを加えた 3 か国）は「拒否国連合」であったともいえよう。

援助効果の議論において「規範のカスケード」が起こる TTP の条件とはいかなるものか，「拒否国」や「拒否国連合」にも注目しながら考えたい。

2 パリ宣言への CSO の評価と批判

援助効果の問題に真っ先に取り組んだ CSO の国際ネットワークは RoA であった。HLF 3 では，当時 RoA 国際運営委員長であったトゥハンは，提示された文案が「援助配分においてもっとも必要とする人びとへの配分の優先，PRSP 作成プロセスにおける意味のある利害関係者の参加，援助機関によるコンディショナリティの押しつけ，援助の完全アンタイド化といった問題への取り組みに失敗している」（Tujan 2005）と批判した。

第4章　援助効果の議論におけるCSOのアドボカシー活動

　RoAはさらに2007年1月にパリ宣言に関するレポートを発表している（RoA 2007）。そこでは途上国のオーナーシップを基調とするパリ宣言を歓迎するとしながらも，それを進めるために取り組むべき課題として以下の7つをあげている（同上：3-6を要約）。

①パリ宣言で中心ともいえる国家開発計画に関する対話は，国際人権基準にもとづくべきである。整合性というと，PRSPとの整合が一般的であるが，PRSPにおける政策対話では市民参加をともなう「民主的オーナーシップ」が実現していない。PRSPではなく，国連の人権条約や参加・非差別・脆弱な集団に対する特別な配慮の原則にもとづき，市民の市民的・政治的・経済的・社会的・文化的権利の漸進的実現をめざすべきである。
②パリ宣言の効果は援助の唯一の目的である貧困と不平等の削減との関連で測定されるべきである。パリ宣言で唱えられる援助の実施やマネージメントの改革が持続的な貧困削減をもたらすのか明確でない。
③パートナー国によるパリ宣言の実施は完全な透明性と市民の完全な参加を伴うべきである。
④ドナーと被援助国のパワーの不平等がある中で，相互のアカウンタビリティの実現には国際金融機関の根本的な改革が必要である。世界銀行やIMFの改革なしに整合性が唱えられれば，パートナー国はますます世界銀行やIMFの優先順位に対する発言力がなくなる。また二国間ドナーも援助のアンタイド化，予測可能性の向上，技術援助の見直しなど根本的な改革が必要である。
⑤パリ宣言はドナーが押しつけるコンディショナリティの問題に取り組んでいない。
⑥ドナーは貧困削減のための民主的開発を実現するため，CSOがその受益者により設定された優先順位に対応する上での原則やニーズを尊重すべきである。CSOを政府の国家開発計画の補助者としてはならない。
⑦パリ宣言の実施のモニタリングは，完全な透明性とCSOを含むすべての利害関係者の参加を伴って行われるべきである。

　これらの提言の特徴は以下のように整理できるだろう。第一に，①に見られるように，人権・RBAや「民主的オーナーシップ」などHLF4でCSOの提言の中核となる考え方が萌芽していることである。オーナーシップとの関連で言えば，「国家中心型オーナーシップ」を否定する立場がパリ宣言に対する提言の段階から出てきている。第二に，②に典型的に表れているように，パリ宣言が援助の手続きに関する改革の提言にとどまっているのではないかと疑問視し，援助の目的が貧困・不平等の削減であることをより明確に求めていること

である。第三に，④⑤に見られるように，世界銀行・IMFのPRSPの承認の条件やそれにもとづくさまざまなドナーのコンディショナリティを強く批判していることである。第四に透明性やアカウンタビリティを強調していることである。第五にCSOの完全な参加とともに，CSOに政府による国家開発戦略への整合性を求めないことを提言しているが，この点は第6章で改めて論じたい。

ここでPRSPあるいはPRSアプローチについてCSOがどのような立場をとってきたのかをごく簡単に触れる必要があろう。RoAは2002年，2004年のレポートで，多くの国でPRSPは世界銀行・IMFに主導されて市民社会の参加が限定されたり形式化されたりしていること（第6章で後述），そのためPRSPを通じて貿易自由化や民営化などの市場原理重視の政策を押しつけていることを批判した（RoA 2002；2004）。

3 HLF3前後のCSOの提言と成果・批判

第3章でも述べたように，HLF3に向けたCSOの提言の中核となった文書は，ISG（ホームページの名前であるBetterAidの名でも既に活動を始めていた）によるBetterAid：A Civil Society Position Paper for the 2008 Accra High Level Forum on Aid Effectiveness（ISG 2008）である。世界380のCSOがこの文書に賛同している[1]。この文書では，16の勧告が行われていた。16の勧告とHLF3での達成状況（ISGからHLF3前後に発展したBetterAidの評価）をまとめたのが表4-1である。勧告の番号は原文でつけられているものである。

1 HLF3に向けたCSOの提言の特徴

ISGの諸提言の前提として，「援助の効果の唯一の真の測定は貧困と不平等の持続的削減と人権・民主主義・環境の持続可能性・ジェンダー平等の支援への貢献である」（ISG 2008：3）と述べている。この姿勢が勧告1，11に現れているように，貧困削減・人権・環境・ジェンダー平等の主流化が規範として前面に出ているといえよう。これは，CSOが援助の技術的・手続き的な問題に偏りがちであると指摘してきた「援助」効果の問題を，貧困削減・人権・環

第 4 章　援助効果の議論における CSO のアドボカシー活動

●表 4-1　HLF3 に向けた CSO の提言と AAA における結果

		提言内容	AAAにおける達成状況	AAA採択内容(パラグラフ番号)とCSOコメント
民主的オーナーシップの実現	1	貧困削減、ジェンダー平等、人権、社会正義、環境が中心にあることを認識すること	部分的達成	ジェンダー平等、人権、環境持続可能性の重要性(3)と、途上国・ドナー双方が国際的合意にもとづいて行動することを(13c)と明記。しかし指標などはない。
	2	ドナーが南と付けたコンディショナリティを全廃すること	未達成	コンディショナリティのあり方を変える、ドナー・途上国間で合意を得るといった記述(25)にとどまる。
	3	ドナーと南の政府は最も高いレベルの公開性と透明性を実現する	部分的達成	透明性・アカウンタビリティ(24)、予測可能性(26)の向上を明記、IATI*の設立も発表されたが、それがどこまで公開性を保障するかは不透明。
	4	ドナーは調達をより自由化するのではなく、アカウンタビリティを高める	部分的達成	ドナーが途上国の調達システムを第一義的に考えること(15a)が、途上国の調達システムの向上のほうが強調され、ドナーの義務が明確でない。
援助のアカウンタビリティの向上	5	CSO を独自のアクターとして認知し、開発において有効な役割を演じられるような条件を整備する	達成	CSO が独自のアクターであること(20)と明記。また途上国の開発計画へのCSOの参加も明記(13a)。
	6	パリ宣言の国際関係のガバナンスに関わる結果についての独立したモニタリング、評価システム	未達成	独立したモニタリング・評価システムへの言及なし。
	7	援助の国際関係のガバナンスに関する相互に合意され、透明で、拘束力のある契約の導入	未達成	言及なし。
	8	途上国政府・ドナーのアカウンタビリティ確保のためのマルチステークホルダーセクターレビュー・メカニズム	未達成	相互評価メカニズムの2009年末までの導入を明記(24c)するが、多ステークホルダーの参加の面で言及なし。
	9	将来の ODA 改革に関する平等で多角的なガバナンス・システムの設立	未達成	言及なし。
援助の質向上のためのドナーへの提言	10	ドナーはパリ宣言での公約の実施に関してアカウンタビリティを持たなければならない	部分的達成	パリ宣言目標の2010年までの達成(10)、オーナーシップの促進(13)、各国のシステムの使用(15)、断片化の減少(17)、アンタイド化促進(18a b)、予測可能性の向上(26)を述べるが期限つきの目標が不十分。
	11	援助を貧困根絶や人権の促進に利用することを公約すること	部分的達成	ジェンダー平等、人権、環境持続可能性の重要性(3)と、途上国・ドナー双方が国際的な指標にもとづいて行動すること(13c)と明記。ドナーが途上国が外交や経済の目的でなく、貧困削減を主目的に援助を行うべきであることの言及なし。
	12	全援助のアンタイド化	未達成	アンタイド化の促進
	13	技術援助を改革し、途上国の優先順位や能力強化に対応するものにする	部分的達成	技術協力は途上国のオーナーシップや需要にもとづくことを明記(14b)。しかし具体的な指標や期限はない。
	14	ニーズに対応するよう援助配分を見直すこと	部分的達成	セクターや国ごとの配分の改善(17)といった表現にとどまり、具体性が不明確。
	15	多年度の援助の予測可能性を保障すること	部分的達成	中期(3〜5年)予測可能性の向上を明記(26)したが、ターゲットが不明確。
HLF3の公開性	16	HLF3でのCSOの有意義な参加を保障すること	部分的達成	CSOの参加は確保されたが、人数が少なく(全世界で80名)、AAA起草など重要なプロセスには参加できず。

(出典)　BetterAid (2009b) をもとに筆者作成
* IATI = International Aid Transparency Initiative.

境・ジェンダー平等といった課題にどのような効果を及ぼしているのかという「開発効果」(development effectiveness) の問題として設定し直すことでもあった。

もう1つ共通する規範として,「民主的オーナーシップ」をあげることができるだろう。透明性やアカウンタビリティに関する勧告も多い。すでに「相互のアカウンタビリティ」はパリ宣言で国際的な規範として同意されていたが, ISG は先進国を構成員とする DAC を離れ,南北の対等参加, CSO も参加する別なアカウンタビリティのメカニズムを求めていたといえよう。

「民主的オーナーシップ」(democratic ownership)[2]とは, ISG によれば, ①市民の声と関心事が国家開発計画やそのプロセスの中心であるべきこと, ②国家開発計画に関して市民が情報にアクセスでき実施・監視・評価に関わることができること, ③議会など選挙で選ばれた代表, 女性団体, CSO, 地域社会などを含む政策決定とアカウンタビリティのためのガバナンス・メカニズムを含む (ISG 2008：5)。「民主的オーナーシップ」は HLF4 でも CSO が追求する規範となるが, HLF3 前の段階から CSO は「民主的オーナーシップ」の「規範起業家」であったといえよう。

ISG の具体的な提言は, 援助の原則からドナーの具体的な政策までかなり包括的なものだったといえる。いくつか補足しておこう。提言4は途上国の調達システム改革において, ドナー側がシステムのアカウンタビリティ向上よりも自由化 (＝先進国企業が自由に入札できる) に置かれるが, 調達先の選択は途上国の権限とすべきだと ISG は主張していた。提言9は, これまで援助効果の議論が行われてきた DAC は先進国をメンバーとする組織であり, 途上国も対等に参加する新たな枠組みを求めるものであった。

2 HLF3 における CSO の提言の成果

表4-1で見たように, BetterAid の評価に従えば, CSO の提言の達成度は限られたものであった。BetterAid が唯一「達成」とした提言5は, CSO と政府との関係や政策・制度環境に関するものなので, 第6章で論じることとする。

提言1と11の貧困削減・人権・環境・ジェンダー平等の主流化については,

第4章 援助効果の議論におけるCSOのアドボカシー活動

AAAでは，パラグラフ3で，

> 私たちはMDGsを達成しようとするならば，より多くのことをしなければならない。援助は開発の全体像の一部でしかない。民主主義・経済成長・社会の進歩と環境のケアはすべての国の開発の一義的な原動力である。国内・国家間の所得の不平等に取り組むことはグローバルな進歩に不可欠である。ジェンダー平等，人権尊重，環境の持続可能性は貧しい女性・男性・子どもの生活と潜在能力への永続的なインパクトへの基盤である。私たちの政策がよりシステマティックで一貫した方法でこれらの問題に取り組むことが重要である（OECD 2008：Para. 3）。

と述べられている。また「途上国とドナーは，それぞれの開発政策とプログラムがジェンダー平等，人権，障がい，環境の持続可能性に関する国際的合意と一致するよう，計画。実施されることを保障する」（同上：Para. 13c）とも述べている。貧困削減・人権・環境・ジェンダー平等を目標とすることが規範として受け入れられている。しかし，それらの主流化や具体的な指標づくりまでは踏み込んでいないため，「部分的達成」と評価された（BetterAid 2009b：6）。同時により開発効果の問題に取り組む方向づけがなされることとなった（同上；Tomlinson 2008：4-5）。後述するようにHLF4では，援助効果から開発効果への問題の設定のし直しがCSOの提言の柱となる。

「民主的オーナーシップ」については，第6章で述べるCSOの独自のアクターとしての認知の前提ともなるが，AAAのパラグラフ13は，

> 私たちは開発政策に関する公開され，インクルーシブな（inclusive：社会全体を含んだ）対話にかかわる。私たちは開発プロセスのオーナーシップを保障する上での議会の不可欠な役割と責任を認知する。この目的を深化させるため，私たちは以下の行動をとる。
> a）途上国政府は，国家開発政策・計画の準備・実施・モニタリングにおいて議会や地方自治体と密接に共同で働く。途上国政府はまたCSOとも共同で働く。
> b）ドナーはすべての開発アクター――議会，中央・地方政府，CSO，研究機関，メディア，民間セクター――が開発政策と援助に関する対話で積極的な役割を演じ，それぞれの国の開発目的の達成に貢献する能力を高める取り組みを支援する（以下，略）。

と述べ，オーナーシップが国家政府に独占されるのではなく，議会，地方自治体，CSOなどのアクターの重要な役割に触れている。「民主的オーナーシッ

プ」の文言はAAAにはない。しかし前述のISGの「民主的オーナーシップ」の定義のうち，①③にかかわるもので，その考え方は部分的に規範として受け入れられ始めたといえよう。

アカウンタビリティについては，南北の対等参加，CSOも参加する別なアカウンタビリティのメカニズムを求める勧告はほとんど受け入れられなかった。

4　HLF4プロセス

1　プサン成果文書策定プロセス（BODプロセス）

まず，HLF4に至るプロセス，特にBPdがどのようなプロセスで策定されていったのかに触れる必要があろう。

策定プロセスでは文書名は「プサン成果文書」（Busan Outcome Document = BOD）とされたが，2011年7月7・8日にパリで開催されたWP-EFF第17回会議で，アブデル＝マレク，コンダース両共同議長により第1ドラフトが示されて以降，以下のようにHLF4までの間に5回にわたりドラフトが出され，審議された。

・第1ドラフト（BOD1）：2011年7月7・8日
・第2ドラフト（BOD2）：10月6・7日　WP-EFF第18回会議で提出
・第3ドラフト（BOD3）：10月11日提出
・第4ドラフト（BOD4）：11月11日提出
・第5ドラフト（BOD5）：11月23日提出

第18回会議で「シェルパ」と呼ばれる起草グループのメンバーの選出が決定され，表4-2のメンバーとアブデル＝マレク議長の合計17名（後にアフリカの特別なニーズに配慮してマリが追加となり，最終的には18名）がシェルパとしてBODの作成にあたった。

シェルパの選出は第18回会議で難航した点であった。当初，アブデル＝マレク，コンダース両共同議長から，DAC3，低所得国3，脆弱・紛争国1，中所得国3，CSO1という構成が提案されたが，EUがシェルパの結成そのものに

反対し，また援助国が少ないとの懸念を表明し，両議長はDACを5メンバーとする決断をした。DACからいかに5つのメンバーを選ぶのかも難航した。援助効果の議論をリードした北西欧諸国（スウェーデン，ノルウェー，デンマーク，フィンランド，イギリス，オランダ，アイルランド）はNordic＋（プラス）とい

●表4-2　シェルパの構成メンバー

	数	シェルパ・メンバー
低所得国代表	3→4*1	バングラデシュ，ホンジュラス，マリ，ルワンダ
中所得国*2代表	3	中国，メキシコ，南アフリカ
DACメンバー	5	EU，フランス，日本，イギリス，アメリカ
脆弱・紛争国家	1	東チモール
CSO	1	BetterAid
国連開発グループ	1	UNDP
韓国（開催国）	1	韓国
世界銀行	1	世界銀行
WP-EFF	1	アブデル＝マレクWP-EFF議長

＊1：当初シェルパに選出されたのは17名であったが，アフリカの特別なニーズを考え，2011年11月上旬にマリが追加された。
＊2：WP-EFFの標記に従ったが，新興ドナー代表といえる。
（出典）WP-EFFの資料をもとに筆者作成

うグループで行動していたが，イギリスが代表となることで合意していた。またヨーロッパの中小国はEUが代表してシェルパに入るべきだと主張した。アメリカと日本はシェルパ入りを希望し，CANZ（カナダ，オーストラリア，ニュージーランド）も1人出すことを望んだ。EUはDAC5メンバーのうち3メンバーはEU諸国から出されるべきだと主張した。やがてG20議長国であったフランスが入ることで合意ができたが，ドイツもシェルパ入りを希望した。結局EU，イギリス（Nordic＋とともにCANZをも代表），フランス（G20代表），アメリカ，日本となった。なお，日本からは国際協力局参事官（当時）の和田充弘がシェルパとして参加した。他のシェルパも担当の部局の幹部職員か，駐OECD代表であったが，中国は駐フランス大使館の1等書記官であった。

　シェルパたちは10月27日に電話会議を開催し，シェルパ会議における議題を絞ることとなった。具体的には，アブデル＝マレク議長から，第3ドラフトのパラグラフ15e（アンタイド化），20c（援助の透明性），20d（援助の予測可能性），21a～c（援助の断片化防止策），29（地球温暖化防止の援助），30-31（HLF4後の組織的枠組み）にシェルパ会議での議論の対象を絞ることが提案されたが，シェルパたちの要望で，前文にあたるパラグラフ1-12も議論の対象とすることが

● 表 4-3　HLF 4 に向けた CSO の提言と BPd における結果

文書名案	CSOs on the Road to Busan での提言	BPd 採択内容（パラグラフ番号）と CSO コメント
	Busan Compact on *Development Effectiveness*	Busan Partnership for *Effective Development Co-operation*
A　パリとアクラの公約を完全に評価し、深める	民主的オーナーシップを援助・開発効果の中核にする	中核にはすえられなかったが（11）、オーナーシップの原則として民主的オーナーシップを明記（12）
	参加型マルチ・ステークホルダーの政策対話に優先順位を置く	直接の言及なし
	第1のオプションとして country system の利用	country system の利用を唱えると同時に、途上国側のガバナンスへの配慮も述べる（19）
	政策コンディショナリティをやめる	言及なし
	すべての形態の援助の完全アンタイド化	原則論としての援助のアンタイド化と2012年にレビューを行うことは述べる（18e）が、期限や削除されず不十分
	需要にもとづいた技術協力の実施	言及なし
	援助額の予測不可能の問題に取り組む	予測可能性を高めること、ドナーが3～5年計画を提示することを述べる（24）が、アクラから進展なし
	民間セクターによる開発を持続的な生計に導く	民間セクターの開発における役割を積極的に評価（32）：CSO から貧困削減に直結しない可能性があるとして批判
	すべての援助アクターにより最も高度な公開性・透明性を実現すること	透明性とアカウンタビリティは共有原則の1つとして明記され（11d）、官民で企業向け融資に配慮した言及がされる（23）。しかしシステムや IATI を通じた情報の共有・標準化、DAC のレポーティングシステムを用いた情報の共有・標準化、提供を明記（23c）
B　人権基準を持ったアクターとして貧困・不平等の根源に焦点を当てた開発でCSOの参加を認知・保証し、開発効果を強化する	開発における RBA を公約・実施する	人権の促進が共通目標であることは確認された（3、11）が、RBA は CSO が独立して活動することのみ関連してしか触れられず（22c）、「効果的開発」の置を要求として持続的・包括的な成果（28）
	ジェンダー平等と女性の人権の促進・実行	ジェンダー平等、女性のエンパワメントのパラグラフ（20）が設けられ、女性の人権や政策決定への参加について言及されるが、ジェンダー平等の達成についても期限が設けられていない
	働きがいのある人間らしい仕事を社会的に包括的で持続可能な開発戦略として実施	民間セクター（32）について確認されるのみ、民間セクター（32）について確認されるのみ、ILO の原則、基準順守の要請等られず
C　類目性を持ったアクターとしてCSOの参加を認知する多様なイスタンブール原則を認知するドーン・フォーラム、オープン・フォーラム効果に関する国際枠組みを認知する、CSOが活動しやすい政策・制度規制、実践のミニマム・スタンダードに合意する	イスタンブール原則をエンドーズし、効果に関する国際枠組みを認知する、CSOが活動しやすい政策・制度枠組みを生み出す政府・ドナーの政策・法規制、実践のミニマム・スタンダードに合意する	CSO が独立したアクターであることを確認し、国際的に認知された原則に沿って活動しやすい政策・制度環境の促進を述べる（22a）が、言及が不十分。イスタンブール（22b）が開発効果の原則と国際枠組みの取り組みを奨励（22b）
D　公正公開型開発協力アーキテクチャーの実施を促進する	政策対話と基準づくりのための平等で参加型の多角的フォーラムをつくる	2012年6月までに今後の枠組みを決定することを明記。

（出典）OECD (2011)；BetterAid with Open Forum (2011)(2012)；Tomlinson (2012) などをもとに筆者作成

決まった（OECD 2011h：Paras. 9-10）。そしてシェルパ会議は11月4日（第1回：OECD 2011i）と18日（第2回：OECD 2011l）にパリで，HLF 4 前日の11月28日以降プサンで HLF 4 の中で会議を開催した。BetterAid 代表のシェルパにはトゥハンが BACG で選出された。

2 HLF 4 プロセスにおける CSO の提言内容の概要

HLF 4 に向けた CSO の提言を理解する上で最も重要な文書は，BetterAid が Open Forum の協力を得て2011年4月に発表した CSOs on the Road to Busan：Key Messages and Proposals（BetterAid with Open Forum 2011）であろう。この文書では「*開発効果に関するプサン協約（Busan Compact on Development Effectiveness）*」（イタリック：原文）に向け，4つの大きな項目により，提言を行っている。どのような提言を行い，それに対して BPd ではどのような結論となり，それを CSO はどのように評価したのかをまとめたのが表4-3である。なお，HLF 3 の時（表4-1）と違って，CSO は会議後達成度を明示していない。

以上の提言から，BetterAid が重点を置いている論点を次のように整理できるのではないだろうか。第一に，文書名案と提言の B（人権基準を促進し，貧困・不平等の根源に焦点を当てた開発協力を通じて開発効果を強化する）に表れているように，HLF 3 に引き続き，援助効果（aid effectiveness）でなく開発効果（development effectiveness）を求めていることである。第二に，開発とは第1章で述べた RBA であるべきだと提唱していることである。また，同じ文脈でジェンダー平等，女性の人権を重視している。第三に，これも HLF 3 に引き続き，オーナーシップを国家政府のオーナーシップでなく，「民主的オーナーシップ」であるべきと主張していることである。第四に，CSO を，独自性を持ったアクターとして認知することとともに，Open Forum が CSO 自身の開発効果向上の取り組みとして策定した原則・枠組み（第5章参照）の認知と，活動しやすい政策・制度環境の改善を求めたことである。このうち第四の点は第5・6章のテーマであるから，この章では開発効果，RBA とジェンダー，「民主的オーナーシップ」に関し，CSO の主張はどこまで受け入れられたのか，受け入れられた，あるいは受け入れられない要因は何だったのかを検証し

ていきたい。

　なお，BGCSFの初日の11月26日にトゥハンは，BPdの確定に当たりCSOにとっての重要な獲得すべき課題として，①成果文書の名称に開発効果を入れる，②RBAについて述べる，③開発についてのビジョンを成長中心でなく人権中心にする，④CSOの政策・制度環境について「国際的に合意された基本的人権にもとづく」ことに言及する（第6章で後述），⑤民間セクターだけでなく「社会セクター」（労働組合を指すものと思われる）のHLF4後のプロセスへの参加の5つをあげた。そして，3つを獲得できなければシェルパ会議から退席し，成果文書にCSOが参加しないことも辞さない旨，表明した[6]。

5　HLF4の論点――開発効果

　CSOはパリ宣言以来，援助効果の議論が資金管理や事務コスト削減をいかに行うのかといった技術的な側面からとらえているのではという疑問を持ち，また，援助効果のみならず開発効果を問うべきだと唱えてきた。開発効果とは，CSOs on the Road to Busanによれば，「貧しい人々や周縁化されている人々に対する開発アクターの活動のインパクトに関するもの」であり「貧困・不平等・周縁化・不正義の兆候だけでなく，根源に取り組む持続的な変化を促進する」ものである（同上：2）。

1　BODプロセスにおける議論

　BOD1およびBOD2では，文書名は仮に「開発効果のためのプサン・パートナーシップ」（Busan Partnership for Development Effectiveness）とされ，BOD2では「開発効果のための共有された原則」（OECD 2011e：Paras. 11-12），「援助効果から開発効果へ」（Para. 22）といった個別セクションのタイトルも見られる。しかしBOD1，2における開発効果の意味はあいまいであり，パラグラフ22からは貧困削減とインクルーシブな経済成長全般を意味するように思える。BOD1，2の開発効果の意味のあいまいさはBetterAidの両ドラフトへのコメントでも指摘された（BetterAid 2011a；2011b）。

　BOD2を議論した第18回WP-EFF（2011年10月6・7日）では，「援助効果」

への言及の不十分さ,「開発効果」には「援助効果」も含まれるのかといった疑問など，さまざまな意見が出され，WP-EFF両議長は次のドラフトまでに文書名も含めて再検討することとなった（OECD 2011f : Para. 10)。BetterAidとは逆に，開発効果全般よりも援助効果に絞ることを暗に要求する意見が出された。

　BOD3以降，文書名として最終的なタイトルとなる「効果的な開発協力のためのプサン・パートナーシップ」(Busan Partnership for Effective Development Co-operation) が採用された。また，BOD3では「効果的な援助から効果的な開発協力へ」(From Effective Aid to Co-operation for Effective Development) というタイトルのパラグラフ24で「援助は開発の解決策の一部でしかない。私たちの焦点と注目を援助効果から効果的な開発へのチャレンジに広げる時が来た。これは新しい開発のビジョンを必要とする」と述べた上で，新しい開発のビジョンの1つとして,「開発は，強く，持続可能で，インクルーシブな (inclusive＝社会全体を含む) 成長によりもたらされる」(OECD 2011g : Para. 24a) をあげた。

　これに対し，BetterAidは，BOD3の「効果的な開発」は成長指向が強いことを批判し，文書全体のタイトルを「開発効果のための協力に関するプサン・パートナーシップ」(Busan Partnership on Co-operation for Development Effectiveness) とすることを求めた (BetterAid 2011c；2011d)。パラグラフ24も成長重視でなく，RBAにもとづく修正を主張したが，この点は次の節で述べる。

　BOD4では文書名，パラグラフ24ともに変更がなく，BOD3の後と同じ修正を主張した (BetterAid 2011e)。BOD5では，パラグラフ番号に変更があったものの，文書名や文言の変更はなかった。

　最終的なBPdでは,「効果的な援助から効果的な開発協力へ」はパラグラフ28となり，その「枠組み」の1つとしてパラグラフ28aで「開発は，強く，持続可能で，インクルーシブな成長によりもたらされる」(OECD 2011n : Para. 28a) が唱えられた。

2　なぜ開発効果ではなく効果的開発協力になったのか

　成長重視か，RBA重視かという問題は次節で述べるとして，最初は文書の

タイトルが開発効果であったのが，なぜ効果的開発協力や効果的開発になったのだろうか。

トムリンソンは「開発効果」概念に関するWP-EFFメンバー間の共通の理解の欠如をあげている。WP-EFFは2010年10月に開発効果をテーマにしたワークショップを開催しているが，開発効果が何を意味するのかは参加者により多様であった[7] (Tomlinson 2012：58-60)。第1章でも紹介したように，開発効果ということばには多様な理解がある。キンドルネイとモートンによれば，①開発援助組織の効果，②援助以外の開発関連の政策（貿易・移民・平和構築など）も含めた一貫性と政策調整，③援助による開発の成果としての開発効果，④以上の3つを含めた開発プロセス全体の効果の4つの意味で使われ（Kindornay & Morton 2009），筆者はCSOの開発効果に関する考え方はRBAにもとづいた③であると考える。HLF4に関して，例えば，「援助の手法（インプット）よりも最終的な『開発効果』（＝アウトプット）」（恒川 2013：191）というのも1つの開発効果の理解であるが，CSOがいう場合とは異なり，④の意味であろう。

OECD事務局のデ・ミリー（Hubert de Milly）はトムリンソンのインタビューに対して「開発効果の問題点は異なった人にとって異なった意味を持つことである。すべての開発の資金について話し合う必要があるが，プサンは主に開発協力大臣が集まるので，それができなかった」（同上：35）と述べている。開発効果という場合，ODA以外の開発資金の問題も含むため，援助効果というテーマで集まるメンバーで議題にできる範囲を越えるということもあろう。

トムリンソンはまた，開発効果に関する共通の理解を難しくした要因の1つとして新興ドナーの台頭に伴う南南協力をあげている（同上：59）。第1回シェルパ会議では，中国はHLF4後に「開発効果」全般がテーマとなることへの疑念を表明した（OECD 2011h：Para. 65）。また，第2章で述べたように，特に中国は援助効果に関する諸原則が北から南への援助のみを拘束し，南南協力を拘束しないことを強く要求した。一方，CSOの側ではBOD3段階でBetterAidのコメントの一つとして，新興ドナーを拘束するためにも「開発効果」にこだわるべきとの記述もある（BetterAid 2010c）。成果文書の対象をできるだけ北から南への開発協力に限定しようとする新興ドナーの存在が，開発効果に関

する成果文書の形になることを妨げた1つの要因と推測できる。

6 HLF4の論点——人権・RBAとジェンダー

1 人権とRBA

前述したようにCSOの開発論の中核はRBAであった。BODプロセスでは，RBAを含め，人権は論点の1つとなった。

HLF3で採択されたAAAでは，貧困削減やオーナーシップの原則として，ジェンダー平等，人権，環境持続可能性が明記されていた（OECD 2008 Paras. 3, 13c）。

BOD1では，オーナーシップのところで，途上国のオーナーシップは「国際的な人権，働きがいのある人間らしい仕事（decent work），ジェンダー平等，障がいに関する国際的合意に一致」すべき（OECD 2011c：Para. 12）と述べたにとどまった。BOD2とBOD3では，共有された原則を述べたパラグラフ10で「国際的な人権，働きがいのある人間らしい仕事，ジェンダー平等，障がいに関する国際的合意に一致」にもとづく開発の取り組みが唱えられた。パラグラフ24では，前述のように「援助は開発の解決策の一部でしかない。私たちの焦点と注目を援助効果から効果的な開発へのチャレンジに広げる時が来た。これは新しい開発のビジョンを必要とする」と述べ，成長（前述）など4つのビジョンをあげた後に，「このビジョンを実現するため，援助が開発の触媒となるよう，国際的な人権，規範，基準と一致して，何に，いかに援助を使うのか考える」とした（OECD 2011e；2011g）。

これに対し，BetterAidはBOD2，BOD3いずれの段階でもRBAの視点の欠落を批判した（BetterAid 2011b；2011c）。そしてBOD3の具体的な修正案として，前文に当たる部分のうち世界的な課題として貧困削減やMDGsの達成を述べたパラグラフ2で人権にも言及すること，パラグラフ24を，

> 援助は開発の解決策の一部でしかない。私たちの焦点と注目を援助効果から効果的で人権を基盤とした開発へのチャレンジに私たちが合意した共通の原則に沿って広げる時が来た。これは，援助が開発の触媒となるよう，新しい国際的な人権，規範，基準と一致した開発のビジョンと一貫性を必要とする。

と，RBA を明記し，また終わりの部分を前に入れる形に修正するよう提案した（BetterAid 2011d：下線強調：原文）。

さらに BOD 3 では「開発は，強く，持続可能で，インクルーシブな成長によりもたらされる」となっていたパラグラフ24aを「開発は国連開発に関する権利宣言で正式に記され，経済的・社会的及び文化的権利に関する国際規約を含む諸条約で詳述されている人権である」と全面的に書き換えることを提案した（同上）。

BOD 3 を議論した第1回シェルパ会議に向け，アメリカもパラグラフ2で国連ミレニアム宣言を引用しつつ人権に言及する修正案を提案した（OECD 2011k）。そして第1回シェルパ会議では，BetterAid とアメリカはパラグラフ2で人権に言及することを提案し，イギリス，UNDG，EUもこれに賛同した。これに対しアブデル＝マレク議長は文書の長大化を避ける意味でパラグラフ10での人権への言及で十分ではないかと述べ，フランスもすべての参加者の同意を得るうえでパラグラフ10での言及で十分であるとの意見を述べた（OECD 2011i：Para. 9）。

BOD 4 の段階でもパラグラフ2で人権への言及はなかったが，第2回シェルパ会議に向け，BetterAid のみならず，CANZ，CARICOM，Nordic＋[8]もパラグラフ2での人権への言及を文書で提案した（OECD 2011k）。特に Nordic＋からは，以下のような人権に強く言及し，また RBA の考え方にもとづいたともいえるパラグラフの挿入（ジェンダーについて述べたパラグラフ17と議会の役割を述べた18の間）も提案された。

> 開発協力はすべての人びとの人権を実現するという目的のための手段である。開発協力は貧困下で生活する人びとの状況を変え，国家の市民に対するアカウンタビリティを促進し，すべての人びとによる開発プロセスの可能な限り広範なオーナーシップを可能にしなければならない。国際的に合意された人権は開発成果の相互のアカウンタビリティのために参照されるべきポイントであり，私たちは開発の成果が何を最も周縁化された，あるいは脆弱な人びとにもたらしたのかを検証しなければならない（同上：74）。

第2回シェルパ会議では，BetterAid とアメリカはパラグラフ2で国連ミレニアム宣言を引用する形で人権に言及することを，さらに BetterAid は共有さ

れた原則(パラグラフ10)にもとづいた行動指針を述べたパラグラフ11と24でRBAを述べることを求めた。これに対し、フランス・韓国・ルワンダは全参加国の合意を図るうえで微妙な問題の議論は避けるべきであり、既提案の文書で十分との見解を示した。アブデル＝マレク議長は議論を踏まえ、パラグラフ2で人権に短く言及することを決断し、シェルパたちの同意を得た(OECD 2011l : Para. 6)。トゥハンは筆者のインタビューに対し、この時にイギリスはNordic＋の代表であるにもかかわらず、パラグラフ2で国連ミレニアム宣言を引用する形で人権に言及する提案に消極的であったと述べている。[9]

その結果BOD5のパラグラフ2と、BPdのパラグラフ3は、次のような文言となった。

> 世界はグローバルな開発において重要な転機を迎えている。貧困と不平等は中心的なチャレンジのままである。(国連)ミレニアム宣言は開発に向けた私たちの普遍的な使命を述べ、MDGsの目標期限まで4年を切った今、途上国で強力で、共有され、持続可能な成長と働きがいのある人間らしい仕事の達成は最も緊急のことである。それ以上に、ミレニアム宣言は人権、民主主義、グッド・ガバナンスを私たちの開発の取り組みの不可欠な部分としている……(OECD 2011m : Para. 2 ; 2011n : Para. 3)。

BOD2以来の「国際的な人権、働きがいのある人間らしい仕事、ジェンダー平等、障がいに関する国際的合意に一致」はパラグラフ11となった。このようにパラグラフ3・11ともに、国連ミレニアム宣言や既存の国際的合意に言及する表現を取りつつ、人権は開発協力の規範として受け入れられた。

RBAについては、CSOの役割について述べたパラグラフ22で、「CSOは人びとが権利を主張すること、RBAを促進すること、開発の政策とパートナーシップを形成すること、その実施を監視することに重大な役割を持っている……」(OECD 2011n : Para. 22)と、CSOの役割としてのみBPdで言及された。このパラグラフに「RBAを促進すること」という文言はBOD5にもなく、HLF4の最終段階でBetterAidに妥協する形でCSOの役割として挿入された。トゥハンはHLF4の前日の11月28日にはシェルパ会議とBGCSFを往復していたが、28日の午後のBGCSF全体会でRBAについてはCSOの役割として述べられることになると発言していたので、同日のシェルパ会議で決まったものと思われる。[10]

人権とRBAをめぐるBPdにおける結果について，BetterAidとOpen Forumは人権に対する言及が少ない一方で，パラグラフ28aに表れているように成長指向であることを批判し，RBAについてはCSOの役割としてのみ述べられたことへの失望を表明した（BetterAid with Open Forum 2012：6）。AAAに引き続く形で人権は開発協力の規範の1つとなったが，RBAは規範として受け入れられなかった。

　このように慎重な意見があったにもかかわらず，BetterAidのみならず，アメリカ，CANZ，CARICOM，Nordic＋，EU，UNDGの提案や支持があったパラグラフ3における人権への言及には成功した。RBAについては，多くのメンバーが開発援助政策でも採用しているNordic＋から，RBAと直接述べないものの，その内容に含むパラグラフが提案されたが，コンセンサスとならなかった。

　人権について慎重な意見はなぜ出されたのだろうか。議事録要約（OECD 2011f）では紹介されていないが，DAC議長のアトウッドは，第18回WP-EFF会議について次のように述べている。

> BetterAidの代表はいくつかの途上国が市民社会の活動空間を制限する動きを見せているとして，民主主義・人権の課題を強く進めていた。いくつかの国が，中国・ベトナムなどいくつかの途上国を軟化させるため明確な人権に関する文言を避けようとしていると聞いて，民主主義・人権の擁護者を動員した。これまでのこの問題領域における国際的合意からの後退はないこととなった（Atwood 2012：16）。

　このことから人権をめぐっては，一部の途上国やそれを擁護する援助国と，BetterAidや人権推進の立場に立つ諸国との間で議論があったことが推測できる。しかし，トゥハンによれば，WP-EFFとシェルパ会議においてRBAや人権について明確に反対する意見を述べるメンバーはなかったという。そして，アブデル＝マレク議長（最後はパラグラフ3でミレニアム宣言に言及する決断をしたが），パク副議長ともに人権について多くをふれることに消極的であった。前述のようにイギリスもNordic＋の一員で，RBAをODA政策に取り入れているにもかかわらず，人権に多く言及することに積極的でなくなっていった。[11]

　RBAに関しては，BetterAidとともに述べることに賛成したのはUNDGだ

けであった。CSO とともに RBA を採用してきたアクターのうち UNDG は賛同したが，二国間ドナーとして採用していた Nordic＋が文書では賛成を示唆したものの代表するイギリスがシェルパ会議では消極的であった。また，シェルパ会議で BOD 3・4 のパラグラフ 2（BPd ではパラグラフ 3）で人権に言及することを主張したアメリカは，第 1 章の表 1-2 で見たように，限定的にのみ RBA を採用している。G20議長国としてシェルパに加わっていたフランスも 2 回にわたり人権への言及を深めることに慎重な態度を表明した。

「拒否国」の出現を予測したアクターもあった中で，人権を本書でいう政策・実務規範とすることが合意できる限界だったことがうかがえる。

前節で「開発効果」に関して共通の理解がなかったというトムリンソンの指摘を紹介した。同様の指摘が RBA についてなされているわけではないが，第 1 章でも述べたように，RBA 自体，多様な解釈があり，共通の定義や理解がない概念である。この章の第 1 節 *2* で紹介した BetterAid の RBA についてのとらえ方も，経済的・社会的・文化的権利を含む国際人権基準を満たすという根幹には触れているが，従来のアプローチとどう違うのか，開発のプログラムのあり方がどう異なるのか，やや具体性に欠けているとも指摘できよう。限られたドナー（国連機関と一部のヨーロッパ諸国）によってのみ実践され，共通の定義や理解のない RBA が開発アプローチの規範として採用されることは難しかったとも推定できる。トゥハンによれば，シェルパの中には RBA についての理解が不十分なメンバーも見受けられた。

トムリンソンは，BPd での人権の扱いは AAA より深まったとはいえないとの評価をしている（Tomlinson 2012：29-30）。アトウッドの「これまでの国際的合意からの後退はない」ということばが現実を表すのかもしれない。

2 ジェンダーと女性の人権

ジェンダー平等（gender equality）は CSO が援助効果の議論にかかわるうえで重視したテーマである。WP-EFF の BetterAid からの 2 代表のうち 1 代表は AWID から出ていた。

援助効果の議論において，ジェンダーは当初はほとんど考慮が払われなかったテーマであった。パリ宣言にジェンダーに触れているのはわずか 1 か所であ

り，調和化を述べたパラグラフ42で「ジェンダー平等のような分野横断的な（cross-cutting）な問題」における調和化の取り組みが必要であると述べているだけである（OECD 2005：Para. 42）。[14]

AAAでは，前述したように，貧困削減やオーナーシップの原則として，ジェンダー平等，人権，環境持続可能性が明記されていた（OECD 2008：Paras. 3, 13c）。また紛争地域・脆弱国における女性の保護と参加にも触れている（同上：Para. 21）。しかしながらAWIDは，文言における進歩がある一方で，ジェンダー平等と女性の人権に向けた新しいモニタリング可能な目標や指標がないことを問題視した（AWID 2008）。

HLF 4 に向けて，AWID, BACGなど59団体により Key Demands from Women's Rights Organizations and Gender Equality Advocates と題する文書が作成された（AWID 他：2011）。[15] そこでは大きく以下の6つの提言が行われた。

① HLF 4 で合意されるすべての新しい開発協力枠組みは女性の権利を含む人権にもとづくべきこと
② 国連の下でのジェンダー平等，女性の人権のための開発協力システム
③ 女性による「民主的オーナーシップ」と市民社会──特に女性団体──の参加
④ ジェンダー平等，女性の人権に関する多方向のアカウンタビリティと既存のモニタリング・システムの改善
⑤ ジェンダー平等，女性のエンパワーメント達成に必要な資金の保障
⑥ 脆弱国家・紛争地域における開発協力における女性・女子への異なった影響の考慮

BOD 1 では，人権とRBAのところでも引用したが，オーナーシップのところで，途上国のオーナーシップは「国際的な人権，働きがいのある人間らしい仕事，ジェンダー平等，障がいに関する国際的合意に一致」すべき（OECD 2011c：Para. 12）というのがジェンダーに関する唯一の言及であった。これに対し，BetterAid の BOD 1 に対するコメントでは，ジェンダー平等と女性の人権についての公約を盛り込むことが求められた（BetterAid 2011a：2）。

BOD 2 では，共有された原則を述べたパラグラフ10で「国際的な人権，働きがいのある人間らしい仕事，ジェンダー平等，障がいに関する国際的合意に一致」にもとづく開発の取り組みが唱えられた（前述）のみならず，ジェン

ダーに関するパラグラフ16が加えられた。

> 私たちは各国の優先順位にもとづいた信頼できる開発計画を通じて，ジェンダー平等と女性のエンパワーメントを達成する取り組みを加速化させる。不平等を削減することは持続可能でインクルーシブな成長と開発の前提である。

と述べ，サブパラグラフでジェンダー別データの収集と活用，平和構築や国家建設でジェンダー平等・女性の人権をとりあげることなどを政策としてあげた（OECD 2011e : Para. 10, 16）。BOD 2 に対する BetterAid のコメントは，ジェンダーに関するパラグラフがつくられたことを歓迎しつつ，文書全体でもっとジェンダー平等・女性の人権の視点を取り入れること，時期を明記した到達目標を具体化すること，ジェンダーに特化したプログラムにも触れることを求めた（BetterAid 2011b）。

BOD 2 が審議された WP-EFF 第18回会議では，パラグラフ16をさらにジェンダー平等を強調する形で改善することに合意されたが，BOD 3 で文案の変更はなかった（ただしパラグラフ番号が17となった）。BetterAid は文案の大幅な変更を求めた。

> 私たちは各国の優先順位にもとづいた信頼できる開発計画を通じて，<u>明確な期限を持ったターゲットを伴って</u>，ジェンダー平等，<u>女性の人権と女性のエンパワーメント</u>を達成する取り組みを加速化させる。不平等を削減することは<u>人権に関することであり</u>，持続可能でインクルーシブな成長と開発の<u>基盤</u>である（BetterAid 2011c：下線強調：原文）。

この BetterAid の提案は，女性の人権を強調すること，具体的な達成目標を持つこと，不平等の削減は開発の手段というよりもそれ自体が目的であることを趣旨とし，AWID が課題とした点と一致していた。

BetterAid の提案を参照した上で，アメリカも改定案を示した。

> 私たちは各国の優先順位にもとづいた開発計画を通じて，<u>またジェンダー平等と女性のエンパワーメントは成果をあげ，開発効果を推進するため不可欠であるとの理解にもとづいて</u>，ジェンダー平等と女性のエンパワーメントを達成する取り組みを加速化させる。<u>ジェンダー不平等</u>を削減することは，持続可能でインクルーシブな成長，<u>人権，民主的ガバナンス</u>，開発の前提である（下線強調：原文）。

またジェンダー平等と女性のエンパワーメントをそれ自体として推進する旨のサブパラグラフも提案した（OECD 2011k：28）。なお，OECD の文書として残っていないが，アメリカの提案には UNDG も同様の提案をしたとの文言がある。

こうした提案を受け，BOD 4 では以下の文案となった。

> 私たちは各国の優先順位にもとづいた信頼できる開発計画を通じて，ジェンダー平等と女性のエンパワーメントは開発の成果の達成に不可欠であることを認識しつつ，ジェンダー平等と女性のエンパワーメントを達成する取り組みを加速化させる。ジェンダー不平等を削減することは，それ自体が目的であるとともに，持続可能でインクルーシブな成長と開発の前提である（OECD 2011j：Para. 17：下線強調：引用者）。

この BOD 4 での文案についてジェンダーに関する表現がより強力になったことについて CANZ から強い歓迎の意向が示された（OECD 2011k：47）。

この後も BetterAid は「女性の人権」を挿入することなどを求め続けたが，この BOD 4 の文案のまま，HLF 4 で採択された BPd のパラグラフ（最終的にはパラグラフ20）となった。

この結果について BetterAid と Open Forum は，ジェンダー平等について 1 つのパラグラフが設けられたことを肯定的に評価する一方で，女性の人権への言及がないこと，ジェンダー平等が BPd 全体を貫いていないこと，ジェンダー不平等の削減とは書いてあってもジェンダー不平等を終わらせるとは書いていないこと，ジェンダー平等の達成目標が具体的に示されなかったことを未達成点としてあげている（BetterAid with Open Forum 2012：6）。AWID は前述の Key Demands の提言の達成度について以下のように評価している（AWID 2013）。

①部分的達成（パラグラフ11, 20, 22, 28で人権やジェンダーへの言及）
②今後の組織形成を見る必要がある
③達成（パラグラフ12での「民主的オーナーシップ」，パラグラフ21で CSO の独自の役割を明記）
④部分的達成
⑤未達成（ジェンダー平等，女性の人権の資金について言及なし）
⑥部分的達成（パラグラフ20, 26で紛争地域での女性・女子への配慮を明記）

ジェンダー平等については，BOD プロセスの中でこのテーマの1つのパラグラフが設けられたこと，ジェンダー平等を開発や持続的成長の手段としてだけでなく，「それ自体が目的である」という文言が入ったことはCSOとして大きな成果といえる。ジェンダー平等を強調することが WP-EFF で合意できたこと，BetterAid だけでなく，BetterAid の文案を参照したアメリカと UNDG の提案もあった。女性の人権を明記することについては他のアクターから賛同する意見がなく，CSO の主張や受け入れられなかった。

この節で見てきた人権と RBA，ジェンダーと女性の人権に共通することとして，人権に関する強い表現を避けたといえよう。

7 HLF 4 の論点──「民主的オーナーシップ」

HLF 3 で採択された AAA では，「民主的オーナーシップ」は直接言及されなかった。しかし，オーナーシップが核心であり途上国のオーナーシップの強化が第1の優先課題であり (Para. 8, 12)，同時に開発政策における「公開でインクルーシブな対話」の重要性を唱え (Para. 13)，開発戦略の準備・実施・監査において議会，地方自治体，CSO の参加の重要性を述べ (13a)，「民主的オーナーシップ」規範が部分的に採用されたことは前述した。

HLF 4 に向けて，「民主的オーナーシップ」は援助・開発効果の中核と考えられた (BetterAid with Open Forum 2011)。また RoA は2011年に「民主的オーナーシップ」をテーマにした特別号を発行し，開発戦略における市民参加は限られた国（調査対象の30か国中3か国）でしか拡大していないことを指摘した (RoA 2011)。

BOD 1 では，オーナーシップの重要性 (OECD 2011c : Para. 12) と議会・CSO の重要な役割に触れられていた。BOD 1 が議論された第17回 WP-EFF 会議 (2011年7月7・8日) では，インクルーシブなオーナーシップ (inclusive ownership) の必要性に言及することで参加者の一致を見た (OECD 2011d : Para. 12)。BetterAid の7月15日の BOD 1 へのコメントで，「民主的オーナーシップ」が援助・開発効果の中核であることを再確認した (BetterAid 2011a : 2)。

BOD 2 ではインクルーシブなオーナーシップが共有された原則の1つとさ

れ（OECD 2011e：Para. 10d），「広い基盤を持ち，民主的なオーナーシップ」における議会・地方自治体・CSO の役割が明記された（Para. 17）。BOD 2 が議論された第18回 WP-EFF 会議では「民主的オーナーシップ」への言及と，同一パラグラフにあった議会・地方自治体と CSO の役割については，パラグラフが別々にすることが同意された（OECD 2011f：Para. 12）。BetterAid の BOD 2 コメントでは，原則としても「民主的オーナーシップ」を明記することとその意味をより明確にすることを求めた（BetterAid 2011b）。

　BOD 3 では，共有された原則（OECD 2011g：Para. 10a）の第 1 がオーナーシップとされ，「開発政策・プロセスのインクルーシブなオーナーシップを深め，広げ，運用する」（Para. 11a）と述べられている。議会・地方自治体に関するパラグラフで「広い基盤を持ち，民主的なオーナーシップ」における役割が述べられている（Para. 18）。BOD 3 が議論された第 1 回シェルパ会議では，BetterAid と EU がパラグラフ10a，11a で「民主的オーナーシップ」と述べるべきだと主張した（OECD 2011i：Para. 12）。

　EU は HLF 4 に共通政策をまとめた上で臨んだ。2011年 9 月のドラフトでは，「パートナー諸国のオーナーシップは開発の成果に不可欠である。社会全体の対話と地元のさまざまな利害関係者や組織の能力強化の重要性に注意を向けるためにも民主的オーナーシップに深められなければならない」（European Commission 2011：3）と述べるなど「民主的オーナーシップ」の重要性を強調した。

　BOD 4 では，共有された原則としてオーナーシップが述べられた（OECD 2011j：Para. 10a）のに続き，「開発政策・プロセスの民主的オーナーシップを深め，広げ，運用する」（Para. 11a）と，BOD 3 に比べ，文言が「インクルーシブな」（inclusive）から「民主的」（democratic）に改められた。第 1 回シェルパ会議での BetterAid と EU の提案が部分的に採用された形になった。

　BOD 4 に対し，BetterAid はパラグラフ10a の共有された原則の「オーナーシップ」を「民主的オーナーシップ」と変更するよう引き続き提案した。BOD 4 に対しては，11の WP-EFF メンバーからコメントが寄せられたが，[16] BetterAid 以外からは，EU も含めパラグラフ10a に「民主的」を付け加える提案はなかった。結局，BOD 5 で BOD 4 からの変更はなかった。[17]

最終的に採択された BPd（OECD 2011n）でも，南南協力の例外をパラグラフ2として挿入した（第2章および後述）関係でパラグラフ番号が1つずつ変更になったが，基本原則（Para. 11）として「途上国による開発の優先順位のオーナーシップ」（Para. 11a）があげられ，これに続きオーナーシップの原則が「導く行動」（Para. 12）として「開発政策・プロセスの民主的オーナーシップを深め，広げ，運用する」（Para. 12a）と述べられている。BOD 4 以後，最終的な BPd まで，いわば基本原則に準ずる形で「民主的オーナーシップ」が扱われたといえよう。また BOD 3 以後，文言が変わらない形で，議会・地方自治体の「広い基盤を持ち，民主的なオーナーシップ」における役割が明記されている（Para. 21）。

BetterAid は BPd が採択された同日の2011年12月1日に発表したステートメントで，「パリ宣言以降初めて，民主的オーナーシップは，社会全体で共有されたパートナーシップで実施される開発協力の基本的原則として認知された」（BetterAid 2011f）と評価した。翌年3月の BetterAid と Open Forum 合同の BPd 評価では「開発政策・プロセスの民主的オーナーシップを深め，広げ，運用する」と明記されたことを歓迎しながらも，基本原則で「民主的」と明記できなかったことで CSO としての目標を完全に達成できたわけではないとする（BetterAid with Open Forum 2012：1, 3）。

基本原則に「民主的オーナーシップ」を入れられなかったとはいえ，それに導かれる行動として「民主的オーナーシップ」が明記されたことで，「民主的オーナーシップ」は CSO の提唱した規範の中で比較的受け入れられたものであったといえよう。

8 HLF 4 の論点――南南協力

HLF 4 で最も注目された点は，第2章で述べたように新興ドナーの発言力の高まりである。中国は援助効果の諸原則は南北間の援助にだけ適用されるべきで，南南協力には適用しなくてもよいことを明記しなければ，HLF 4 を欠席すると直前に強硬に主張し，インドも同調する動きを見せた。その結果として，南南協力の特殊性と BPd の適用は任意であるとするパラグラフ2が最終

段階で挿入された。

　南南協力に関してCSOが何らかの「規範起業家」または規範の推進者であったとはいい難いが，BetterAidは南南協力に関する提言は行っていて，関心事項であった。HLF4で最も注目された点であったので，最後に南南協力についてのBetterAidはどのような考えを持ち，シェルパにも参加する中で，BODプロセスでどのような態度をとっていたのかもまとめておこう。

　南南協力について，BetterAidは2010年に「南南開発協力に関する政策ペーパー」(Policy Paper on South-South Development Cooperation：BetterAid 2010c) を発表した。南南協力が，一方で新興ドナーも自らも南の一員であり南の問題をよく理解していること，南南協力ではコンディショナリティが少ない傾向があることなどのメリットをあげている。その一方で，新興ドナーである中所得国は，政治的・経済的利害から周辺の貧しい国と不平等な関係を築くことがあり，また人権・ジェンダー平等・働きがいのある人間らしい仕事などに関する国際的合意を軽視し，透明性やアカウンタビリティが不十分である。

　「南のドナーは，自分たち自身で様々な開発問題のチャレンジを抱える中で，DACのガイドラインやパリ宣言，AAAなどで決められた北のドナーの基準で判断されるのを嫌がることは理解できる」としながらも，南の援助も貧困層へのポジティブな影響を与えるためには「南南協力は一定の規範と原則に適合すべきである。さらに主要な新興国と他の途上国間のすでにある従属の関係をさらに強化しないことを保障すべきである」(同上4) とし，南南協力について要約すると以下の提言を行った。

- 南南協力の基本的原則として人権・社会正義・持続可能性を促進し，国際人権法・条約を南南協力の基本的枠組みとする
- 南南協力を，すべての南の人びとと国が利益の共有，共通の目的，平等，連帯の原則にもとづき，経済的独立と自立を追求する戦略として促進する
- 最大限の公開性・透明性を持つ
- 援助国・被援助国両方ですべての市民の「民主的オーナーシップ」とアカウンタビリティを強化する
- 債務帳消し，債務を増大させない
- DAC諸国，新興ドナー，途上国政府，市民社会の代表からなる対等で，透明で，インクルーシブな援助ガバナンス・システムを構築する (同上：5-8)

第4章　援助効果の議論における CSO のアドボカシー活動

　BetterAid は BOD プロセスで南南協力についてどのような態度をとったのだろうか。BOD1 では,「共通のかつ差異のある責任」（common and differentiated responsibility）[18]を持った多様なアクターが開発協力にかかわっていること,北から南の開発協力だけでなく南南協力も重要になっていることが盛り込まれた（OECD 2011c : Para. 4）。BOD1 に対するコメントで BetterAid は「新しいドナーに援助効果の原則と良い実践事例に適合することを奨励する」ことを求めた（BetterAid 2011a : 4）。

　中国が南南協力に援助効果の原則を適用しないように求め始めたのは BOD 3 以降であった。BOD3 のパラグラフ4は,南南協力,三角協力,官民パートナーシップなど新しい援助形態が台頭していることを述べているが（OECD 2011g Para. 4),中国はこのパラグラフに,南南協力は北から南への協力と異なり「援助効果の原則と基準は OECD-DAC 諸国にのみ適用されるべきだ」という文言を追加すべきだとの提案を行った（OECD 2011k : 12）。

　第1回シェルパ会議では,中国は,南南協力が北から南への協力と異なることを再度主張した上で,BOD3 の文案では,南南協力には援助効果の合意事項の中に適用できないものがあることが明確でなく,合意できないと述べた（OECD 2011i : Para. 18）。さらに援助の透明性の原則も南南協力に当てはめるべきでないと主張したが,これに対しては多くの出席者から援助効果の諸原則な南南協力にもあてはめられるべきだとの反論が出た（同上 : Paras. 32, 34）。メキシコがセクターや援助形態による差異についての明文化を提案し,BetterAid が賛成したこともあり,メキシコ・中国・BetterAid と議長の間で文案を練ることとなった（同上 : Paras. 17, 18, 20）。その結果,BOD4 では新しくつくられたパラグラフ12.5の中で,新興国は引き続き開発のチャレンジに取り組み援助の受益者である一方で他の途上国に対する責任を負い始めていることと,HLF4 で共通の目標達成のための行動を実行する重要なアクターであることを述べた（OECD 2011j : Para. 12.5）。

　第2回シェルパ会議では,中国は南南協力と北から南への協力との違いを明確にするパラグラフの新設を要求した。一方,BOD4 のパラグラフ12.5について,フランスは両者の違いよりも補完性に重点を置いた表現にすべきと述べ,EU・ルワンダ・日本は文言を変えないが補完性に重点を置くべきだとの

意見を述べた（OECD 2011l : Para. 11）。ここで BetterAid の発言は特に記録されていない。さらに議長，事務局より BOD 5 ではパラグラフ13として，南南協力の台頭をあげ，「南南協力のモダリティとアプローチは北から南への協力とは異なるが，それぞれの状況にもとづいて，合意された原則と行動が満たされるよう努力することが奨励される」と提案された（OECD 2011m : Para. 13）。

しかし中国は前述のように南南協力への援助効果の諸原則の適用は任意であることを明記したパラグラフがなければ HLF 4 を欠席すると主張し，その結果パラグラフ 2 が BPd に挿入された。パラグラフ 2 の挿入が決まった際に，BetterAid は別のパラグラフで南南協力にも国際開発目標や国際人権基準を適用することの明記を求めたが，受け入れられなかった。

南南協力については，BetterAid は政策ペーパーをつくり，差異に理解を示しながらも共通の責任を強調していた。シェルパ会議では，「共通のかつ差異のある責任」の考え方に理解を示したが，HLF 4 で最も注目を集めることとなった新興ドナーについて明確な立場をとることはできなかった。

おわりに――CSO の提言の特徴と成果

本章では，パリ宣言直後の CSO の提言から始まって，HLF 3 と AAA に関する提言，HLF 4 と BPd と，援助効果をめぐる国際的な議論において CSO はどのようなことを提言し，そして何を達成したのか，何は達成できなかったのかを見てきた。特に WP-EFF に正式メンバーとして参加し，また BOD プロセスにはシェルパの一メンバーともなって参加した HLF 4 のプロセスに注目した。

1 テーマ設定の変更

CSO は，少なくとも HLF 3 以後は，援助効果というテーマを開発効果というテーマに設定し直すことを大きな目標とした。この点については，BOD 1・2 で文書名案が「開発効果のためのプサン・パートナーシップ」であったのが，開発効果ということばに関する共通の理解の欠如や，文書の対象を北から南への開発協力に限りたい新興ドナーの存在もあり，BOD 3 以後「効果的な

第4章　援助効果の議論におけるCSOのアドボカシー活動

開発協力のためのプサン・パートナーシップ」となり，この文書名で採択された点で目標は未達成であった。しかし，パリ宣言が「援助効果」に関する文書だったのが，BPdは「効果的な開発協力」に関するものとなったこと，パラグラフ24が「援助は開発の解決策の一部でしかない。私たちの焦点と注目を援助効果から効果的な開発へのチャレンジに広げる時が来た。これは新しい開発のビジョンを必要とする」としたことは，単に援助の効果に問題を限らないことを鮮明にしたともいえる。

また，CSOのいう開発効果は，貧困削減・環境・人権・ジェンダー平等といった課題にどのような効果をもたらすのかという意味であるが，次に述べるように人権・ジェンダー平等・環境が共通目標であることは，政策・実務規範として確認された。

2 「人権規範」にもとづく「成長による貧困削減規範」への挑戦

パリ宣言やAAAでは，開発アプローチに関する規範はあまり明確でなかった。HLF4では，特にBPdのパラグラフ28aとパラグラフ32に現れたように，開発とは経済成長が主導するもので，民間セクターや市場原理の役割を重視する「成長による貧困削減規範」が支配的であることが明確になった。これに対してCSOは，RBAを中核とした「人権規範」を支配的な開発アプローチに関する規範として主張した。RBAは国連諸機関や援助効果の議論をリードした北西欧諸国も重視したアプローチであった。RBAをBPdの開発アプローチ規範にすることをBetterAidは繰り返し主張したが，Nordic＋からRBAを示唆するパラグラフの新設提案はあったものの，他のメンバーの賛同を得ることはできず，CSOの役割の1つとしてしか記述されなかった。

AAAのパラグラフ3と13c，BPdのパラグラフ3と11では，国際的な合意にもとづいて人権を促進することが明記された。特にBPdパラグラフ3での人権の言及については，フランス・韓国・ルワンダといった諸国から全参加国の合意を図るうえで——おそらくは中国やベトナムの反対を念頭に——微妙な問題の議論は避けるべきとの慎重論も出されたが，アメリカ，イギリス，CANZ，CARICOM，Nordic＋，EU，UNDGの支持もあり，最後はアブデル

＝マレク議長の決断で，国連ミレニアム宣言で述べられていることをふれる形で挿入された。その意味で，「人権規範」を開発アプローチに関する規範として採用させることは達成できなかったが，政策・実務規範の1つとしては確認された。人権を促進することはAAAパラグラフ3でも述べられたことであり，BPdでの人権の扱いはAAAより進展したとはいえない。

またジェンダーに関しては，BPdでジェンダーを扱うパラグラフ20を設けることができた。当初ジェンダー平等は「持続可能でインクルーシブな成長」の手段とされたのが，アメリカやUNDGの賛同もあり，「それ自体が目的」であることも明記された。「女性の人権」を明記することはできなかったが，ジェンダー平等は政策・実務規範としては受け入れられることとなった。

3 政策・実務規範——オーナーシップを中心に

政策・実務規範の中でも，本書では国際開発におけるアクターとして国家と市民社会の役割を考えるうえで重要なオーナーシップに関するものに注目してきた。パリ宣言のオーナーシップは，本書でいう「国家中心型オーナーシップ」ではないかとCSOは批判した。

HLF3に向け，CSOは「民主的オーナーシップ」を「国家中心型オーナーシップ」に代わるオーナーシップに関する規範として提唱した。AAAでは「民主的オーナーシップ」ということばはないものの，パラグラフ13で，オーナーシップが国家政府に独占されるのではなく，議会，地方自治体，CSOなどのアクターの重要な役割を述べる文言が入り，「民主的オーナーシップ」規範の考え方は部分的に採用された。

HLF4に向け「民主的オーナーシップ」はBetterAidの主張の中核の1つとなった。BODプロセスでは，第17回WP-EFF会議で「インクルーシブなオーナーシップ」に言及することに合意し，その後EUの提言もあり，BOD4以降，共有される原則はただオーナーシップとされたものの，導かれる原則として「民主的オーナーシップ」と明記され，最終的なBPdの文言となった。基本原則として明記されなかったものの，それに準ずる形で「民主的オーナーシップ」はHLF4で規範として受け入れられたといえよう。

このことは第6章で述べるCSOの政策・制度環境の問題とも深く関連する

第4章　援助効果の議論におけるCSOのアドボカシー活動

●表4-4　BODプロセスでの課題の達成度と要因

	人権を開発の規範の1つに	ジェンダー平等：パラグラフをつくり、目的そのものとして言及	民主的オーナーシップ	BODの名称を開発効果に	RBA	女性の人権
達成度	達成	達成	部分的達成	未達成	未達成	未達成
賛同したアクター	アメリカ，イギリス，CANZ，CARICOM，Nordic＋，EU，UNDG	アメリカ，UNDG	EU		Nordic＋が示唆	
賛同しなかったアクター	フランス・韓国・ルワンダ				フランス・韓国・ルワンダ	
(潜在的)拒否国	(中国・ベトナム)			新興ドナー	新興ドナー	
既存の合意との関係	ミレニアム宣言や国際的合意		AAAで部分的に採用			
備考	AAAに比べて進展したとは言えない		基本原則に入れられなかったが、準ずる形に	BOD3以降の後退、共通の理解の欠如	CSOの役割として言及、共通の理解ができていない	

（出典）筆者作成

こととなる。

4　受け入れられる要因，受け入れられない要因

　HLF4に関しては，援助効果から開発効果へ，人権とRBA，ジェンダー，「民主的オーナーシップ」の4つの課題について，BODプロセスでCSOがどのような主張・提言を行い，どのような議論のプロセスを経て最終的な結果がどのようになったのかを述べてきた。**表4-4**は課題の達成度（CSOの評価も踏まえた上での筆者なりの評価）と要因——賛同したアクターとしないアクター，（潜在的）拒否国，既存の合意との関係——を整理したものである。

　人権を規範の1つに入れることや，ジェンダー平等について成長の前提だけでなく目的そのものでもあることも述べたこと，「民主的オーナーシップ」について基本原則に準ずる形で明記されたことについては，それぞれ賛同したアクターがあった。RBAについてはNordic＋がそれを示唆する提案を行ったが

明確なものではなく，支持者はUNDGだけであった。BODの名称を通じて課題を援助効果から開発効果にすることや女性の人権を明記することには賛同者がなかった。

逆に開発効果への問題設定のし直しには新興ドナーの反対があった。また人権については強い文言を入れることについて，新興ドナーが反対することを懸念してフランス・韓国・ルワンダが慎重であった。しかし人権を規範にすることについては賛同者が多く，パラグラフ3でミレニアム宣言に言及する形で挿入するアブデル＝マレク議長の決断となった。

また人権を開発の規範の一つとして明記することや「民主的オーナーシップ」にはすでに合意された文書があることでもあり，正面から反対しにくいことでもあった。人権に関しては，多くの賛同者がある一方で慎重派もいる中で，アブデル＝マレクはミレニアム宣言に言及することで巧妙にコンセンサスをつくったともいえよう。

最後に，開発効果については共通の理解が欠落していたことも，文書名を通じて課題の設定をし直すことの妨げとなっていただろう。また，RBAについては共通の理解がない。

整理すると，CSOの主張や提言が受け入れられる要因――「規範のライフ・サイクル論」の用語に従えば，TTPに達する要因――として，

① CSO以外のアクターで賛同者があること
② 拒否国，あるいは潜在的拒否国がないこと
③ 賛同者も潜在的拒否国もあるときは，賛同者の数が多いこと
④ 既存の合意を確認する場合は受け入れられやすい

をあげることができよう。

逆に，受け入れられにくい要因としては，

① CSO以外のアクターで賛同者がないこと
② 拒否国・潜在的拒否国があること
③ 課題について共通の理解がないこと
④ 人権に関する強い表現

があげられよう。

　3分の1の国か核心的に重要な国の同意をTTPの条件とするフィネモアとシキンクの「規範のライフ・サイクル論」との関係でいえば，賛同する国が3分の1という数はこの場合は当てはまらなかった。核心的に重要な国であるが，WP-EFFメンバーの中で18のメンバーを選出した——しかもDAC諸国から5メンバーをいかに選ぶのかは議論があった——シェルパ会議のメンバーの中で，核心的に重要なメンバーをあげることができるのかも議論があろう。ただ，表4-4で賛同したアクターに入っているメンバーのうち，アメリカ（最大のODA供与国），イギリスとNordic+（援助効果をめぐる議論を主導した諸国で，イギリスはそのリーダー格），EU（OECDはもともと西ヨーロッパ諸国の組織であった），国連を代表するUNDGはいずれも「核心的に重要」といえる要素を持つメンバーであったといえなくもない。「規範のライフ・サイクル論」は特に大国のうち反対する国の存在にもかかわらず合意が成立することを述べるが，援助効果の議論——特にHLF4——段階では，「クラブ的性格」を持つOECDのメンバーでない中国をはじめ新興ドナーの反対や潜在的反対が影響力を持った。

5　CSOの正式参加の意義とジレンマ[19]

　CSOにとって，援助効果の議論は，特にHLF3以後，HLFやWP-EFFで正式メンバーとなり，BODプロセスではシェルパの一員として主権国家や政府間国際機関の代表と同列で参加した点で画期的であった。そのことの意義とジレンマを考えて，本章を締めくくろう。ジレンマを先に述べて，その上でそうしたジレンマもあったにもかかわらず意義は何であったのかを考えてみたい。

①　CSOの正式参加のジレンマ——グローバル市民社会を1・2人で代表することの難しさ

　WP-EFFではCSOの2名の枠が与えられ，通常はBetterAid共同議長であるトゥハンとAWIDの代表が，テーマによっては他の者が代行する形で参加した。またBODプロセスでのシェルパにはトゥハンが参加した。WP-EFFの各クラスターについては，2009年のヨハネスブルグ会議でそれぞれの代表者2

名を選出した（BetterAid 2009a）。

　BetterAid には世界から700の CSO が参加していたし，BGCSF には Open Forum にもっぱら参加していた CSO も含め750名が出席した。このグローバル市民社会が，HLF 4 では BetterAid の「1つの名前の下で」(under one name) で CSO として参加することが BGCSF で確認された。

　しかしながら，多様性はグローバル市民社会の特徴ともいえ，「1つの名前の下で」ということ自体が1つの矛盾でもある。実際，例えば BGCSF に出席していたが関心を限定していたヨーロッパのある CSO は，「1つの名の下で」ということは，CSO の多様性を軽視し違和感があると語っていた。[20]

　当然のことながら，援助効果のテーマの下で議論された広範な諸問題に関しては，CSO の間で多様な見解があった。いくつか例をあげてみよう。

　BGCSF 全体会で，HLF 4 後の議論の枠組みについて，「OECD は先進国クラブであり，普遍的国際機構である国連に議論の場を移すべきだ」という意見と，「国連は主権国家を正式メンバーとする組織であり，議論の場を国連にした場合には，CSO は既存の経済社会理事会の NGO 協議制度の下で参加することとなり，これまでのような CSO の正式メンバーとしての参加はできなくなる」という意見とがあり，CSO としての統一見解はなかった。[21]

　BGCSF での個人的な雑談を通じてであるが，シェルパ会議でトゥハンが「共通のかつ差異のある責任」の明文化に賛成したことは，BetterAid の南南協力に関する提言と一致しないものであるし，中国を後に増長させる要因になった可能性もあるとの批判は複数の人から聞いた。トゥハン自身は筆者のインタビューに対して「長い目で見て，中国を援助効果の議論に参加させることが重要であると考えたからだ」と述懐している。[22]

　BGCSF 初日にトゥハンが重要な獲得すべき課題として5つをあげ，3つを達成できなかった場合に退席も辞さないと発言したことについても賛否両方の感想があった。3つというのが5つのうち特定の3つを指すのか，それがどの3つなのか，それとも5つのうちどれでもよいから3つという意味なのか，不明確であり，BGCSF の会場でさまざまな憶測を招いた。[23] 多様な CSO がかかわるグローバル市民社会を代表して1名でシェルパ会議に参加するトゥハンと，世界中から集まった多様な CSO との間の意思疎通の難しさを表している。

トゥハンはシェルパの経験を振り返りつつ，「各国のシェルパは自国の閣僚などの上司に相談すればよいのだが，自分は世界の何万ものCSOを代表していた点で特殊な存在であった」と述べていた。[24]

② CSO正式参加のジレンマ──全体への共同責任

CSOが正式メンバーとして参加したHLF3以後の援助効果の国際的議論に参加したことは，CSO（の代表者）が，主権国家や政府間国際機構の代表者と対等に責任を負うことでもあった。一般に国際交渉において，ある参加者がすべての主張に他の参加者の同意を得ることはまれであろう。援助効果の議論に公式参加したCSOもあらゆる国際交渉の参加者と同様に，すべての参加者は合意をめざしつつ，一定の妥協を強いられる点も，CSOは国家政府アクターと同様であった。退席を辞さないと発言することの是非が議論されるのも，多くの妥協をした場合はCSOとしての独自性を失うことでもある一方で，CSO（の代表であるトゥハン）も合意に向けて建設的に努力する義務を負うからであった。筆者のインタビューに対して，トゥハンはこれまでのような国家政府アクター間の交渉の外でアドボカシー活動を行うのとは違って，公式参加する以上，他のシェルパと共同して合意に達すべく努力する義務を負うこと，そのためにどこで妥協するのかの難しさを常にともなっていたと述懐する。[25]

また，従来支配的であった国際的政策決定の場にCSOがオブザーバーや意見表明権つきのオブザーバーといった資格で参加する場合と異なる点は，CSOは自分たちの関心事でないこと，専門知識を持たない問題についての決定にも参加しなければならなかったことである。

③ CSOの正式参加の意義

以上のようなジレンマを整理したうえで，ではWP-EFFに，シェルパ・グループにBetterAidが参加した意義は何であったのだろうか。従来国家政府アクターで構成されていた組織に正式参加したことは，第1章で紹介したトゥベントのいう「Dostangosシステム」の一員になること（少なくとも表面的にいえばそういうことになる）を意味したのだろうか。トムリンソンのインタビューからいくつか引用してみよう（同上：74-76）。

> 私たちはプサンで成果をあげる責任から妥協しすぎたのだろうか。これは答えるべき重要な問題の1つである。コンセンサスづくりにはつてにトレードオフがあるのだか

ら，間違いなく市民社会として私たちのアジェンダを完全に押し通すことはできなかった。つまり外にいるよりかは，私たちの声は強力で進歩的ではなかった。しかし問題はもし私たちが外にいたのならば成果文書にどのような違いをもたらしたかである。(中略) 私たちは開放的な経済を推し進め，人権についての市民社会の要請を無視する成果文書でよかったのだろうか (Anne Schoenstein, AWID)。

私たちは関わると決めて，アジェンダも持っていた。だから私たちは参加すること自体が目的だったのではない。私たちは効果とは何であるべきかという枠組みを持って開発効果のアジェンダを追求するために参加した。私は取り込まれたとは思わない (Vatilice Meja, RoA Africa)。

　BetterAid が正式参加者となった意義としては，採否の程度はさまざまであったが，CSO の視点を国際的な規範形成に反映できたことがあげられよう。「民主的オーナーシップ」は CSO が「規範起業家」となり，「国家中心型オーナーシップ」に代わり国際的な規範として AAA や BPd で受け入れられることとなった。人権やジェンダーについても CSO の主張が部分的に受け入れられた。「私たちは開放的な経済を推し進め，人権についての市民社会の要請を無視する成果文書でよかったのだろうか」という見解は，CSO が公式に参加していたからこその内容が BPd にあったということであろう。

　「CSO は実質的な方法で新しい問題を提示したと広く認識された」(同上：34) ことが重要である。国際交渉に正式メンバーとして参加するアクターの権利を持つとともに義務も負わされたが，そのことが「飼いならされた」「取り込まれた」ことを意味すると考えるべきでないであろう。

1　日本からは，日本国際ボランティアセンター (JVC)，国際協力 NGO センター (JANIC)，アジア太平洋資料センター (PARC)，TICAD 市民フォーラムの4団体。
2　イギリスの海外開発研究所 (ODI) のブース (David Booth) は「民主的オーナーシップ」が広く支持されることを認めつつも，議会や市民社会もそれぞれ追求する利益があり，「民主的オーナーシップ」が必ず援助効果に資するわけではないと指摘する (Booth 2008)。
3　第2章でも述べたように，2011年10月にコンダースは国連コートジボワール活動 (UNOCI) 代表に就任したため，第18回 WP-EFF 会議を最後に辞任した。
4　以上の経緯は主に DAC 議長のアトウッドの回想 (Atwood 2012：16-18) にもとづく。
5　11月28日以降，HLF 4 期間中のシェルパ会議に関しては，最終的な成果文書のとりまとめに同席した事務局スタッフが集中したことから，議事録要約は作成されていない (筆者のメールによる照会に対する OECD 事務局の返答)。

6　筆者の BGCSF のメモより。
7　このワークショップのレポートは公開されていない。
8　カリブ共同体。カリブ海，南米の15の国と地域が加盟。
9　筆者によるインタビュー（2013年12月15日）。
10　筆者の BGCSF のメモより。
11　筆者によるインタビュー（2013年12月15日）。
12　同上。
13　同上。
14　AWID のパリ宣言に関するコメントは，AWID（2008）にまとめられている。
15　この文書には著者名は記されていないが，コメントの送付先は AWID となっていて，現在でも AWID のホームページでアクセスできる。
16　11月4日以降に文書で提出された BOD 3 および 4 への修正提案は，OECD（2011i）として11月18日のシェルパ会議で提出された。
17　第2回シェルパ会議の議事録では，オーナーシップをめぐる議論は特に記録されていない。
18　1992年にリオデジャネイロで開催された国連環境開発会議（地球サミット）において，地球環境に関し先進国・途上国を問わず地球環境を守る共通の責任がある一方で，それまでの環境悪化の責任は主に先進国があることを踏まえ，「共通だが差異のある責任」(common but differentiated responsibility) が同会議で採択された「リオデジャネイロ宣言」や「アジェンダ21」に記され，気候変動をはじめとする地球環境の諸問題における重要概念の1つになってきた。援助効果の議論でもこれに倣う議論が行われたが，議事録では「共通のかつ差異のある責任」(common and differentiated responsibility) という文言が残されている。
19　トムリンソンは CSO の正式参加のジレンマと問題点を，①政府間交渉における CSO の代表性の難しさ，② CSO の多様性，③プロセスへの CSO の参加の持続，④ CSO は交渉プロセスのルールを変えることができたのか，⑤公的ドナーのアジェンダに巻き込まれる可能性の5つに整理している (Tomlinson 2012：70-76)。それも参考にしつつ，筆者なりに CSO の正式参加のジレンマを整理しなおしてみた。
20　筆者によるインタビュー（2013年4月）。なお，本人の希望により匿名。
21　詳しくは，馬橋（1997；2007）を参照。
22　筆者によるインタビュー（2013年12月15日）。
23　以上，このパラグラフの記述は，筆者自身の BGCSF への参加の経験にもとづく。
24　筆者によるインタビュー（2013年12月15日）。
25　同上。

第5章　CSO の開発効果の規範づくり

はじめに

　援助効果をめぐる CSO のかかわりの特色は，第4章で見た ODA に対するアドボカシーを行うだけでなく，CSO 自身の開発効果を向上させるための規範づくりを行ったことであった。第3章でも見たように，CSO の開発効果については，HLF3 以前はマルチステークホルダー・プラットフォームである AG-CS で，HLF3 前後から HLF4 前後までは世界の CSO のプラットフォームである Open Forum で議論された。そして Open Forum では，2010年9月にイスタンブールで開催された第1回世界総会で8つの原則からなる「CSO の開発効果に関するイスタンブール原則」(Istanbul Principles on CSO Development Effectiveness：イスタンブール原則) が，2011年6月にはシェムリアップで開催された第2回世界総会ではイスタンブール原則を含んだ「CSO の開発効果の国際枠組みに関するシェムリアップ・コンセンサス」(Siem Reap Consensus on the International Framework for CSO Development Effectiveness：シェムリアップ・コンセンサス) が採択され，グローバル市民社会としての規範づくりの目標が達成された。

　Open Forum による CSO の開発効果の規範づくりの背景の1つには，後述のように CSO の正統性への疑問があった。Open Forum の活動は，第1章で紹介したブラウンとジャガダナンダのいう実際的正統性と経験にもとづく正統性，ショルテのいうパフォーマンスの正統性，山本吉宣があげる専門性・知識・活動実績を高める取り組みといえよう。

　この章では，AG-CS での CSO の開発効果の議論を紹介した後，特に Open Forum における CSO の開発効果に関する議論を検討し，CSO の自らの規範

としてのイスタンブール原則とシェムリアップ・コンセンサスの意義を検討したい。

1 本章の研究の視角

1 CSO の開発効果の規範づくりの特徴

　本章の課題の1つは，CSO の開発効果の規範づくりのプロセスはどのような特徴があったのかを明らかにすることである。第3章で述べたように，Open Forum は各国・地域やテーマ・セクターごとのコンサルテーションを実施し，その成果を踏まえて第1回世界総会をイスタンブールで開催し，イスタンブール原則を採択した。さらにイスタンブール原則に関するリアクション収集や精緻化のために各国でコンサルテーションが開催され，それらを受けて2011年6月にカンボジアのシェムリアップで第2回世界総会を開催して，シェムリアップ・コンセンサスを採択し，CSO の開発効果の規範を完成させた。ボトム・アップ，参加型のプロセスであったが，多様な文脈で活動する世界の開発 CSO が規範に合意したプロセスはどのような特徴を持っていたのか，プロセスを詳細に検討しながら考察したい。

2 規範としてのイスタンブール原則，シェムリアップ・コンセンサスの特徴

　第1章で述べたように，近年の開発アプローチに関する規範には「成長による貧困削減規範」と「人権規範」の2つの潮流があるが，イスタンブール原則やシェムリアップ・コンセンサスに現れた CSO の開発効果は，開発規範という点でどのような意味で CSO としての独自性が現れた規範なのだろうか。また CSO の政策・実務規範としてどのような特徴を持つのだろうか。パリ宣言をはじめとする援助効果の政策・実務規範とどのような関係にあるのかを検討したい。

2 なぜCSOの開発効果に取り組んだのか

1 なぜCSOの効果か

　AG-CSでCSOの効果に取り組み，そしてCSOがOpen Forumを創設して自らの効果について取り組んだ背景は何だろうか。パリ宣言が採択され，CSOが南のオーナーシップをはじめとした諸原則を歓迎しつつも，様々な批判を加えた（第4章）が，これに対し途上国政府，公的ドナー双方からCSOのあり方についても様々な批判が出たことがある。それらを要約すると以下の3点にまとめられよう。

　第一に，CSOの正統性をめぐる問題である。OECD開発センターのオーナーシップに関するワークショップではCSOの正統性についての意見は割れたが，正統性を疑問視する出席者は，援助効果への責任や，納税者に対するアカウンタビリティを究極的に負うのは政府機関なのだから。開発援助で中心になるのは国家間関係である一方で，CSOが市民を代表する正統性はないとした（Zimmerman 2007：6）。

　第二に，パリ宣言との関係である。パリ宣言は，パートナー国は「援助機関の間の調整に主導権を持ち，市民社会や民間セクターの参加を奨励する」（Para. 14)，援助機関は「最大限中央政府主導の戦略に整合させ，それができない時は，国・地域・セクター・非政府のシステムを最大限利用すべきである」（Para. 39)，パートナー国は「国家開発戦略の形成や実施の進捗状況の評価の時に幅広い開発パートナーを関与させることによって参加型アプローチを強化する」（Para. 48）の3か所でCSOに関連することを述べているが，CSOにパリ宣言が適用されるのか不明確であった。南北の国家や有識者の間ではCSOにも適用されるべき，あるいは「CSO版パリ宣言」が必要だとの意見が出ていた（Zimmerman 2007：6-7；Koch 2008)。CSOの北から南への援助額がODAの20～25％にも達し，特に巨大多国籍CSOの援助額は中小の援助国のODAを上回るにもかかわらず，CSO自身の効果にも問題があり，しかもCSOが自分たちの効果の問題を避けたがっているのではないかという疑念が公的ドナーの間にあった。CSOの援助先に地域的偏在があること（Koch：

2009),北のCSOの南での直接の活動が依然多く,あるいは南北のCSOの関係が北に一方的に優位な関係で南のオーナーシップを尊重していない,CSOもアカウンタビリティが十分でないことがあげられている。CSOの側では,パリ宣言がCSOに適用された場合,CSOも途上国政府の開発戦略への整合性を求められ,活動の自由が制約されることとなることへの警戒があった。

　第三に,援助効果議論の背景にあった「援助の氾濫」「援助の断片化」の問題(第2章)は,CSOも引き起こすアクターの1つであることは否定できない。CSOの活動が多い教育・保健などのBHN・社会開発関連分野では,CSO・二国間ODA・国連機関などの類似のプロジェクトが乱立・競合しているケースが少なくないことは指摘されてきたし,筆者も見てきた。途上国政府の中には,CSOのプロジェクトがかえって政府のサービス供給の活動を妨げているのではないかという懸念もあり,また政府とCSOの活動の重複・競合を避けるためにも,CSOとの情報共有や相互調整を行いたい国もあった(Task Team 2011b：10)。このこともまた,パリ宣言はCSOにも適用されるべきとの主張につながった。

2　CSOの効果に取り組むことへの懸念

　AG-CSがCSOの効果をテーマとしたときに,CSO内部から懸念の声もあった。第4章で紹介したHLF4の成果文書のシェルパとなったトゥハンがその1人である。HLF3プロセスをまとめたウッドとバロのレポートでのインタビューに対して,

> AG-CSの最初の意向はCSOの効果を話し合うというものだった。この意向は脅威であった。なぜならばCSOはHLF3の政府間の合意に影響を与えようとしたのだから……AG-CSは「あなたたちのアカウンタビリティはどうなのですか」と(南北の政府がCSOに)問う公式の方法の1つのように思われた(Wood & Valot：12)。

と答えている。

　また,AG-CS結成のCIDAをはじめ公的ドナーの意図が,CSOにもパリ宣言を適用させることや「CSO版パリ宣言」をつくることにあったのではないのかという警戒や懐疑心,あるいはCSOの効果に取り組ませようとする公的

ドナーの姿勢は「あめとむち」とでもいえるものだったという感想が CSO の間にあった (Wood & Valot : 12, 66, 95)。

3 AG-CS での議論と AAA

1 AG-CS での議論

　AG-CS での CSO の効果に関する議論は，ヘーネサンド・ガティノー両フォーラムの記録や HLF 3 への提言を見ると，第 6 章で論じる政策・制度環境の問題と，CSO の南北パートナーシップのあり方が中心であった。

　AG-CS ヘーネサンド・フォーラムでは，パリ宣言の 5 原則をもとに，現在の CSO の活動について以下のように議論された[3] (Sida 2007 : 25-27)。

- オーナーシップ：南のオーナーシップは CSO でも重要である。しかし実際に何を意味するのかは簡単でない。北の CSO が南の現地事務所で現地人を雇うことでオーナーシップの尊重といえるのか，どこまで草の根の人びとの参加を伴えば真のローカルなオーナーシップといえるのかなど考慮すべき問題は多い。
- 整合性：北の CSO が南のパートナー CSO の制度や手続きに整合性を持つのは重要である。
- 調和化：観点やアプローチの多様性は市民社会の重要な長所である。したがって支援方法の調和化ではなく，観点の多様性にもとづいた対話が重要である。
- 成果のマネージメント：長期的な政治的・社会的変革の視点から成果を測定・監視する方法を探る必要がある。
- 相互のアカウンタビリティ：南北 CSO 間の関係で重要であるが，南の CSO のアカウンタビリティは問われても，北の CSO はあまり問われていない現状が問題である。

こうして南北の CSO 間の北優位の不均等な力関係は AG-CS での議論の焦点の 1 つになっていった。

　特に地域コンサルテーションでは南の CSO から，北の CSO との関係について以下の批判が出された。

- 北の CSO の戦略や優先順位が南の CSO の活動の方向性を左右すること
- 情報力やリソースに勝る北の CSO がアドボカシーやキャンペーンの課題を設定する傾向があること

●表5-1　南北市民社会対話（ナイロビ：2007年11月）であげられたCSOの効果の諸原則

南のCSOのあげた原則	北のCSOがあげた原則
最貧層，最も周縁化された人々に最も注目	援助効果ではなく開発効果
社会正義	平等にもとづくパートナーシップ
透明性	相互のアカウンタビリティ
社会連帯	人権
平等	ビジョンの共有
民主主義	信頼
ジェンダー平等	社会正義
資金の追跡可能性	透明性
連帯	対話
包摂的な参加	コミットメント
相互の尊重とアカウンタビリティ	多様性
学習と共有	連帯
政治的主流からの独立	エンパワーメント
	自律
	共通の価値

（出典）　Open Forum（2009x：27）

・南のCSOから北のCSOの現地事務所への「頭脳流出」が起こり，北のCSOの影響力の強化が進むこと

限られた専門家による計画策定がむしろ地域コミュニティの影響力低下を招いているのではという懸念である（AG-CS 2008a：20-23）。

　ガティノー・フォーラムでも「南北CSO間の不均等な力関係が真の持続可能なパートナーシップへの特に重要なチャレンジ」（AG-CS 2008b：23）であるとして，北のCSOの南での直接活動や，一部団体の巨大化の意味も含めて議論された。その一方でAG-CSのプロセスでは南北CSOのパートナーシップやネットワークを通じたより南が発言力を持つ開発活動やアドボカシー活動の事例も多く紹介された（AG-CS 2008d；2008e）。

　HLF 3への提言では，CSOがネットワーク，ワーキング・グループなどを通じて活動を調整することが支援されるべきことと，「南のCSOが活発に活動

し社会における地位を強化するために，南北のCSOが，それぞれが比較優位を持つ領域と適切な役割分担を明確化すること」を勧告している（AG-CS 2008c：19-20）。

議論の中心は政策・制度環境と南北パートナーシップであったが，AG-CSのコンサルテーションでは，Open ForumでのCSO開発効果の原則づくりにつながる議論もあった。2007年10月のブリュッセルでの北のCSOの地域ワークショップでは，民衆中心（people-centered），貧困問題に焦点を絞る（poverty-focused），人権と社会正義（social justice），長期的で真の（genuine）パートナーシップ，持続的なインパクトと成果，透明性・アカウンタビリティ・自律性の継続的強化が原則として参加者からあげられた（Open Forum 2010a：26）。2007年11月のナイロビでの南北市民社会対話では，南北に分かれてCSOの開発効果の原則をあげるワークショップが行われたが，南北から表5-1のような原則があがった。

AG-CSで南北CSOパートナーシップが焦点の1つとなったのは，こうした南北CSOの考え方の違いが背景にあろう。

2 AAAでのCSOへの言及

HLF3で採択されたAAAでは，パラグラフ20としてCSOに関するパラグラフが設けられた。

パラグラフ20（私たちは市民社会組織との協働を拡大する：全文）：私たちはCSOとの協働作業を深める。CSOは独自のアクターであり，その取り組みは政府や民間アクターのものを補完する。私たちはCSOが完全に潜在力を発揮して開発に貢献できることを保障することに関心がある。そのために，
 a）私たちはCSOが，CSOの視点にもとづいてパリ宣言をいかに適用できるのか検討することを招請する。
 b）私たちはCSOの開発効果を促進するCSO主導のマルチステークホルダー・プロセスで協働するという提案を歓迎する。その一部として私たちは，ⅰ）CSOと政府の取り組みの調整を向上させること，ⅱ）CSOの成果のアカウンタビリティを強化すること，ⅲ）CSO活動の情報を向上させることを求める。
 c）私たちはCSOとともに，その開発への貢献を最大化できる政策・制度環境を提供する。

「独自のアクター」という部分と，ｃは政策・制度環境に関することなので，第6章で論じる。そしてすでに設立されていたOpen ForumはAAAパラグラフ20の実現をめざすべく活動していくこととなった。ただし，パリ宣言をCSOに適用すること自体はCSOは反対であったのだから，20aに関してはCSOの活動の効果に関する原則をつくるということである。

HLF3時にCSOの効果に関する取り組みはどのように評価されていたのだろうか。ウッドとバロが行った公的ドナーの関係者に対するインタビューからいくつか紹介しよう（Wood & Valot 2009：94-97）[4]。

> CSOのHLF3への参加は成功であった。しかし，CSOは自分たちの援助効果について何も持ってこなかった。私たちは皆，CSO自身の効果についてより高いコミットメントを求めた。公開性と透明性が高いことはCSOの特質である。しかしCSOは批判を受け入れ，自分たちの効果の問題に取り組むことを受け入れる準備ができていないと感じることもあった。将来への進展のための戦略的課題である。CSOはHLF4には適正な自己規制メカニズムを持ってこなければならない（Tomas Brudin，スウェーデン外務省）。

> CSOは自分たちの効果についてのプロセスをはじめることで，自分たちのことを問い直すことを受け入れようとしていた（Hubert de Milly, OECD）。

> 多くのCSOは自分たちの身の回りを整えなければ（put their house in order）ならないことを理解している。彼らの正統性を高める必要がある……CSOは5年後にも資金にアクセスしたいならば，自分たちの効果について関心があることを示さなければならない。そうすればCSOはロビー活動をしたり，批判をしたり，独自の重要アクターであることを提唱したりする立場になるだろう（Philippe Besson, Swiss Agency for Development Cooperation）。

> CSOの効果という点ではアクラでは進展がなかった。私はOpen Forumの成果を待っている。CSOはHLF4までに自分たちの効果について目に見える進展を見せなければならない（Felix Zimmerman, OECD）。

CSOは自分たちの効果の問題に十分取り組んでいないのではないのかという疑問と，HLF3直前に結成されたOpen ForumがCSOの効果の問題に取り組むことへの期待が共通している。HLF4までにCSOの効果の問題にCSO自ら取り組まないのならば，正統性は弱まり，援助効果の国際的な議論で発言

したり，公的ドナーの資金を得たりすることは難しくなるだろうことを暗示する発言もある。これを CSO 側からは「あめとむち」(Olivier Consolo, Concord の発言。Wood & Valot 2009：95) ととらえる発言もあった。

4 Open Forum による CSO の開発効果の規範づくり
── イスタンブール原則の採択

　第3章でも述べたように，CSO による CSO の開発効果の規範づくりに取り組む Open Forum の構想は AG-CS のガティノー・フォーラム時に開始され，HLF3 直前の2008年6月に正式に発足した。Open Forum は，各国・地域・テーマ別コンサルテーション→結果を持ち寄って第1回イスタンブール世界総会でイスタンブール原則を採択（2010年9月）→再度コンサルテーション→第2回シェムリアップ世界総会でシェムリアップ・コンセンサスの採択というプロセスをたどった。第4・5節では議論のプロセスも述べながら，イスタンブール原則とシェムリアップ・コンセンサスの内容を紹介し，その意義を考えたい。なお，政策・制度環境にかかわることは第6章のテーマなので，本章では CSO の開発効果と重複する部分を最低限述べるにとどめる。

1 コンサルテーションのためのツールキット
　CSO の開発効果の規範づくりを，国・地域・テーマごとのコンサルテーションからボトム・アップ形式で積み上げるというのが Open Forum のプロセスの特徴であったが，ただ「CSO の開発効果の原則案をつくりなさい」というだけでは現実にはコンサルテーションを各国などで組織することはできない。Open Forum 事務局により，なぜ CSO の開発効果の原則づくりをするのか，開発効果とはだいたいどういうことなのか，セッションはどのようなテーマで組むのか，成果として何が期待されるのか，どのように報告すべきかといった内容のツールキットが，コンサルテーションの組織者向けに作られた。その概要を紹介しよう（以下は，特記しない限り Open Forum 2010a の要約）。
　ツールキットでは，まずパリ宣言や AAA をはじめとした援助効果の議論の流れや AG-CS の活動，Open Forum が結成された経緯を紹介した上で，Open

Forum の期待される目標として以下の 5 つがあげられた。

①CSO の開発効果の実現へのチャレンジについて，世界中の CSO に共有された理解
②CSO の開発効果の原則に関するアカウンタビリティの向上
③CSO の開発効果向上のための既存のツール・メカニズム・取り組みについての意識や知識の増加
④開発効果向上のために CSO と他のセクターのアクターとのパートナーシップ強化
⑤CSO の政策・制度環境について南北の政府その他のアクターとの理解

そして Open Forum がつくろうとする「CSO の開発効果の枠組み」には，

①CSO の開発効果に関する原則
②その実現のための指標
③実施のガイドライン
④アカウンタビリティ・メカニズムの良い実践事例
⑤政策・制度環境の基準

を含むものとしている。CSO の開発効果に関する原則とは，「貧困下の人びと，脆弱あるいは周縁化されている人びとがより権利を主張できるような開発を促進する社会的・組織的な基礎となる価値と質」と定義されている。

　その一方で，CSO のアプローチ・ビジョン・役割の多様性を踏まえ，Open Forum がめざすのは CSO のグローバルな行動綱領ではないことも明記している。

　Open Forum は，2 日間での日程を前提にプログラム案も掲載している。大体の流れとして，Open Forum とコンサルテーションの理解→CSO を取り巻く状況の理解→CSO の開発効果の原則の試案づくり→それらの重要のランキングや適用のガイドライン→政策・制度環境についての議論を提示している。また各国の状況が許すならば，政府・議会などの代表者も交えたマルチステークホルダー・コンサルテーションを，特に政策・制度環境について対話を行うため開催することも推奨している。

　そして Open Forum 事務局へのレポートには，コンサルテーションの議題や概要とともに，

・CSO の開発効果の重要原則（ランキングや簡単な説明とともに）

第5章　CSOの開発効果の規範づくり

・原則の実施のためのガイドラインと指標
・政策・制度環境の基準やガイドライン
・CSOのアカウンタビリティのメカニズムの良い実践事例

を明記することが求められている。

　ツールキットは，各国でのコンサルテーションの参考用に，①独自のアクターとしてのCSO，②CSOの開発効果原則とは，③CSOの開発効果原則実施に関するガイドライン，④CSOの正統性とアカウンタビリティ，⑤RBAとCSOの開発効果，⑥ジェンダーとCSOの開発効果，⑦CSOの南北・南南関係，⑧政策・制度環境の8つのイシューペーパーも含んでいる。

2　コンサルテーションの結果

　2010年9月の第1回世界総会（イスタンブール）に向け，トムリンソンとワンジル（Rose Wanjiru：ケニア）とを中心にした起草グループによりコンサルテーションの結果のとりまとめが行われた（Open Forum 2010b）。ここでは提出された55のレポートのうち，42のレポートにもとづき，共通点が検討されている[5]。そして，序文，CSOの開発効果に関する原則，アカウンタビリティ，政策・制度環境の条件，原則の実施のためのガイドラインと指標という構成の「CSOの開発効果に関する開発枠組み」の第1ドラフトが提案されている。

　トムリンソンはコンサルテーションの結果を以下のようにまとめている。開発は人びとが貧困・不平等・周縁化に取り組むためのエンパワーメントとしてとらえられていた。人権についての理解は多様であるが，国際人権基準の適用が開発効果を考えるうえで重要なことで多くのコンサルテーションは一致していた。CSOの克服すべき課題として，マネージメント，戦略的計画，学習能力，透明性とアカウンタビリティの弱さがあった。いくつかのコンサルテーションでは国際CSOが地元の開発のイニシアティブを十分認めていないことも指摘された（Tomlinson 2012：86-90）。

　ここで少し，各国や地域のコンサルテーションでCSOの開発効果の原則に関してどのような提案が出されたのかを紹介しよう。トムリンソンとワンジルのレポートで参照された42のレポートに含まれること，第1回世界総会以前または以後の少なくともどちらかでOpen Forumの運営を担ったGFG（表3-3）

●表5-2 国・地域別コンサルテーションで出されたCSO開発効果の原則案の例

ウガンダ	ザンビア
民衆中心	貧困中心
透明性とアカウンタビリティ	民衆中心
社会正義	人権/社会正義アプローチ
相互のパートナーシップ	社会の進歩、相互学習
積極的な参加	透明性とアカウンタビリティ
連携	ジェンダー平等
補完性	ビジョンの共有
不過分性	政治的主流からの独立
	平和に焦点を当てる

カンボジア	韓国
権利ベースのプログラム	持続可能性
平等・公平	パートナーシップ
社会正義	参加
参加	貧困層のエンパワーメント
パートナーシップ	民衆中心
価値の共有	RBA
透明性	
エンパワーメント	
民主主義	
独立性	
価値の共有	

フィジー	ラテンアメリカ地域レポート
民衆中心のホーリスティック(holistic)な開発	人権
気候変動・環境正義への注目	開発の権利
効果的な資金・法的枠組みによる透明性	一貫性
グッド・ガバナンスと良いリーダーシップ	透明性
信仰・文化的多様性の尊重と成熟	多元主義
オーナーシップ、民族的・市民的プライド	イノベーション
能力強化、行動性、アドボカシー	倫理的・社会的責任
平和・信頼・安全の環境の整備	環境への責任
ドナー・政府・CSO間の持続的対話の促進	効果
雇用・健康への平等で公平なアクセス	ジェンダー平等

チェコ	ヨーロッパ地域レポート
草の根の知識	人びとへのアカウンタビリティ
民主的オーナーシップ	プロフェッショナリズムと能力
システム変革	パートナーシップ
除外または周縁化されたグループの支援	相互学習
パートナーシップ	参加
持続可能性	人権
より広い文脈の理解	インパクト
グッド・ガバナンス	一般社会の参加
透明性・予測可能性	

カナダ	アメリカ
ジェンダー平等、女性の人権	肯定的成果の追求とdo no harm
民衆中心で、民衆に対応する	権利ベース・アプローチの利用
透明性でアカウンタビリティを持つ	ジェンダー平等、女性の人権の推進
すべての活動での環境正義	開発の受益者となるべく人々の完全で公正な参加の保障
グローバルな連帯の推進	相互尊重・平等なパートナーシップの促進と実践
相互性・ミッションの共有・共通の目標にもとづいた持続的な関係	地元のオーナーシップ・リーダーシップのための能力強化
戦略的な連携の促進・構築	アメリカや世界で貧困層や周縁化された人々の声を広げていく
多様な経験と願望を尊重・適用した人権アプローチを通じた正義の推進	イノベーション・適用・学習
知の創造と適用	

(出典) Open Forumに提出された各コンサルテーションのレポート
(http://cso-effectiveness.org/open-forum-national-consultations,049?lang=en にてアクセス可能。アクセス:2013年8月21日)

第5章　CSOの開発効果の規範づくり

のメンバーであったことなどを考慮し，以下を例に紹介する。

・アフリカ：ウガンダ，ザンビア
・アジア：カンボジア（第2回世界総会開催国），韓国（HLF4開催国）
・太平洋：フィジー（共同議長所属国）
・中南米：地域レポート
・ヨーロッパ：チェコ，地域レポート
・北アメリカ・太平洋：カナダ（最初のコンサルテーション開催国），アメリカ

これら各国・地域であげられた原則案をまとめたのが表5-2である。

　各国・地域のドラフトはCSOを取り巻く諸問題の仕方や，文体，ワーディングなどが多様である。多くあげられているものとして，CSOの活動の理念や方針に関しては，人権やRBA，ジェンダー平等，貧困層中心，エンパワーメント，参加があげられよう。組織運営に関しては，透明性やアカウンタビリティと，南北CSO間のパートナーシップのあり方についてはほとんどの国・地域で何らかの形であげられている。

3　Open Forum 第1回世界総会とイスタンブール原則

　2010年9月28日から30日までイスタンブールでOpen Forum第1回世界総会が開催された（議事録：Open Forum 2010c）。最終日は公的ドナーや途上国政府の関係者も交えたマルチステークホルダー会議として開催されたので，CSOの会議としては2日間であった。第1日に，トムリンソンとワンジルにより起草グループとしてのイスタンブール原則のドラフトが提案された。そしてアトランダムに7つのグループ（各グループ約25名）に分かれてドラフトを討議した。これをもとに起草グループは再検討し，第2日の夕方に最終案を提案し，総会で採択された。本来は第2日午前中に最終案は提案される予定であったが，より慎重な議論のため夕方に延ばされた。

① イスタンブール原則のドラフト

　第1日に提案されたドラフトは以下の通りである（Open Forum 2010b）。各原則に説明文もついているが，ここではグループの議論を理解する上で必要なものを除き省略する。なお，説明文は「CSOは……な時に，開発アクターとして効果的である」という文体になっている。[6]

原則1：人権と社会正義を促進する
　CSO は，すべての人びとの尊厳，主体性，人権，働きがいのある人間らしい仕事（decent work），社会正義を促進し，もっとも脆弱な人びとを最優先し，開発の権利と人権の価値――エンパワーメント，相互尊重，無差別，すべての人びとを含むこと（inclusiveness），機会の平等，文化的多様性の尊重――を考慮する戦略・活動・実践を開発する時に，開発アクターとして効果的である。

原則2：ジェンダー平等（gender equality）を実現し，女性の人権を促進する

原則3：民衆中心のエンパワーメントに焦点を当てる

原則4：CSO の透明性，公開性，グッド・ガバナンスを実践する
　CSO は，そのガバナンスと資金・人材の開発への利用で，透明性・アカウンタビリティ・誠実さへの持続的・組織的コミットメントをしめす時に，開発アクターとして効果的である。CSO は独立した組織として完全に公開性を伴ってコミュニケーションを行い，スタッフ・ドナー・一般社会・CSO 間で誠実さを伴って行動することによってこれを実現する。

原則5：自立，ローカル・オーナーシップ，参加を強化する
　CSO は，開発の取り組みで，完全ですべての人びとを含む参加，リーダーシップ，民主的オーナーシップを保障し，ローカルな知を尊重・利用し，平和的方法を促進し，CSO の自治と多様性を尊重し，貧困層や周縁化された人びとの経験と権利を主張する願望を最優先する時に，開発アクターとして効果的である。

原則6：平等なパートナーシップと連帯を追求する
　CSO は，相互尊重・信用・組織の自治，長期的な連帯と地球市民意識（global citizenship）を基礎にしたカウンターパートとの透明性を伴った関係をつくった時に，開発アクターとして効果的である。CSO は相互に，またドナーや途上国政府を含む他の開発アクターとともに，開発のインパクトを最大化するために協力・調整し，開発目標を共有しながら対等者として自由にパートナーシップを組むことができる。

原則7：知と相互学習を創造する

原則8：持続可能な結果の実現にコミットする

　②　グループ討論の結果
　以上の8原則の提案について，7つのグループ討論では，おおむね内容に賛同しながら，以下のコメントが出された（Open Forum 2010c）。

・原則1：全グループが同意したが，人権はセンシティブなことばであり，注意深く使われるべきである。経済的・社会的・文化的権利についてより明確に言及すべきである。社会正義とともに公正（equity）も含めるべきだという意見を出すグループもあった。

第5章 CSOの開発効果の規範づくり

- 原則2:「ジェンダー平等と女性の人権を実現する」とすべきというグループ,「ジェンダー平等と公正 (gender equality and equity)」と公正も挿入すべきだというグループもあった。その一方で,ジェンダーだけなぜ特別言及するのかという疑問も1グループで出された。
- 原則4:「透明性・アカウンタビリティ・内部の民主主義」が強調されるべきポイントだ,アカウンタビリティこそ原則で明記されるもっとも重要なことばだ,組織化されていない市民社会のインフォーマルなグループへの考慮が不足している,誠実さは計測が難しいので削除すべきだ,といった意見が出された。
- 原則5・6:内容の重複と原則の数を多くしすぎないため,統合されるべきとの意見が複数のグループから出された。また原則5の「ローカル」ということばの意味があいまいとの指摘もあった。
- 原則8:環境の持続可能性についてと,組織の持続的変化について一緒に取り上げられ,結果的に持続可能な開発についても組織の持続的変化についても不十分と指摘された。

③ 採択されたイスタンブール原則

グループ討論の結果も踏まえ,第2日の夕方に起草グループから以下の案が改めて提案されて,採択された (Open Forum 2010d)。

原則1:人権と社会正義を尊重・促進する
　　CSOは,開発の権利,尊厳,働きがいのある人間らしい仕事,社会正義,すべての人びとの公正を含む個人的・集団的権利を促進する戦略・活動・実践を開発・実行する時に,開発アクターとして効果的である。

原則2:ジェンダー平等・公正を実現し,同時に女性・少女 (girls) の権利を促進する
　　CSOはジェンダー公正を実現し,女性の関心と経験を反映し,同時に女性が完全にエンパワーされたアクターとして開発プロセスに参加しつつ個人的・集団的権利を実現しようとする女性たちの取り組みを支援する開発協力を促進・実践した時に,開発アクターとして効果的である。

原則3:人びとのエンパワーメント,民主的オーナーシップ,参加に焦点を当てる
　　CSOは,特に貧困層や周縁化されている人びとを強調しつつ,人びとの生活に影響を与える政策や,開発の取り組みに対する民主的オーナーシップを拡大するためのエンパワーメントや,すべての人びとを含む参加を支援する時に,開発アクターとして効果的である。

原則4:環境的持続可能性を促進する
　　CSOは,現在と将来の世代の環境持続可能性——気候変動の機器への緊急の対応を

含む——の優先順位とアプローチを，生態系の独自性と正義の社会経済的・文化的で地域固有の条件に特に注意しつつ，開発・実施する時に，開発アクターとして効果的である。

原則5：透明性・アカウンタビリティを実践する

　CSOは，透明性，多方向のアカウンタビリティ（multiple accountability）[8]，内部運営の公正さに関し，持続的・組織的なコミットメントを実証したときに，開発アクターとして効果的である。

原則6：平等なパートナーシップと連帯を追求する

　CSOは，共有された開発目標，価値，相互尊重，信頼，組織的自治，長期的な関係，連帯，地球市民意識にもとづいた，自由で対等な，CSO間や他の開発アクターとの透明性を持った関係にコミットする時に，開発アクターとして効果的である。

原則7：知識を創造・共有し，相互学習にコミットする

　CSOは，自己の経験や他のCSOや開発アクターから学び，ローカルあるいは先住民のコミュニティの知識や知恵を含む開発の実践と成果かの証拠を統合し，彼らがめざす将来のためのイノベーションやビジョンを強化する時に，開発アクターとして効果的である。

原則8：プラスの持続的変化にコミットする

　CSOは，貧困層や周縁化された人びとに特に注目し，現在と将来の世代に永続する遺産を保障するような成果と条件に焦点を当てつつ，開発活動の持続的な結果とインパクトを実現するために連携する時に，開発アクターとして効果的である。

　グループ討議でのコメントを踏まえて細かい文言が修正——例えば原則2における「ジェンダー公正」の追加——されている。原則1～4は開発活動の理念や方針についての原則，原則5～8が組織運営に関する原則に整理されたとおおむねいえる[9]。ドラフトの原則8は，持続可能な開発についての原則4と，組織運営の持続可能性についての原則8に分けられた。ドラフトの原則5の内容はほとんどが原則3に統合され，持続可能な開発についての原則4の新設に伴いドラフトの原則4は5に番号が変わった。そして新しい原則5はアカウンタビリティが前面に出るものとなった。

　起草グループの中心を担い，HLF4後にはBetterAid, Open ForumをはじめCSOのHLF4へのかかわりについてまとめたトムリンソンは，第1回世界総会での議論とイスタンブール原則の採択で重要だった点を以下のようにまとめている（Tomlinson 2012：93）。

第5章　CSOの開発効果の規範づくり

・国際人権基準とRBAが第1原則であるべきこと，その一方で人権は多くの国でセンシティブな問題であり注意深く，各国の文脈に合わせるべきことで一致した。
・用語について議論があったが，ジェンダー平等・公正は開発において不可欠な問題であり，別の原則をつくることで目立たせるべきであることで一致した。
・世界総会の結果，環境持続可能性について原則をたてることとなった。
・CSOの透明性とアカウンタビリティは開発アクターとしてのCSOの効果を論じるにあたって強調すべき不可欠な原則であることで一致した。

5　Open ForumによるCSOの開発効果の規範の完成
―シェムリアップ・コンセンサス

　イスタンブール総会以後のOpen Forumは，8つの原則の内容の精緻化と，実施方法について検討しつつ，8つのイスタンブール原則を中核とした「CSOの開発効果に関する国際枠組み」(International Framework for CSO Development Effectiveness) の完成に取り組んだ。第1回総会以降も地域や国でのコンサルテーションは続けられたが，シェムリアップでの第2回世界総会に向け，イスタンブール原則は確定したものとして，それを実施するための指針が議論の中心となった。

1　第2回総会に向けて――CSOの開発効果に関する国際枠組みの第2・3ドラフト

　2010年11月には，イスタンブール原則の採択を受けて，「国際枠組み」の第2ドラフト (Open Forum 2010e) が作成された。第2ドラフトでは，8原則にさらに1/2パラグラフの背景説明が加えられ，またイスタンブール原則の確定に伴い，「国際枠組み」の序文や各原則実施のためのガイドラインも明記された。ガイドラインとは「いかに原則が実施されるべきか，あるいは特定の状況下でどのような行動がとられるべきかの，特定の文脈における方向性を示した勧告」(同上：9) である。
　シェムリアップの第2回世界総会の直前の2011年6月には，さらに，第1回総会後のコンサルテーションで出たコメントをもとに第3ドラフトが作成さ

れ，第2回世界総会出席予定者に回覧された。

　第3ドラフトで重要なことは，序文で，イスタンブール原則は開発活動に取り組む世界の多数のCSOの多様性を完全に考慮することはできないとして，「イスタンブール原則は，それぞれの国や組織の文脈でそれぞれの地域で適用されなければならない」と明記していることである（Open Forum 2011a：5）。第1回総会後に開催されたアフリカ地域コンサルテーションやアイルランド・日本などのコンサルテーションで，各地域や国の文脈に合わせた適用の必要性が指摘されたことが背景にある。これに伴い，第1・2ドラフトでのイスタンブール原則実施のための「ガイドライン」も「ガイダンス」（guidance）と拘束力がより弱いニュアンスのことばに置き換えられた。

　ガイダンス（第2ドラフトまではガイドライン）がどのようなものであったのかは，第2ドラフトから採択されたシェムリアップ・コンセンサスまでの間にどう変わっていったのかも含めて後述する。

2　シェムリアップ・コンセンサスの採択

　Open Forum 第2回世界総会はシェムリアップで2011年6月28日から30日まで開催された（議事録：Open Forum 2011b）。第1日に，事前に出席予定者に送付された第3ドラフトにもとづいて，トムリンソンにより「CSOの開発効果に関する国際枠組み」の提案が行われた。この後，2つずつの原則をテーマとするワークショップに分かれて議論が行われ，ワークショップの結果を踏まえ第2日に最終的な提案が行われた。この時も第1回総会と同様に，当初の予定では第2日の冒頭で最終案が提示され，採択される予定であったが，とりまとめにもう少し時間が必要とのことで，最終案の説明と採択は第2日の午後となった。いくつかのコメントが出たものの，大筋で採択された。30日の閉会全体会でのあいさつで，Open Forum 共同議長のドゥイトゥトゥラガ（Emele Duituturaga：フィジー）は採択された国際枠組みを「シェムリアップ・コンセンサス」と名づけた。

　ワークショップでは，イスタンブール原則として第1回世界総会で合意された部分には一切手を加えないことを前提に，それにつづく背景説明のパラグラフとガイダンスについて議論した。長文であることや，CSOの実務の細かい

点にかかわることも多いので，以下，シェムリアップ・コンセンサスについて，8つのイスタンブール原則の背景説明とガイダンスの要点を，第2・3ドラフトから第2回世界総会（Open Forum 2011b）までのプロセスでどのように変化したのかも交えつつ，紹介しよう。

①シェムリアップ・コンセンサスの序文

シェムリアップ・コンセンサスでは，まずCSOの開発効果について以下のように定義している。

> CSOの開発効果はCSOの開発活動のインパクトについて述べる。CSOの開発の活動は，貧困・不平等・周縁化の兆候だけでなく，根源に取り組む持続的な変化をもたらす時に効果的である。CSOにとって開発効果は，貧困下の人びとや差別・周縁化されている人びとを直接巻き込み，エンパワーする多面的な人間・社会開発のプロセスにつながっている。（中略）CSOにとって，開発効果は多くの開発のオルターナティブに対する開放性が求められ，それはますます人権，環境持続可能性，先住民の「よい生活」の概念により特徴づけられる（Open Forum 2011c：6）。

そして，CSOの開発効果に関する原則（＝イスタンブール原則）は「CSOの社会・経済的，政治的・組織的関係に指針を与えるべき価値や質に関するステートメント」（同上：7）であるとしている。一方で，第3ドラフト同様に，イスタンブール原則はCSOの重要な価値に関するコンセンサスであるが，CSOは多様であり，「CSOの国ごと，組織ごとの文脈で，それぞれの地元で解釈・適用されなければならない」（同上：8）とも述べ，CSOの多様性，それぞれの組織が置かれた文脈の多様性に配慮している。

②CSOの開発活動の理念や方針についての原則

原則1：人権と社会正義を尊重・促進する

多くのCSOがRBAを採用するようになっているが，RBAは人びとが声をあげ，権利を主張することを支援することで，貧困の根源に取り組む。CSOは国連や地域の人権条約など国際人権基準を活動の基盤としている。

ガイダンス：
・RBAを促進する
・CSOの開発計画や，国家の開発政策への対話への影響を受ける人びと・コミュニティへの情報提供と参加を確保する
・「開発効果に関し，国際人権基準──ジェンダー平等，子どもの権利，障がい，働

きがいのある人間らしい仕事，持続可能な生計を含む——に沿った測定可能な指標を作成する」

最後のガイダンスだけ全文直訳したのは，国際人権基準に関連する問題をどう列挙するのか議論があったからである。第2ドラフトでは諸問題の列挙がなかったが，第3ドラフトでは，ジェンダー平等，子どもの権利，働きがいのある人間らしい仕事，持続可能な生計が列挙された。原則1・2を扱ったワークショップで，さらに少数民族・障がい者・高齢者などを列挙すべきとの意見があった。一方で，長文化を避けること，さまざまな問題を列挙する場合にはふれることになるLGBT[11]の権利については宗派系のCSOより保守派信者の反発を招くことから言及は避けてほしいという意向があり，その問題に関する論争を避けるためにもあまり多くのものを列挙しない方がよいとの意見も出された[12]。第2日には第3ドラフトのまま起草グループから提案されたが，全体会で障がい者問題の取り組む国際CSOからの強い要望があり，障がいは加えられることとなった。

原則2：ジェンダー平等・公正を実現し，同時に女性・少女の権利を促進する

不平等な力関係や女性・少女の権利の充足を通じてジェンダー平等を実現することは持続的な開発の成果に不可欠である。ジェンダー公正の達成を通じた女性のエンパワーメントはジェンダー平等を促進する。一方で男性や少年（boys）のかかわりも重要である。またCSO内部におけるジェンダー平等が達成されているのか検証が必要である。

ガイダンス：
　・各CSOの活動方針にジェンダー平等・女性の人権を明記する
　・ジェンダー平等・公正の指標と分析——ジェンダー別のデータも含め——をプログラム計画に入れる
　・ジェンダー平等・女性の人権の能力強化を支援する
　・マルチステークホルダー対話における女性の参加を確保する

この原則に関しては，背景説明で第2ドラフトから第3ドラフトまでのプロセスで男性・少年の役割に触れたことと，CSO組織におけるジェンダー平等の問題も，原則7から移動して取り上げるようになった。またガイダンスに関して，ジェンダー別データの重要性がワークショップで指摘され，挿入される

こととなった。

原則3：人びとのエンパワーメント，民主的オーナーシップ，参加に焦点を当てる

「開発は影響を受ける人びとの権利，表明された優先順位，地元の知に根ざすならば適切で効果的なものとなろう」（同上：10）と考える。そしてCSOによる人びとのエンパワーメントの活動は，個人・コミュニティ・国家レベルで人びとが権利を主張するための能力と民主的オーナーシップを高める。

ガイダンス：
- CSOのプログラムを開発の取り組みで直接影響を受ける女性・男性のエンパワーメントに焦点を当てる
- 民主的な地域の（local）政策決定のため，参加型のボトム・アップのアプローチを促進し，多様な地域のCSOの参加を強化する
- 全参加者を平等に扱う
- ドナー諸国における開発問題に関する意識づくりを行う
- ドナーとして活動する時，パートナーの独立を高めるため能力強化や組織の持続性を支援する

2つ目のガイダンスで，第2・3ドラフトでは地域のCSOの参加が強調されていたのが，最終的には合わせて参加型，ボトム・アップ・アプローチの採用にも言及されることとなった。

原則4：環境的持続可能性を促進する

この原則は，第1回世界総会で持続可能な開発については1つの原則をたてるべきとの方向性が出されたことで新たにつくられたことは前述したが，ガイダンスのみを紹介しよう。

- 持続可能性を各CSOの政策・実践・プログラム計画などに盛り込む
- 開発・環境CSO間の連携を強化する
- 人びとの健全な環境や水・土地・食料・資源管理の権利を強化する
- 気候変動や生物多様性の減少のマイナスの影響に関し，政策に影響を与え，文脈に即した取り組みを行う
- 気候変動，生物多様性の喪失など環境破壊の否定的なインパクトを提言するため，政策提言や事業の実施を行う。

最後のガイダンスに関しては当初は気候変動だけがあげられていたが，ワークショップの議論を踏まえて生物多様性の喪失が加えられた。

③ CSOの組織運営に関する原則
原則5：透明性・アカウンタビリティを実践する

「透明性，相互で多方向のアカウンタビリティ，内部の民主主義はCSOの社会正義と平等の価値を強化する。透明性とアカウンタビリティは社会の信用をつくり，CSOの信頼性と正統性を強化する」（同上：12）とし，また透明性をアカウンタビリティの前提としている。アカウンタビリティでは，特に開発活動の影響を受ける人びとへのアカウンタビリティを重視する。一方で，透明性とアカウンタビリティは抑圧体制や紛争地域ではさまざまな制約がある。

ガイダンス：
- ・一般への人びとの透明性・アカウンタビリティの実践をCSO全体で強化する
- ・一般の人びとのCSOの政策や文書への情報アクセスを簡単にし，相互・多方向のアカウンタビリティの基礎とする
- ・組織内で透明性を伴い民主的な文化を促進・実践する
- ・ドナーとして活動する時，すべてのパートナーCSOにアクセス可能な情報を提供する
- ・相互のアカウンタビリティを実践する

CSOのアカウンタビリティはOpen Forumのプロセスで一貫して重視されてきたことであるが，第1回世界総会以後の変化として，抑圧体制下や紛争地域でのアカウンタビリティや，プライバシーなどに配慮することも述べるようになったことである。抑圧政権や紛争当事者がCSOを抑圧するためにCSOに関する情報収集をアカウンタビリティの名目で要求する危険性があるためである。第3ドラフトや第2回総会を通じて，相互・多方向のアカウンタビリティに関する表現が強められた。

原則6：平等なパートナーシップと連帯を追求する

相互に合意された目標や共有された価値にもとづく対等で相互主義的なパートナーシップと相互学習は重要である。CSO間に構造的・歴史的な力の不平等があったことは確かであるが，外部のCSOは途上国のCSOの発言力を増加させるものとなるべきである。CSOはまたすべての国での市民の意識化にも取り組み，国境を超えた人びととの連帯をつくり出す。

他の開発アクター，特に途上国政府や公的ドナーとも相互に尊重し合う関係が重要である。CSOは独自のアクターであり，公的ドナーや途上国政府の下

請け機関となってはならない。
ガイダンス：
- パートナーシップの条件を「パートナーシップ」合意で明確にする
- すべてのパートナー間で狭いプロジェクト契約でなく，プログラム目標を共有する
- ドナーとして行動する時，パートナー組織のプログラム目標・戦略・運営システムに整合させる
- CSO間の共通の目標のための連帯とシナジーを強化する
- リスクマネージメント，モニタリング・評価の相互に合意した条件とメカニズムをつくる
- 各国の状況やパートナーの現実・経験をリンクする開発教育プログラムを行う

第3ドラフト以降，3つ目のドナーとして行動する時に関するガイダンスが加えられ，北のCSOや国際CSOが南のパートナーCSOと整合させるべきであるとの考え方が明確にされた。また背景説明の「CSO間に構造的・歴史的な力の不平等があったこと」という部分は第2回総会のワークショップでの議論を踏まえて挿入された。

原則7：知識を創造・共有し，相互学習にコミットする

原則7と8は組織の相互学習や持続可能性にかかわるものであるが，ガイダンスのみ紹介しよう。

- 相互学習・交流の機会を拡大し，行いやすい環境を進める
- 専門的で倫理的に責任ある方法やツールを開発する
- ネットワークやマルチステークホルダー対話を通じた，知の共有のための連携を促進する
- CSOの開発活動や政策対話で地域固有の知や先祖伝来の知恵を認知し，促進する

第3ドラフトまで，組織内のジェンダーの問題とそれにかかわるガイダンスは原則7の中にあったが，原則2に移された。

原則8：プラスの持続的変化にコミットする

- 政府や企業などの開発の他のステークホルダーとの連携と政策対話を促進する
- 開発活動の計画・モニタリング・評価のための参加型のツールを開発する
- CSOの能力強化プログラムを進める
- CSOの資金的持続性と独立性を高める
- 人びととをグローバル市民として啓発する

この原則については，原則全体の趣旨がわかりにくいとの意見が第1回総会以後，終始出されていた。トムリンソンは最終提案が行われた第2回総会2日目のセッションで，この原則は他の原則に入らない CSO の組織運営上の問題を集めたものであることの理解を求めた。

6 BPd におけるイスタンブール原則とシェムリアップ・コンセンサスの認知

　HLF 4 で採択された BPd では，CSO についてのパラグラフ22が設けられた。

> CSO は人びとの権利の要求を可能にすること，権利ベース・アプローチを推進すること，開発政策やパートナーシップを形成すること，その実施を監視することに不可欠な役割を演じている。CSO はまた，サービスの供給を，国家によるものを補完する領域で行う。そのことを認識して，私たちは，
> a) CSO が独立した開発アクターとしての役割を果たすことを可能にするよう，それぞれの約束を実施する。特に，合意された国際的権利を満たし，CSO の開発への貢献を最大化する，活動に好ましい政策・制度環境（enabling environment）に焦点を当てる。
> b) CSO が，イスタンブール原則と CSO の開発効果の国際枠組みにもとづいて，アカウンタビリティと開発効果への貢献の実践を実施することを推奨する（OECD 2011n：Para. 22）。

　サブパラグラフ a については第6章の課題となるので，ここでは b でイスタンブール原則とシェムリアップ・コンセンサスが明記されるようになったプロセスだけ述べることとする。

　BOD 1 では，市民へのアカウンタビリティを述べたパラグラフ16で「市民社会組織もまた，開発政策の形成，その実施の監督，国家から提供されるサービスを補完するかまたは超えるサービスを提供する役割を演じる。そのために，私たちは……（原文でも以下，未完成）」という形で CSO に言及するだけであった（OECD 2011c：Para. 16）。これに対し BetterAid は，BOD 1 へのコメントで，イスタンブール原則とシェムリアップ・コンセンサスへの賛同を要求した（BetterAid 2011a：4）。BOD 2 では議会や地方自治体の役割とともに CSO の

役割に触れられた（OECD 2011e: Para. 17）。

BOD 2 が審議された第18回 WP-EFF 会合では，議会・地方自治体と CSO のパラグラフと分けることとともにイスタンブール原則に言及することで同意された（OECD 2011f: Para. 12）。これを受けて BOD 3 では「CSO の開発効果に関するイスタンブール原則にもとづいて，自らの効果，アカウンタビリティ，開発の成果への貢献の強化の実践の実施を推奨する」（OECD 2011g: Para. 19b）という文言が付け加えられた。BetterAid は国際枠組み（シェムリアップ・コンセンサス）も加えるようさらに要求し（BetterAid 2011d），BOD 4 では国際枠組みが実際に追加された（OECD 2011j: Para. 19b）。第2・4章で述べた経緯でパラグラフ番号が変わったが，これが HLF 4 で採択された BPd パラグラフ22b となった。

なお，HLF 4 の初日にアメリカのヒラリー・クリントン国務長官（当時）は基調演説の中で，「開発効果に関するイスタンブール原則の作成を祝福したい」と直接イスタンブール原則を CSO の成果として言及した[13]。

おわりに──Open Forum による CSO の開発効果の規範づくりの意義

本章では，Open Forum の設立から，コンサルテーション，第1回総会とイスタンブール原則の採択，第2回総会とシェムリアップ・コンセンサスの採択と，CSO の開発効果の規範づくりのプロセスと，イスタンブール原則・シェムリアップ・コンセンサスの内容を紹介してきた。その特徴と意義をまとめてみよう。

1 Open Forum のプロセスの特徴と意義
　　──よく設計された公開・参加

Open Forum のプロセスを見ると，Open というプラットフォームの名前が表すように，公開された議論な場であり，参加型，あるいは熟慮と討議のプロセスが徹底してとられたことが特徴としてあげられる。規範づくりだけでなく，討議の空間としてのグローバル市民社会という意義を持っていたともいえよう。

国別などのコンサルテーションをまず行い，そこで出されたさまざまな原則案を整理したうえで，第1回世界総会でイスタンブール原則案が提案されたのはまさにボトム・アップ型のプロセスだった。その後25名程度の小グループで討議を行い，グループごとのコメントがまとめられた。それをもとに，大きな変更としては持続可能な開発に関する原則の新設とパートナーシップの2つの原則の統合があり，細かい文言の修正も行われた。

第1回世界総会後もコンサルテーションが続けられた。第3ドラフトで，CSOの多様性や地域の文脈に配慮することが加えられたことや，ガイドラインということばがガイダンスに変わったこと，CSOのアカウンタビリティについて抑圧政権下や紛争地域での配慮に関する記述が加えられたことは，コンサルテーションから出された意見を反映するものであった。

第2回世界総会でも，ワークショップの成果にもとづきいくつかの修正──本書で紹介した例でいえば，ジェンダー別データ（原則2），参加型，ボトム・アップ・アプローチの採用への言及（原則3），生物多様性問題への言及（原則4），相互・多方向のアカウンタビリティに関する表現の強化（原則5），「CSO間に構造的・歴史的な力の不平等があった」という文言の追加（原則6）──が行われた。原則1における障がいの追加のように，最終案が提案された全体会でさらに修正が行われたケースもあった。両総会とも起草グループがワークショップなどの成果を反映させる時間を確保するため，スケジュールが変更され，最終案の提案・採択のセッションが遅らされたことも，できるだけ多くの声を反映させようとしたことの現れであった。

その一方で，ただ「CSOの開発効果に関する原則案をつくりなさい」と各国のCSOに投げかけても，CSOの歴史・経験・文脈などが多様な現実の中で，各国でうまくコンサルテーションができるものではない。ツールキットという形でコンサルテーションの目的や到達目標が，またイシューペーパーの一部としてRBA，ジェンダー，アカウンタビリティなど重要な論点が明示された。第1回世界総会以後は，コンサルテーションや第2回世界総会は，イスタンブール原則の文言には手を加えないというルールで行われ，同じ議論が蒸し返されないようにしていた。[14]その意味では，Open Forumのプロセスは，公開で参加型プロセスを重視しつつも，事務局や起草グループのリーダーシップ

第5章　CSOの開発効果の規範づくり

ともバランスが取れ，よく設計された参加型のプロセスであった。イスタンブール原則，シェムリアップ・コンセンサスという形で，グローバル市民社会として一致できるCSOの開発効果に関する規範がつくられていったプロセスとは，よく設計された公開と参加型のプロセスであった。

2　CSOの開発効果規範の特徴

①「人権規範」の強調

　開発アプローチに関する規範として，CSOの開発効果規範はどのような意義を持つだろうか。一言でいえば，「人権規範」が強調され，全体で貫かれていることである。原則1はRBAの採用を提唱する。原則2は世界的にみてジェンダーが深刻な問題であることを踏まえてジェンダー平等・公正と女性の人権を強調する。原則3が人びとのエンパワーメント，民主的オーナーシップ，参加を強調するのも，RBAで貧困や周縁化に直面している人びとの権利主張が強調されることが背景にあろう。原則4は環境に関することであるが，環境権に言及している。原則5のアカウンタビリティのところでも，アカウンタビリティの多面性，特に開発の影響を受ける人びとに対するアカウンタビリティや情報アクセスが強調される背景に，RBAの視点があろう。原則8で，政府が公共サービスの提供能力を強化しアカウンタビリティを高めることにCSOが協力すべきとしているのも，政府を人びとの人権保障の履行義務者と考えるからであろう。

②　CSO自らのアカウンタビリティとパートナーシップの規範

　AAAでCSOが独自性を持ったアクターであることが確認されたことを踏まえ，パリ宣言のオーナーシップ，整合性，相互のアカウンタビリティ原則などを参照しつつ，CSO自らの政策・実務規範を示したことにOpen Forumの活動とイスタンブール原則，シェムリアップ・コンセンサスの意義があろう。原則5は「CSOのアカウンタビリティは十分なのだろうか」という問いかけに対して，透明性とアカウンタビリティを組織運営の規範の中核として明記した。

　原則6はCSOのパートナーシップのあり方についてのものであるが，北のCSOや国際CSOが南のCSOの優先順位との整合性を持つべきことを明示し

153

た。原則6は民主的オーナーシップを明記した原則3とともに，CSOの文脈で南のオーナーシップを明確にしたものといえよう。また他のセクターとのパートナーシップでは，CSOは独自性を持ったアクターであり，政府や公的ドナーと相互尊重にもとづく援助協調の必要性を唱える。原則7の相互学習と「地域固有の知や先祖伝来の知恵」を強調していることも，CSOとしてのオーナーシップの規範の現れといえよう。

③ 普遍的規範と多様性のバランス

イスタンブール原則やシェムリアップ・コンセンサスは世界のCSOの開発効果に関する規範として作成されたが，一方で，前述の，「CSOの国ごと，組織ごとの文脈で，それぞれの地元で解釈・適用されなければならない」との記述に見られるように，CSOとその置かれた文脈に配慮している。原則5のアカウンタビリティに関し，抑圧体制下の国や紛争地域に配慮する記述が見られるのは，困難な，あるいは危険な状況下で活動するCSOへの配慮といえよう。

トムリンソンは，国別などのコンサルテーションの段階から，普遍性とそれぞれの国や地域の文脈との緊張があったと回想している（Tomlinson 2012：90）。ツールキット段階から明記されていたことであるが，トムリンソンは第2回世界総会第1日に，起草グループとしてシェムリアップ・コンセンサスの原案を提案するにあたって，「CSOのグローバルな特定の公約としての普遍的な『CSO版パリ宣言』ではない」（下線強調はプレゼンテーションのパワーポイントにあり）ことを改めて確認していた。[15]

共通規範であることと世界のCSOの置かれた文脈の多様性のバランスも，イスタンブール原則とシェムリアップ・コンセンサスやその作成プロセスの1つの特徴としてあげられよう。人権（原則1）やジェンダー平等（原則2）のような普遍的価値と，地域固有の知や先祖伝来の知恵（原則7）の両方を強調している。その一方で，例えばジェンダーに関して固有の価値と両立が難しい地域固有の事情がある場合について不明確との指摘はありえようが，「それぞれの地元で解釈・適用」ということで各国のCSOが判断することなのであろう。

④ CSOの正統性とイスタンブール原則，シェムリアップ・コンセンサス

第1章ではCSOの正統性についていくつかの議論を紹介したが，これらにイスタンブール原則とシェムリアップ・コンセンサスを当てはめてみよう。

第5章　CSO の開発効果の規範づくり

イスタンブール原則の原則1～4と6は，実際的正統性と経験にもとづく正統性（ブラウンとジャガダナンダ）やパフォーマンスの正統性（ショルテ），専門性や活動実績（山本）を高めることを趣旨とするものである。原則5はショルテのいう民主的正統性の向上に，原則7は山本のいう専門性や知識面での強化にあてはまるものであろう。シェムリアップ・コンセンサスで完成したCSOの開発効果の規範は，正統性のさまざまな要素の向上という点からも評価できるものとなった。

3　BPdにおけるイスタンブール原則とシェムリアップ・コンセンサスの認知の意義

BPdパラグラフ22でイスタンブール原則とシェムリアップ・コンセンサスに言及されたことの意義としては，AAAパラグラフ20a・b（特にb）を通じてHLF3でCSOの課題として出されたCSOの効果に関するOpen Forumの活動とその成果が評価されたことである。トムリンソンのインタビューに対して，OECD事務局とSidaの担当者は以下のように述べている（Tomlinson 2012：33）。

> 私は本当にOpen Forumのプロセスを称賛する。アクラでの約束を果たした。私自身イスタンブールとシェムリアップに出席したが，私はOpen Forumの成果——内容だけでなく，その方法も——に本当に感心した。（Hubert de Milly, OECD）

> 私は最大の成果はイスタンブール原則と枠組み（シェムリアップ・コンセンサスのこと）だと思う。市民社会はアクラで出された宿題をやったと本当に思う。政策・制度環境に関して政府は同じように達成できていると思わない（Charlotta Norrby, Sida）。

第3節の最後で，HLF3の時点では，公的ドナーの間では，CSOは自分たちの効果の問題に十分取り組んでいないのではないのかという疑問と，HLF3直前に結成されたOpen ForumがCSOの効果の問題に取り組むことへの期待を持っていたことを紹介した。CSOの効果の問題に取り組まないのならば，CSOの正統性が低下することを暗示する見解もあった。HLF4の時点では，Open Forumがイスタンブール原則とシェムリアップ・コンセンサスをつくったことにより，ヒラリー・クリントンが初日の基調演説でイスタンブー

原則の名前を出して評価したことと合わせて，国家政府アクターとの関係で，CSOの正統性の強化につながったとの評価を得られたといえよう。

補論——イスタンブール原則，シェムリアップ・コンセンサスの実施

　Open Forumはイスタンブール原則とシェムリアップ・コンセンサスという成果を出し，そのことがCSOの正統性の強化につながったが，ただの文書に終わり，実施されなければ——実際には国家政府アクターは第2章で見たようにパリ宣言の実施状況は悪かったのだが——CSOの正統性は低くなっていくだろう。BetterAidとOpen ForumはHLF4後，1つのプラットフォームのCPDEの発足に伴い解散した。CSOの開発効果もCPDEの重要な活動であるが，イスタンブール原則の実施状況のグローバルな検証は本書執筆段階でようやくはじまったところである（CPDE 2014）。ここではOpen Forumのプロセスで重要な役割を演じ，かつ情報がある3か国（カンボジア・カナダ・韓国）と日本の状況を紹介しよう。

1　カンボジア[16]

　カンボジアにはCSOのプラットフォームとしてCooperation Committee for Cambodia（CCC）とNGO Forum on Cambodia（NGO Forum）の2つがある[17]。CCCとNGO Forumの役割は，前者はCSOの能力強化，後者はカンボジアの開発問題に関するアドボカシー活動であるが，重複や共同で実施する活動も多い。

　Open Forum第2回世界総会はシェムリアップで開催され，カンボジアのCSOは積極的に参加する機会を得た。CCCはホスト団体として開催にかかわった。

　CCCは能力強化のプログラムでイスタンブール原則とシェムリアップ・コンセンサスをとりあげている。特に重視しているのは，原則5（透明性とアカウンタビリティ），原則6（パートナーシップ），原則7（知識と相互学習）である。

　CCCは従来から「自発的認証システム」（Voluntary Certification System = VCS）と呼ばれる組織運営に関する基準づくりと適合するCSOの認証のシス

テムを運営し，CSOのアカウンタビリティ向上に取り組んできた。VCSの促進を通じて原則5のカンボジアにおける実施を考えている。本書執筆時点（2013年12月）段階で41団体が認証を受けているが，CCCの加盟団体数（152）からすると一層の促進が必要である。

　2012年には「NGOのグッド・ガバナンスとプロフェッショナルな実践の促進」（Promoting NGO Good Governance and Professional Practice）や「NGOのガバナンス・プロフェッショナリズム・アカウンタビリティ」（NGO Governance, Professionalism and Accountability）と題するセミナーを地域ごとに開催したが，その中でイスタンブール原則とシェムリアップ・コンセンサスの普及や，8つのイスタンブール原則にもとづく自己評価を行った。2012年8月にはCCCとNGO Forum共催で全国コンサルテーション「開発効果のためのガバナンスとパートナーシップの促進」（Promoting Governance and Partnership for Development Effectiveness）を開催した。2日間の日程のうち2日目はカンボジア政府や公的ドナーも参加するマルチステークホルダー形式で行われた。セッションの1つはカンボジアでいかにイスタンブール原則を実施していくかであった。

2　カナダ
① カナダのCSOの取り組み

　イスタンブール原則とシェムリアップ・コンセンサスの文案づくりの中心となったトムリンソンは，カナダの国際開発CSOのプラットフォームであるCCICに政策担当スタッフとして勤務していた。またOpen Forumのグローバル・コーディネーターのバートレットもカナダ出身であり，Open Forumの解散後は一時CCICに勤務し，Results Canadaの事務局長としてカナダのCSOで活躍している。CCICを中心としたカナダのCSOのイスタンブール原則，シェムリアップ・コンセンサスの実施の取り組みを紹介しよう。

　CCICが行ってきたこととして，

- 各州のCSOプラットフォームとのワークショップの開催を通じたイスタンブール原則とシェムリアップ・コンセンサスの普及と実施方法の検討
- 8つの原則についての「よい実践事例」（good practices）の選定

後者については，原則1（人権）：4事例，原則2（ジェンダー）：5事例，原則3（エンパワーメント・民主的オーナーシップ・参加）：5事例，原則4（環境）：2事例，原則5（アカウンタビリティ）：4事例，原則6（パートナーシップ）：2事例，原則7（知識）：2事例，原則8（持続的変化）：5事例が選ばれ，CCIC のホームページでその内容が紹介されている[18]。

　カナダの CSO 全体として，あるいは CCIC として8つの原則の中で重点とするものを決めているわけではないが，CCIC の現在の政策担当のライリー・キング（Fraser Reilly-King）は，カナダにとって特に重要となる原則として，原則1のうち RBA, 原則6のうち南の CSO のパートナーシップをあげていた[19]。筆者は2013年5月の CCIC 総会に参加し，その後いくつかのカナダの CSO に対する聞き取り調査を行った[20]。その中でカナダの CSO から以下の指摘があった。

・すでに多くの原則が自分たちの活動に取り入れられている反面，イスタンブール原則がやや抽象的で現場の活動に当てはめやすいとはいえない。
・CCIC ではすでに倫理綱領（Code of Ethics）や運営の基準（Operation Standards）[21]がつくられていて，8原則は何らかの形で盛り込まれている。その他の基準の行動綱領などと比べて大きな違いはないため，団体内で文書の回覧と内容の共有にとどまっている。
・オンタリオ州の CSO プラットフォームの Ontario Council for International Cooperation（OCIC）では，イスタンブール原則とシェムリアップ・コンセンサスの普及に努めていて，行動綱領をイスタンブール原則に沿って改訂する構想もある[22]。

②　CCIC, Interaction 合同調査

　CCIC とアメリカの国際開発 CSO プラットフォームの Interaction は合同で北アメリカにおける HLF 4 後の援助効果の問題――特に CSO の開発効果――への CSO の取り組みに関する調査を行った（CCIC & Interaction 2013）。この調査への回答団体はカナダ32，アメリカ12と少ない上に[23]，回答する設問を限定することも認めていて母数の少ない設問もあるが，この調査の結果を簡単に紹介しよう。

　イスタンブール原則については，回答した37団体中35団体が知っている，22団体が何らかの形で活動に取り入れている。

第5章　CSOの開発効果の規範づくり

RBAについては29団体（カナダ23団体，アメリカ6団体）中28団体が活動に取り入れていると回答した。カナダは32団体中23団体，アメリカは12団体中6団体がRBAに関する設問に回答し，特にアメリカの回答率が低い。RBAを進めていくためのチャレンジを自由記入方式で回答を求めたところ，資金獲得が難しいこと，関連して短期的な成果を証明しにくいこと，実施している個々の小規模プロジェクトにとって人権はあまりにも大きい課題であること，組織の能力が限られること，南の活動現場での政府との関係が難しくなることをあげている。そしてRBAに関するツールや資料が求められている。

パートナーシップについても29団体が回答している。60％が対等なパートナーシップを重視している。対等なパートナーシップへの障害として，資金が北から南への流れになることに本質的に内在するパワーの不均等，資金提供者のシステムが指摘されている。

3　韓国[24]

HLF4の開催国となった韓国では，国際開発協力CSOのプラットフォームであるKCOC（Korea NGO Council for Overseas Development Cooperation）とKoFIDがイスタンブール原則のCSOの間での普及に取り組んでいる。KCOCには現在88団体（2013年2月現在）が加盟している。そのうちfaith-based（宗派系）であることを目的などに明記している団体は60％程度だが，設立の経緯などを含めると80％が宗派系（キリスト教・仏教など）といえる。宗派系の団体が多いことで，韓国のCSOの間では，まだチャリティやミッショナリーのメンタリティが強い。

HLF4をきっかけに，チャリティ志向が強く，これまで現場での活動がもっぱらの関心であったKCOCの会員団体の間でODA政策，アドボカシー，CSOのアカウンタビリティなどについての関心が広がった。イスタンブール原則は韓国のCSOに一種のパラダイム・シフトの役割を果たす。

KCOCやKoFIDはイスタンブール原則の中で特に重視するものを決めているわけではないが，特に原則1（人権）に関する活動が多く，韓国のCSOの間でRBAの普及が進められている。またチャリティ志向が強い中で，南のパートナー団体の支援よりも直接の活動を好む傾向があるため，原則6（パー

トナーシップ）も重要である。

　具体的な取り組みとしては，資料の発行とCSOの能力強化プログラムである。資料についてはイスタンブール原則についてのパンフレットを発行し，現在はRBAの資料集の作成に取り組んでいる。能力強化プログラムについては，ソウルでRBAについてのセミナーを入門・中級・上級に分けて開催したのみならず，カンボジア・ラオスで，現地で活動する韓国のCSOのネットワークのセミナーにKCOCやKoFIDのスタッフが出張し，イスタンブール原則をとりあげている。

　またKCOCの行動綱領（Code of Conduct）の中にイスタンブール原則を盛り込むことが計画されている。個別の団体では，カトリック系のOne Body One Spirit（OBOS：Caritas Korea）が組織の活動方針を改正し，イスタンブール原則やRBAを活動の基礎として位置づけた。

4　日　本[25]

　日本ではOpen Forumのコンサルテーションを実施し，イスタンブール・シェムリアップ両総会にも参加したJANICが，関西・名古屋のCSOネットワークとも協力しながらイスタンブール原則とシェムリアップ・コンセンサスの普及と実施に取り組んでいる。日本では原則1（人権），原則2（ジェンダー），原則6（パートナーシップ）を特に重点的に取り組む原則に決めている。これは日本のCSOの間でRBAについての理解が十分でないこと（1），ジェンダーは国際協力のみならず日本社会全体の問題であること（2），日本のCSOも南のパートナー支援よりも直接の活動を好む傾向があること（6）を背景とする。

　2011年度に1回は，2012年度に2回のワークショップを開催した。1回目（2012年1月）は原則1・2・6について事例研究を行った。2回目（2012年9月）はイスタンブール原則を全般的に取り上げて日本のCSOの現状を分析することに重点を置いた。3回目（2013年2月）はRBAについてのワークショップとして実施した。また，3つの重点原則を中心に，日本のCSOを対象とした啓発パンフレットを出版した（国際協力NGOセンター 2013a）。2013年度は残り5つの原則を含むイスタンブール全8原則についてのパンフレットを作成し

ている。

5　4か国の経験から見る今後の課題

以上4か国のイスタンブール原則とシェムリアップ・コンセンサス実施の取り組みを紹介してきた。第一に，先進諸国3か国でいずれもRBAが重点項目と考えられている。いずれの国においてもRBAについてCSO間やCSO関係者個人の間でもRBAの理解度の違いが大きいことが背景にある。また韓国と日本においては，人権が西欧的で非西欧地域にはなじまないと考える団体や個人もいて，グローバル市民社会の新しい潮流としてRBAについての理解促進が急務となっている。第二に，パートナーシップは4か国とも重点項目になっている。カンボジアでは北のCSOや公的ドナー優位のパートナーシップのあり方の改善が，先進3か国では南のCSOとの対等なパートナーシップ構築が課題となっているためである。第三に，日本のJANICのアカウンタビリティ・セルフ・チェックも含め，各国で既存の行動綱領や評価ツールとの関係の明確化が課題になっている。イスタンブール原則の多くが既存の行動綱領やツールにすでに取り入れられている一方で，イスタンブール原則にどう整合させていくのかが今後の取り組みとしてある。

1　AG-CSが活動を開始した当初は「開発効果」ということばはまだ使われず，単にCSOの効果（CSO effectiveness）という表現が用いられていたので，ここでの表記もそれに従う。

2　Wood & Valot（2009）のインタビューでそうした趣旨のことを，SidaのTomas Brudin, OECDのGoran Eklof答えている。

3　後にガティノー・フォーラムでは，そもそもパリ宣言の起草段階にCSOは参加の機会を与えられなかったのだから，パリ宣言の原則をそのまま当てはめるのでなく，独自の援助効果原則を持つべきと議論された（AG 2008b：24）。

4　ウッドとバロのレポートには，CSOの開発効果に関しては，南のパートナー諸国の声は紹介されていない。

5　参照されなかったレポートもあるが，それは英語以外の言語でレポートが提出されたため翻訳が間に合わなかった場合や，内容が不明確な場合である。なお，Open Forumのプロセスで行われたコンサルテーションの報告書はすべてOpen Forumのホームページに掲載されている。(http://cso-effectiveness.org/open-forum-national-consultations,049?lang=en：アクセス2013年9月3日)

6　この文体を尊重するため，本書でのイスタンブール原則の原案と採択文書は，原文で1文となっているところは2文以上に分割したりせずに紹介することとしたい。

7 ジェンダー平等（gender equality）とジェンダー公正（gender equity）について Open Forum のツールキットでは，Mediterranean Institute of Gender Studies（2009）を引用しつつ，以下のように説明している。ジェンダー平等とは「女性と男性，女子と男子の間の平等な権利・責任・機会を意味する。平等は女性と男性が同じになることを意味しないが，女性と男性の権利・責任・機会は，男性に生まれたか女性に生まれたかに左右されない。ジェンダー平等は，女性・男性それぞれの多様性を認知しつつ，女性・男性双方の利益・ニーズ・優先順位が考慮に入れられることを意味する」，ジェンダー公正とは「それぞれのニーズにもとづいた女性と男性の扱いの公平性である。これには，権利・利益・機会・義務において異なっているが対等であるとみなされる扱いをも含みうる」と説明する（Open Forum 2010a：37）。シェムリアップ・コンセンサスにおける原則2の説明に見られるように，Open Forum ではジェンダー公正はジェンダー平等の前提として考えられた。しかし，国連では，ジェンダー公正が，女性に有害な伝統・慣習・宗教・文化などにもとづいて解釈される要素があるが，それは認められないとして，特に1995年の世界女性会議（北京）以後，ジェンダー公正でなくジェンダー平等が好ましい用語と考えられてきた（United Nations 2001）。参考までに，田中（2002）によれば，1975年の第1回国連女性会議（メキシコシティ）をきっかけに宣言された「国連女性の10年」（1976～85年）で「公正アプローチ」（equity approach）が強調され，「女性の開発過程への平等な参加と公正な受益」を提唱されたが，国家からのトップダウン的アプローチであり，また西欧フェミニズムに偏重していると誤解されたため相対的に後退した。

8 Edwards & Hulme（1995）は，アカウンタビリティは多面的（multiple）なもので，パートナー・受益者などに対する「下向き」なものと，理事・ドナー・現地政府などに対する「上向き」なものがあるが，「上向き」のアカウンタビリティばかりが重視されることを指摘した。

9 トムリンソンも Civicus：World Alliance for Citizen Participation の2012年9月の総会（モントリオール）での CSO の開発効果をテーマにしたワークショップで，原則1～4は開発活動の理念や方針についての原則，原則5～8が組織運営に関する原則との説明を行っていた。

10 紙幅の都合もあり，本書では一部のガイダンスについては複数のものを1つの項目に統合している。

11 Lesbians, Gays, Bisexual and Trans-gender のこと。なお，近年ではこれに Inter-sexual も加え，LGBTI ともいわれる。

12 筆者は原則1・2のワークショップに参加し，さらに2つに分かれたグループのうち1の方に参加した。以上の記述は筆者のメモにもとづく。

13 ヒラリー・クリントン国務長官の基調講演は，http://www.state.gov/secretary/rm/2011/11/177892.htm にある（アクセス：2013年9月26日）

14 この点について，例えばコンサルテーションがイスタンブール原則採択後となった日本で参加者の間で不満がなかったわけではなかったし，第2回世界総会のワークショップでも第1回総会に参加していなかった人びとを中心に異論がないわけではなかった。

15 トムリンソンのプレゼンテーションのパワーポイントは Open Forum のホームページよりアクセス可能である。（http://cso-effectiveness.org/IMG/pdf/new_global_assembly_presentation_on_draft_framework.pdf：アクセス：2013年9月3日）

16 カンボジアに関しては CCC と NGO フォーラムのホームページ（http://www.ccc-cambodia.org；http://www.ngoforum.org.kh），Open Forum ホームページに掲載されている CCC, "Cambodia：Keeping Momentum on Istanbul Principles and Post Busan Mandate", 2012（http:

第5章 CSOの開発効果の規範づくり

//cso-effectiveness. org/cambodia-keeping-the-momentum-on, 651. html? lang=en：アクセス：2013年12月26日），CCCのSoeung Saroeun, NGOフォーラムのChhith Sam Ath両事務局長とのメールやり取り，国際協力NGOセンター（2013：13-26）にもとづく。

17 CCCは1990年に当時は内戦下（ヘン・サムリン政権を西側諸国が承認していない）のカンボジア国内で活動していた北のCSOの連絡調整機関として発足した。NGO Forumはカンボジア問題に関するアドボカシーを行う団ネットワークとして当初はカンボジア国際NGOフォーラム（International NGO Forum on Cambodia）の名でヨーロッパを中心に活動し，カンボジア和平後にプノンペンに活動の本拠を移した。現在は両団体ともに，加盟団体には国際CSOや北（日本を含む）のCSOの現地事務所も含まれているが，カンボジア人主体の運営となっている。なお，カンボジアのCSOやネットワークについては，金（2008）が詳しい。

18 http://www.ccic.ca/what_we_do/IP-case-studies_e.php（アクセス：2013年12月10日）

19 インタビュー（2013年5月29日）。

20 個別に訪問した団体は以下の通りである。CCIC, World University Service of Canada, MATCH International, Development Farms Radio, Inter Pares, OCIC, Kairos.

21 倫理綱領，運営の基準については，http://www.ccic.ca/about/ethics_e. php（アクセス：2013年12月11日）を参照していただきたい。

22 インタビュー（2013年6月3日）。

23 本書執筆時点でのCCICの加盟団体数は94，Interactionは180である。

24 韓国に関しては，筆者の2012年9月と2013年7月の聞き取り調査と，Faye Lee, "Implementation Strategies of Busan Partnership for Effective Development Cooperation with Focus on Istanbul Principles and Enabling Environment：Korea", Presentation at the 3rd Seoul Civil Society Forum, September 21, 2012；Augustine Minn, "Korean CSOs' Implementation of IPs", Presentation at 2013 Asia Development Alliance and CSO Partnership for Development Effectiveness and Workshop on Istanbul Principles, Taipei, December 15, 2013にもとづく。また，韓国では2012年9月にはKCOCとKoFID, 2013年7月には両団体に加え，OBOS, Reshaping Development Institute（ReDI）, Open ForumのGFGメンバーであったHyuk-Sang Sohn（Kyung Hee大学教授）にインタビュー調査を行った。なお，2012年9月の調査は，国際協力NGOセンターが実施した，2012年度外務省主催NGO研究会「事業評価と援助効果向上における比較」の一環であり，その報告は，国際協力NGOセンター（2013b：28-34）に掲載されている。

25 日本については，国際協力NGOセンター（同上）と筆者の"Implementation Strategies of Busan Partnership for Effective Development Cooperation with Focus on Istanbul Principles and Enabling Environment：Japan", Presentation at the 3rd Seoul Civil Society Forum, September 21, 2012；杉本香菜子（JANIC）の"Sharing of the National Implementation of Istanbul Principles：The Case of Japan", Presentation at 2013 Asia Development Alliance and CSO Partnership for Development Effectiveness and Workshop on Istanbul Principles, Taipei, December 15, 2013, および筆者自身がJANIC政策アドバイザーとして日本におけるイスタンブール原則とシェムリアップ・コンセンサスの実施にかかわってきた経験にもとづく。

第6章　援助効果の議論とCSOの独自性，政策・制度環境

はじめに

　CSOやNGOといっても，それは国家や地方の政府と無関係に活動しているのではない。南北を問わず，ほとんどの国でCSOはそれぞれの国の制度や政策に従って何らかの形で法人として登録したり，認可を受けたりしている。法制度や政策のあり方は多様であるが，CSOが活動しやすいかどうかの重要な要因である。出入国管理やビザの取得，大きな金額の資金や物資の国境を越えた移動などにも関係国の政府との何らかの手続きが必要となる。CSOは政府と何のかかわりもなく活動することはないといってよい。

　CSO，あるいはより広く市民社会の活動の自由度は，関係国の人権状況に左右されることももちろんである。CSO結成の自由は結社の自由の度合いによるし，表現の自由もCSOの特にアドボカシー活動と関連してくる。あるいはCSOの登録あるいは許認可も含めた法人制度のあり方，寄付金控除などの税制のあり方にも活動のしやすさも人権状況に左右される。こうしたCSOを取り巻く政策や制度がどの程度CSOにとって活動しやすいものかが，政策・制度環境（enabling environment）の問題である[1][2]。

　また，CSOの開発協力活動にとって，ODA資金は有力な財源の1つである。欧米諸国は，早い国（オランダ，カナダなど）では1960年代から，多くのDAC諸国は1970年代からODA資金のNGOへの供与を開始していった（日本は大きく遅れ，1989年）。北の諸国のODA機関は，当初は自国のCSOの南での活動にプロジェクト単位で，たとえば半額までというように資金を出すようになった。1980年代ごろからODA機関のCSOを通じた援助も多様化した。実績のあるCSOに対しては，プロジェクト単位ではなく，そのCSOが実績のあ

● 図6-1　DAC諸国のCSOを通じたODA (%, 2011年)

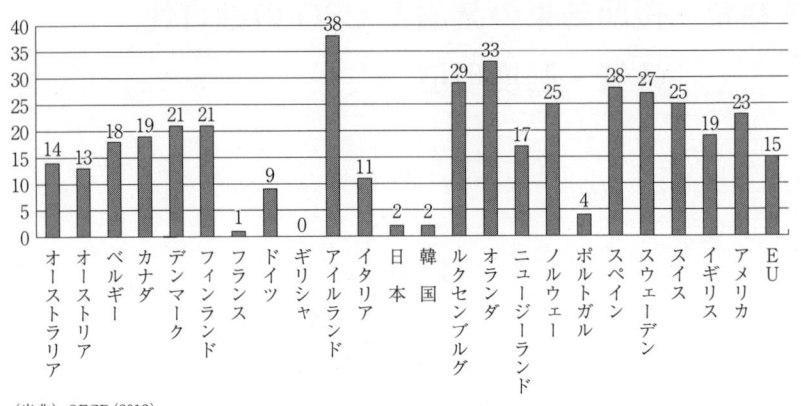

国	%
オーストラリア	14
オーストリア	13
ベルギー	18
カナダ	19
デンマーク	21
フィンランド	21
フランス	1
ドイツ	9
ギリシャ	0
アイルランド	38
イタリア	11
日本	2
韓国	2
ルクセンブルグ	29
オランダ	33
ニュージーランド	17
ノルウェー	25
ポルトガル	4
スペイン	28
スウェーデン	27
スイス	25
イギリス	19
アメリカ	23
EU	15

（出典）OECD（2013）

るセクター（教育・保健など）や国単位で，年間のプログラム（計画）全体に対して一定の割合でODA資金を出したり，これを多年度の期間で行ったりする国もある。さらに実績を積んだCSOに対しては，3〜5年の中長期計画に対して資金を出す国も増えてきた。北のCSOを通さずに南のCSOに直接資金を出すプログラムもほとんどの公的ドナーが実施している。また，二国間ODAのうち，教育・保健・農村開発などCSOが得意とするセクターのものについて，CSOが実施機関として参加するようにもなった。

現在，以上述べたような多様な資金の流れを合わせて，図6-1のように，DAC諸国のODAがCSOを通じて供与されている。多い国と少ない国の差が大きいが，現在DAC諸国のODAの14%前後がCSOを通じているのではないかといわれる。また，CSOの側から見ると，資金の30%程度がODAを財源としていると推定される。

ODAがCSOにとって有力な財源の1つとなっていることで，CSOがODAから資金を得つつ，独自性を保つことができるのか常に問われてきた。今日では政策・制度環境の1つとして，CSOに好ましい資金供与策も国際的に議論されるようになっている。

この章では，援助効果の議論の中で，政策・制度環境やCSOに好ましい資金供与策について，CSOの自由や独自性を保つ，あるいは拡大するために

CSO がどのような政策提言を行ってきたのかを検討したい。まず援助効果の議論が出てくる前に CSO の独自性の問題が考えられてきたのかまとめた後，パリ宣言（2005年）からアクラ行動計画（AAA：2008年）へのプロセスでの議論を AG-CS に注目しながら，次いで AAA からプサンでの HLF 4 へのプロセスでの Open Forum と TT-CSO における CSO が活動しやすい政策・制度環境をめぐる議論に注目しながら検討していきたい。

1 本章の研究の視角

1 規範としての CSO の独自性と政策・制度環境

AG-CS と TT-CSO は CSO の独自性や政策・制度環境について，CSO が「起業」した規範に合意し，AAA や BPd での採用に向けて推進していく役割を果たした。AG-CS や TT-CSO で合意された規範は，開発アプローチに関する規範の議論とどのような関係にあるのだろうか。

また政策・実務規範，特にオーナーシップに関する規範との関係は重要である。第1章でも述べたように，CSO は，「開発主義国家」が次第に疑問視されていく中で，注目を高めてきた。しかし，21世紀に入り，国家政府の役割が見直されていく中で援助効果も論じられるようになった。開発協力のオーナーシップが南の側にあるべきという原則には CSO，南北の政府とも同意しているが，オーナーシップは国家政府に一元化され CSO の活動も南の国家政府の開発や貧困削減の戦略と「整合性」「調和化」を求められるのか，CSO の南北関係においても南の CSO がオーナーシップを持てばよいのであり，南の国家政府の開発や貧困削減の戦略に対し独自性を持つべきなのかが論点となってきた。CSO も含めたオーナーシップのあり方は「国家中心型オーナーシップ」であるべきか，「民主的オーナーシップ」であるべきかが議論の基軸になってきたといえる。

2 マルチステークホルダー・プラットフォームにおける
合意形成

AG-CS と TT-CSO は，CSO と国家政府アクター（主権国家や政府間国際機構）

が共同して援助効果の議論におけるCSOの位置づけ，政策・制度環境について議論し，規範に合意していくマルチステークホルダー・プラットフォームであった。マルチステークホルダー・プラットフォームにおける政策や合意形成のプロセスについて先行研究はあまり多くないが[3]，ここではCSOの独自性と政策・制度環境が規範として，AG-CSやTT-CSOで合意されていったプロセスの特徴を検討したい。

一方で，本章で見ていくように，援助効果の議論の中でのCSOと政府の関係をめぐる議論は，CSOの独自性を認知し，各国が政策・制度環境を保証することを規範として明文化していきながらも，現実には政策・制度環境がむしろ悪化していくプロセスであった。フィネモアとシキンクの「規範のライフサイクル論」（第4章）での概念を利用すれば，「規範の拡散」が起こりながらも「規範の内部化」が起こらなかったプロセスであったといい換えられる。その背景も考察したい。

2 援助効果論以前の開発援助における政府とNGO/CSOの関係[4]

1 20世紀——公的ドナーによるNGO/CSO支援の拡大とNGO/CSOの懸念

第1章でも述べたように，OECD-DAC諸国の間でODAの一部をNGO（第1章同様，CSOということばが本格的に使われるようになったのは21世紀に入ってからであるので，20世紀の議論の紹介にあたっては，当時の議論に従ってNGOを用いる）を通じて供与することは，1960～70年代に開始された。その時代には，援助により経済インフラ整備を進めることにより工業化と経済成長を重視する考え方とトリクル・ダウンは疑問視されるようになり，BHN戦略が台頭していた。金額が大きくなった1980年代になって，NGOの意義や役割について本格的に言及されるようになったが，1980年代の開発援助を支配していたのは構造調整であった。

1970～80年代は，NGOは，「開発主義国家」とトリクル・ダウン仮説に対する疑問が高まりBHN論が台頭する中で，貧困層に対する直接の開発活動の担

第6章　援助効果の議論とCSOの独自性，政策・制度環境

い手として，そして1980年代に入って構造調整による南の政府の社会サービスが後退する中でその補完者としてNGOが注目されていた時代であった。

1990年代は，人間開発や社会開発，グッド・ガバナンスなどの考え方が台頭し，NGO・CSOは，人間開発・社会開発の担い手として，市民社会の担い手として期待された。

DAC諸国がNGOを通じたODA供与を拡大していく中で，NGOの側で独自性や自立性への懸念が高まっていった。1980年代のICVAの以下の指摘は，NGOとODA機関との関係が深まることの懸念を整理した代表的なものといえよう（ICVA 1985）。

- 開発援助機関の政策はNGOの目的や受益者の利益にそぐわないかもしれない。NGOやその受益者は目的に合わない事業に巻き込まれるかもしれない。
- ODA機関の定めるさまざまな制限（対象国，対象グループ，援助形態など）によりNGOの事業計画のバランスが損なわれるかもしれない。
- ODA機関から資金を受けるために，NGOはODA機関が定める条件を満たすように活動の優先順位やスタイルを変えるかもしれない。ODA機関の下請け機関になるNGOも現れるかもしれない。
- NGOが開発教育で政府を批判する意志を失ったり，アドボカシーで姿勢を和らたりするかもしれない。
- ODA機関から資金を受けすぎると，その交付を受けられなくなったときに財政危機に陥るため，NGOや活動現場を過度な緊張に陥れるかもしれない。
- ODA機関の資金供与の決定の遅れの結果，NGOの事業計画が損なわれる危険がある。
- ODA機関の資金の安易な導入により従来の寄付者を軽視する危険がある。

2　2000年前後──貧困削減戦略と市民社会

1999年の世界銀行・IMF理事会におけるHIPCs，IDA対象国に対するPRSPの導入は，PRSPへの提言という新しい役割を特に南のCSOに与えることとなった。二国間ドナーの間でも，イギリスの国際開発省（DFID）のように，南のCSOのPRSPプロセスへの参加を奨励し，PRSPに関連した調査などを支援する意志を示すものもあった。[5]

しかし，PRSPで提唱された市民社会とのパートナーシップはどの程度実現していたのだろうか。ウガンダやザンビアのように，政府が積極的にCSOの

意見を求めた国もあった。多くの国ではCSOへの参加は形式的なコンサルテーションにとどまり，また都市部でのみ行われた国，野党の強い地域で開催されない国，社会開発関連分野に限って認める国などがあり，CSOの参加が十分実現していたとはいい難く，エリートや援助機関の利益が反映されてきた（RoA 2007；Sanchez & Cash 2003；Kapijimpanga 2004；AFRODAD 2002；Possing 2003；ActionAid America & ActionAid Uganda 2004；Culpepper & Morton 2008）。多くの途上国の民主化をめぐる状況を考えるとCSOがどこまで自由な発言ができるのかは政治状況に左右される部分が大きい（Lister & Nyamugasira 2003）。「意思決定過程への参加が実質的な意味を持ち，参加や対話が貧困者の声を反映させる上で有効な役割を果たし得るような国は例外中の例外であろう」（柳原 2001）というのが実態であった。[6]オーナーシップとパートナーシップがキーワードになっていたPRSPにおけるこの経験は，オーナーシップ・整合性・調和化を原則とするパリ宣言が採択された時，CSOの役割がどのようなものになるのかという懸念を生じさせたといえよう。

3 AG-CSの提言とAAA

1 AG-CSの背景──貧困削減戦略・援助効果論へのCSOの懸念

第4章でも述べたことだが，パリ宣言に関してCSOからはさまざまな批判が出た。その中には本章のテーマでもある，CSOと国家政府との関係に関するものが含まれていた。特にトムリンソンが包括的なコメントを行っている（Tomlinson 2007）。またFEMNET（African Women's Development and Communications Network）のワンユェキ（L. Muthoni Wanyeki）が南の視点を提供している（Wanyeki 2007）。RoAレポートで指摘されているパリ宣言のCSOと国家政府との関係に関連する問題点を整理してみよう。

① 市民社会の役割の軽視

パリ宣言がまとめられたフォーラムにおいてトゥハンは提言の1つとして「援助機関のすべての援助調和化と整合性の前提条件として，市民社会の強力な参加にもとづいた被援助国のオーナーシップを強化すること」（RoA 2007：21）を求めた。しかしパリ宣言は前掲したように，市民社会の「参加を奨励し

つつ」，パートナー国政府は「すべてのレベルの援助の調整に主導性を持つ」と述べている。これについてトムリンソンは，パリ宣言は国家の能力強化を重視し，そのことは重要であると述べつつも，

> CSOや市民それ自体の開発アクターとしての役割を無視している。CSOや市民は貧困層のコミュニティとともに，あるいは代弁して社会のすべてのレベルの経済的・社会的・政治的イニシアティブを組織化することに長く豊富な歴史を持ってきた。市民の見解はいつも政府の見解と同じでないし，「オーナーシップ」のプロセスは政策の方向性についての国内の民主的論争を反映しなければならない（Tomlinson 2007：13-14）。

と述べ，パリ宣言のオーナーシップの考え方が国家政府に偏り，NGO・市民社会の役割を軽視している，あるいは周縁的に考えていることを批判する。

ワンュェキはオーナーシップの問題について，PRSPプロセスを参照しつつ，問題視する。PRSPプロセスは，実際にはしばしば世界銀行・IMFと国家首脳（大統領・首相など）やその側近たち，財務担当の省庁を中心に進められ，市民社会だけでなく議会さえもプロセスから排除されている国もあり，真に全国民的にオーナーシップを持つものではない（Wanyeki 2007：22-23）。そしてCSOが援助機関により国家間で決められた開発戦略の手段・下請けとなることを懸念する（同上：27）。

② 整合性と調和化とCSO

トムリンソンは，援助の整合性と援助調和化は誰のためなのかという根本的な問題があると述べる。パリ宣言でしめされた改革は「限られた政府高官の間の援助国-被援助国間のパートナーシップがすべての主要な開発アクターの一致した利益を代表するという支持できない前提にもとづく」のであり，「援助機関の調和化の手続きは，独立した市民社会アクターが貧困層の声を代表する必要性を無視または過小評価する恐れがある」（Tomlinson 2007：16）と指摘する。

南のCSOは，国家政府やエリートに無視されがちであった貧困層や周縁化された人びとの参加，組織化を進め，地域のニーズや知識を重視してきた。南の地域コミュニティで開発事業を実施するだけでなく，国家の開発戦略に対して批判や政策提言も行ってきた。こうした南のCSOの活動を進める上で北の

CSOからの支援や市民レベルの南北パートナーシップは大きな役割を果たしてきた。北の公的ドナーはこうした南北のCSOパートナーシップの支援に熱心であった。しかしパリ宣言でいう援助の整合性や調和化は，援助機関の活動を政府間で合意された開発戦略の枠内に押し込め，CSOへの支援もその枠内に限られ，市民社会の下請け機関化をもたらす可能性がある。被援助国政府は政権政党やエリートの利益にもとづいて開発を考えがちである。援助機関は被援助国政府の開発活動の改善に取り組む必要がある一方で，援助が効果をあげるためには市民社会をはじめ他の開発アクターともパートナーシップを築く必要がある（同上：16-18；RoA 2007：6）。

AG-CSが設立された経緯（第3章）にはこうしたCSOの批判があった。第5章で述べたように，AG-CSが結成された時に，CSOの間で公的ドナーの意図はCSOにパリ宣言を適用することではないかという疑念があった。第1章で示した「国家中心型オーナーシップ」規範のように，オーナーシップは国家政府に一元化されCSOの活動も南の国家政府の開発や貧困削減の戦略と「整合性」「調和化」を求められるのではないかというのがCSOの懸念であった。

AG-CSは，①開発アクターとしてのCSOの役割の理解，②市民社会に関し，パリ宣言の適用の可能性と限界の検討，③市民社会の援助効果についてのよい実例を紹介の3つを目的としていたが，③については，政策・制度環境を除く部分を第5章で述べた。この節ではAG-CSの提言のうち①②と③のうち政策・制度環境にかかわるものと，AG-CSの提言を受けて採択されたAAAのCSO関連のパラグラフを紹介し，AG-CSの活動の意義を考えたい。

2 AG-CSの提言——市民社会の独自性の認知と発言権

AG-CSの提言の第一の柱は市民社会の独自性と発言権の認知である。パリ宣言は「CSOを独自の (in their own right) 優先順位，プログラム，パートナーシップの関係を持った開発アクターとして認知していない。（中略）CSOが開発アクター，変革者として演じている幅広い役割を認知できないでいる」(AG-CS 2008c：1) のである。HLF 3 に向けたCSOのネットワークでありAG-CSのCSO全6団体も参加するISGも「CSOはパリ宣言での援助機関や各国政府の公約の実施の手段とされてはならない」として市民に根ざす独自の開発

アクターとして認知することを求める (ISG 2008：5-6)。

第5章で述べたことの繰り返しになるが,パリ宣言ではパートナー国は「援助機関の間の調整に主導権を持ち,市民社会や民間セクターの参加を奨励する」(Para. 14),公的ドナーは「最大限中央政府主導の戦略に整合させ,それができない時は,国・地域・セクター・非政府のシステムを最大限利用すべきである」(Para. 39),パートナー国は「国家開発戦略の形成や実施の進捗状況の評価の時に幅広い開発パートナーを関与させることによって参加型アプローチを強化する」(Para. 48) の3か所でしかCSOなど非国家アクターに触れていない。AG-CSは発足時から,パリ宣言はCSOを南の政府や援助機関の効果向上の道具や手段としてしかみなしていないことを問題視した (Sida 2007：13；AG-CS 2007a：5)。

AG-CSはCSOの多様な役割を,草の根コミュニティ,貧困層や周縁化された人びとを動員すること,政府や援助機関の政策と実践を監視すること,調査や政策対話に携わること,サービスやプログラムを実施すること,市民社会のネットワークを形成すること,追加的に資金や人材を提供すること,一般の人びとを教育して連帯と社会正義の価値の形成を支援すること,と述べた上で (AG-CS 2008c：8),以下を認知することを勧告する。

・市民社会の重要性と多様性,およびCSOが独自の開発・人道アクターであること
・CSOは開発と援助の効果向上に特有かつ正当な貢献ができ,他の開発アクターの取り組みを補完すること
・強力な市民社会は社会の転換や民主主義の深化のための資産として発展されるべきものであること (同上：10)

CSOは独自性を持つ開発アクターとしてどのような視点から援助効果について発言するのだろうか。「貧困削減,ジェンダー平等,人権,社会正義が中心であることを認知すること」というISG (2008：3) の勧告に集約されよう。

第5章でも述べたようにCSOが市民を代表する正統性は絶えず議論されるテーマである。AG-CSガティノー・フォーラムでもCSOの正統性に対する議論が行われた。選挙で選ばれたわけでもないのだから社会全体の代表性を持たず,特定の個人や集団の利益を目的とするものすらあるというCSOの発言権

への懐疑論も出た。これに対して、市民、とりわけ貧困層や周縁化された人びとが組織化して声を上げ、その利益と価値を促進することの民主主義社会における意義を強調する意見が強かった（AG-CS 2008b：13-14, 21）。AG-CS のアクラ・フォーラムに対する提言は以下のように述べる。

> 政府と異なり CSO は人口全体を代表することを主張しないし、投票箱から正統性を得ているのではない。しかしながら CSO はそれがなければ権利が周縁化されている特定の人びとを代表し、または貧困層へのサービス向上や環境の持続可能性といった特定の大義を主張することで独自の正統性を持っている（AG-CS 2008c：7）。

以上をまとめれば、CSO を独自で政府とは異なった正統性を持つ開発アクターであることを明確にしている。また、CSO の役割としてサービスやプログラムの実施のみならず、政府や援助機関の政策と実践の監視、調査や政策対話、市民社会のネットワーク形成、一般の人びとの連帯と社会正義の価値の形成といった点をあげることで、政府を補完する開発活動の実施と社会運動の両方の側面を CSO が持つことを確認している。

3 AG-CS の提言——CSO とパリ宣言の諸原則の適用

AG-CS の活動の第二の柱は、パリ宣言で唱えられている援助効果向上の諸原則の実施に当たって CSO はどのような貢献ができるのか、その一方で諸原則が CSO に適用するに当たってどのような問題点があるのかの検討である。

AG-CS の中心メンバーの1人であるトムリンソンによれば、援助の整合性と調和化は誰のためなのかという根本的な問題がある。パリ宣言でしめされた改革は「限られた政府高官の間の援助国—被援助国間のパートナーシップがすべての主要な開発アクターの一致した利益を代表するという支持できない前提にもとづく」のであり、「援助機関の調和化の手続きは、独立した市民社会アクターが貧困層の声を代表する必要性を無視または過小評価する恐れがある」（Tomlinson 2006：6-8）と AG-CS の活動開始前から指摘していた。

南のオーナーシップの原則には異論は少ないだろう。問題は、

・南のだれに、あるいはどこに開発のオーナーシップが所在するのか。パリ宣言は「国のオーナーシップ」（country ownership）を強調するが、これは国家政

府のオーナーシップを実質的に意味するのではないだろうか
・国家政府にオーナーシップが所在する開発戦略への整合性や調和化が唱えられることを CSO の立場からどう考えるのか

であろう。
① オーナーシップ

まずオーナーシップについて検討してみよう。パリ宣言は「パートナー国は幅広い協議を通じて開発戦略の作成・実施を行い，また開発戦略を結果重視のプログラムや中期計画，年度予算に反映させる。援助機関の間の調整に主導権を持ち，市民社会や民間セクターの参加を奨励する」と述べる（OECD 2005：Para. 14）。「CSO はオーナーシップが開発の基礎であると信じている。(南の)諸国が自らの開発の道筋を決定，主導しない限り，開発は包括的，持続的，効果的にならない」（ISG 2008：3）というように，南のオーナーシップの重要性について CSO に異論はない。問題はオーナーシップがパリ宣言で南の政府のリーダーシップと同一視されていることであった（AG-CS 2007a：10）。

繰り返し述べてきたように，PRSP プロセスで市民社会の参加が不十分で，エリートや援助機関の利益が反映されてきたことは，AG-CS の地域コンサルテーションでも指摘された（AG-CS 2008a：13-14）。

第 1 章でも述べたように，たとえ市民社会の参加を伴っても，その国の社会全体に共有されるオーナーシップの実現は容易ではない。AG-CS もパリ宣言は中央政府の貧困削減戦略によりオーナーシップが定義され，それが途上国のニーズや優先順位についてのコンセンサスを表すものとみなしていることを問題視してきた（AG-CS 2007a：5）。そしてパリ宣言にある「国のオーナーシップ」という表現自体が，国全体のコンセンサスを基盤とした，あるいは中央集権的なオーナーシップを暗示し不適切だと述べる（AG-CS 2008c：13）。

CSO は国家政府中心のオーナーシップから「民主的オーナーシップ」(democratic ownership) への転換を求めたことと，「民主的オーナーシップ」の意味については第 4 章で紹介した。AG-CS はこれを進め，「ローカル・民主的オーナーシップ」(local and democratic ownership) を提唱する。地域コンサルテーションで「民主的オーナーシップ」が中核をなすべきことが強調されてい

たが（AG-CS 2008a：13-14），ガティノー・フォーラムでオーナーシップは草の根レベルの貧困層やコミュニティやその組織にあるべきだとして「ローカル・オーナーシップ」も加わった（AG-CS 2008b：17-18）。「ローカル・民主的オーナーシップ」は，国家政府だけでなく議会・地方政府・市民・コミュニティ・CSO のオーナーシップも強調する。そしてこれら多様なアクターの開発戦略・計画・事業の策定・実施・評価への参加とともに，「個別の開発の取り組みやプログラムにおいて，国家政府，地方政府，CSO といった異なったアクターのリーダーシップを伴いうることを認識すべきだ」（AG-CS 2008c：13）として，オーナーシップの所在はつねに国家政府にあるわけではなく，個別の開発の取り組みによって CSO や地方政府にあるべきだとする。

では，「ローカル・民主的オーナーシップ」にもとづく開発援助はどのようなものになるのか，整合性と調和化の問題と合わせて考えてみよう。

② 整合性

AG-CS は，パリ宣言では南の政府のリーダーシップによる貧困削減戦略にもとづく政府の優先順位やシステムへの整合性が考えられるのに対し，北の CSO はそれぞれの南のパートナー CSO がオーナーシップを持った優先順位への整合性を考えるという相違を指摘する。いい換えればパリ宣言は単一のオーナーシップにもとづく開発戦略への整合性を示唆するのに対し，CSO はオーナーシップと整合性の複数性を唱える（AG-CS 2007a：10）。AG-CS 地域コンサルテーションでは以下のような議論が展開された。もし専ら政府の開発戦略への整合性が考えられるならば，貧困層や排除された人びとの参加に必要な民主的文化や CSO の多様性の強化といった目標と対立することになる。そもそも政府の開発戦略はどんなに参加型であったとしてもあらゆる人びとの優先順位を反映できない。したがって CSO は国家の開発戦略ではなく，より広範な市民のニーズと権利に対する整合性を追求すべきである（AG-CS 2008a：14-15）。ガティノー・フォーラムでも「ローカル・民主的オーナーシップ」の視点にもとづき，政府の開発戦略への整合性から，より広範に地域レベルのオルタナティブな取り組みへの整合性への転換が唱えられた（AG-CS 2008b：18）。

HLF3 に対する提言で AG-CS は，パリ宣言が整合性とは PRSP のような国家開発戦略や南の各国政府のシステムへの整合性ととらえていることを指摘し

た上で，以下のように述べる（AG-CS 2008c：13）。

> CSO は観点の複数性を強調することを好み，北の CSO はしばしば途上国の CSO と直接共に活動する。その結果，北の CSO は整合性を南の CSO のパートナーやその支持者が特定する優先順位や戦略との整合性，パートナーの優先順位づけやプログラム実施システムという意味での途上国のシステムへの整合性として理解する。

そして南のパートナー CSO の優先順位やシステムは政府のものとは異なりうるものであり，「ローカル・民主的オーナーシップの線に沿って，整合性の概念のより広い解釈が必要である」と主張する。すなわち国家政府のみならず，地方政府や CSO を含む多様なパートナーの優先順位やシステムへの整合性である（同上：13-14）。

③ 調和化

調和化が唱えられる背景として「援助の氾濫」「援助の断片化」と言われる現象があり，CSO も「援助の氾濫」「援助の断片化」を生み出しているアクターであることは第2・5章で述べた。AG-CS も「援助の氾濫」「援助の断片化」の問題を認識し，また調和化が開発戦略や援助戦略全般への政策対話への道を開く可能性があると考えてきた。[7]

一方で CSO の間で調和化に対する懸念はパリ宣言直後から指摘されてきた。[8] AG-CS は，コミュニティ・レベルの状況を重視するものや，革新性・実験性が重要な分野は，調和化になじまないと指摘する（AG-CS 2007a：11-12）。また，AG-CS のヘーネサンド・フォーラムや地域コンサルテーションでは，ODA のうち CSO を通じて行われるものまで調和化の対象となることで，CSO は南の政府の開発戦略にもとづく援助政策の下請けになり，CSO の独自性や多様性を脅かされると懸念された（Sida 2007：17-18, 26-27；AG-CS 2008a：15-16, 18-19）。ガティノー・フォーラムでは援助協調や調和化は，国家の開発計画や PRSP だけでなく，市民の優先順位を含む幅広い視点にもとづかなければならないと確認した（AG-CS 2008b：18）。

AG-CS の HLF 3 に対する提言では，援助協調や調和化の意義を認めつつも，不適切に適用されれば CSO のイニシアティブや革新性を妨げかねないことを指摘する。多様性と革新性を認知したより広範な援助協調と調和化のアプ

ローチが必要である。CSO を通じた ODA に関しては，「変革と開発の担い手としての市民や CSO のエネルギーや革新的なアイディアを利用するためにも対応型プログラムは引き続き重要な役割を持つことを認知すること」と述べ (AG-CS 2008c：14)，CSO が主導する計画に公的ドナーが資金を供与する対応型プログラムと他の CSO に対する ODA プログラムとのバランスを保つことを求める（同上：18-19）。

②③を合わせれば，CSO は整合性や調和化に賛同しつつも，CSO まで南の政府の開発戦略への整合性を求められれば，あるいは CSO を通じた ODA まで調和化の対象に含められた場合には，CSO の独自性や多様性を脅かすと考えているのである。

④　成果のマネージメントと相互のアカウンタビリティ

AG-CS では，成果に関するアカウンタビリティが重要との観点から，パリ宣言の2つの原則を一体に扱い，CSO は第一に CSO の活動自体の成果やアカウンタビリティ，第二に ODA の成果とアカウンタビリティの監視者としての役割を持つという観点からとりあげた (AG-CS 2008c：15)。ガティノー・フォーラムでは，ODA の成果とアカウンタビリティを検証する上で情報公開が不十分なこと，「ローカル・民主的オーナーシップ」の観点から援助機関，南の政府，CSO を含んだより広範なアカウンタビリティの枠組みが必要なことが指摘された。また成果とは何なのか，そもそも援助の効果だけでなく開発全体の効果ではないかという問題が提起された。「ローカル・民主的オーナーシップ」の観点から，成果とその指標は地域により，また人権・ジェンダー平等・貧困削減・環境持続可能性を基盤に定義されるべきである（AG-CS 2008b：19）。

HLF3 に対する提言では，成果のマネージメントが実際には援助機関による管理の手段になってきたことを批判し，また政府の制度改革やサービス供給の改善といった短期的で可視的な成果よりも制度・社会変革の指標——ジェンダー平等や女性のエンパワーメント，不平等の削減，人権や民主主義の面での改善，社会変革の質——に注目することを求める。アカウンタビリティに関しては受取国から援助機関への「上向き」のアカウンタビリティが重視され市民や受益者に対する「下向き」のアカウンタビリティが軽視されてきたことを問

題視し，全ての開発パートナー，特に貧しい人びとや周縁化された人びとへのアカウンタビリティを強調する（AG-CS 2008c：15-16）。

4 政策・制度環境

AG-CS は援助効果議論の中で CSO の政策・制度環境の問題にも取り組んだ。CSO に好ましい政策環境の条件として AG-CS は，表現・結社の自由と情報へのアクセス権を保障・促進するメカニズム，CSO を促進する法制度や税制，CSO のアカウンタビリティと透明性を促進する規則と規範，多様な利害関係者（stakeholders）間の対話，フィランソロピーや企業の社会的責任（CSR）の促進といったことをあげている。これらはまず南の各国政府が促進するものであるが，同時に，CSO はアカウンタビリティや実践の規範や基準をつくることで，援助機関も政策対話への CSO の参加を奨励し自らも CSO に開かれたものとなることで，役割を演じることができる（AG-CS 2008c：17-18）。

5 AAA における独自のアクターとしての CSO の認知

AAA においては，CSO については以下のように 2 箇所で大きく言及されている（OECD 2008）。

- パラグラフ13（私たちは各国レベルでの開発に関する対話を拡大する：抜粋）：途上国政府は国家開発政策・計画の準備・実行・監査において議会や地方自治体と密接に共同で働く。途上国政府はまた CSO とも共同で働く。
- パラグラフ20（私たちは市民社会組織との協働を拡大する：全文）：私たちは CSO との協働作業を深める。CSO は独自のアクターであり，その取り組みは政府や民間アクターのものを補完する。私たちは CSO が完全に潜在力を発揮して開発に貢献できることを保障することに関心がある。そのために，
  a）私たちは CSO が，CSO の視点にもとづいてパリ宣言をいかに適用できるのか検討することを招請する。
  b）私たちは CSO の開発効果を促進する CSO 主導の多様な利害関係者間プロセスで協働するという提案を歓迎する。その一部として私たちは，ⅰ）CSO と政府の取り組みの調整を向上させること，ⅱ）CSO の成果のアカウンタビリティを強化すること，ⅲ）CSO 活動の情報を向上させることを求める。
  c）私たちは CSO とともに，その開発への貢献を最大化できる政策・制度環境を提供する。

パラグラフ20a・bを踏まえて活動したのがOpen Forumであることは第5章で述べた。AAAが，特にパラグラフ20で，CSOが独自のアクターであることを認め，政策・制度環境の提供に言及していることは，AG-CSの成果を反映したものであろう。第4章の表4-1で紹介したように，HLF3へのISGの提言のうち，提言5「CSOを独自のアクターとして認知し，開発において有効な役割を演じられるような条件を整備する」は「達成」とみなされた。それはパラグラフ20でCSOが独自のアクターであることが明記されたからである。

パラグラフ13は「ローカル・民主的オーナーシップ」の視点を採用したとはいえないものの，オーナーシップの所在をパリ宣言時よりは広くとらえている。整合性や調和化をめぐるCSOやAG-CSの問題提起に関連することはAAAでは触れられていない（Tomlinson 2008）。ただしAAA（第2章で紹介）は，パリ宣言の整合性や調和化の原則に沿ってパラグラフがつくられているわけではなかった。

4　TT-CSO, Open Forumの提言とBPd

HLF3以後，AG-CSのいわば後継機関としてTT-CSOが結成され，WP-EFFのクラスターA「オーナーシップとアカウンタビリティ」の下に置かれ，政策・制度環境に関する実施促進や良い実践事例の紹介が大きな目的となったことは第3章で紹介した。またOpen ForumもCSOの開発効果の原則づくり（第5章）とともに制度・政策環境の問題に取り組んだ。実際には，AAA20パラグラフにもかかわらず，南北の多くの諸国で政策・制度環境が悪化した。この節では，まず政策・制度環境の悪化の状況を確認した後，TT-CSOとOpen Forumの政策・制度環境に関する取り組みを紹介し，2つのプラットフォームの取り組みの意義を考えたい。

1　悪化する政策・制度環境

AAA20パラグラフでCSOを，独自性を持ったアクターと認知し，「好ましい政策・制度環境を提供する」と述べているにもかかわらず，HLF3以後，南北を問わず多くの国でCSOの政策・制度環境の悪化が見られた。

Civicus (2010) によれば，2009・10年の２年間に90か国で市民社会に対する何らかの規制強化が見られた。それには市民社会の登録制度の厳格化，自由な活動の規制強化のみならず，活動家の拘束や殺害までも含まれる。Africa Civil Society Platform for Principled Partnership（ACPPP 2011）によればアフリカの35か国で2007年から2011年４月までの間に何らかの CSO に対する規制強化策が打ち出された。キリスト教系 NGO のネットワークである ACT Alliance（2011）も南の10か国の事例研究を行いながら，政策・制度環境の悪化を指摘している。

北でも，例えば従来 CSO とのパートナーシップでは先駆的存在であったカナダ（高柳 2001）では，2006年の保守党政権の誕生以降 CSO の政策・制度環境が悪化してきた。カナダについては本章の補論で後述する。オーストラリアやニュージーランドでも政府から資金を受ける CSO のアドボカシー活動に対する規制強化が行われている[9]。

Civicus と ACPPP は，CSO の政策・制度環境の悪化の原因の一つとしてパリ宣言の諸原則があるという。国家政府の中には，オーナーシップとは国家政府のオーナーシップであり，CSO を含むすべての開発アクターの開発戦略を国家の開発戦略に整合・調和化させ，また CSO のあらゆることについて政府には説明を求める権利があると考える国が少なからず存在する（Civicus 2010：8-9；ACPPP 2011：22-23）。

この他の要因として Civicus は2001年９月11日の同時多発テロ以降の対テロ政策は，各国が市民社会に対する監視や統制を強める動機になっていると述べる（Civicus 2010：3）[10]。一方 ACPPP によれば，アフリカ諸国の内戦下の諸国や脆弱国家で特に CSO への統制が強い（ACPPP 2011：20-22）。

2 TT-CSO での議論

TT-CSO は３章で紹介したように，AAA のパラグラフ13・20の実施策——具体的には南北の各国における CSO の政策・制度環境やドナーの CSO 支援策——の検討だけでなく，BetterAid と Open Forum へのドナーの支援策も含めた広いテーマを扱いつつ，７回の会議を開催した。

TT-CSO の場でも，南の諸国からはパリ宣言の CSO への適用が主張された

時期がある。第1回会議（2009年4月）[11]で，「パリ宣言は明確に運転席にパートナー国政府を置き，CSOは政府の優先事項のモニタリングと実施の役割を与えられている。パートナー国のいくつかの政府はCSOからパリ宣言が自らの活動に適用されるという言明をほしがっている」との発言が出された。これに対するCSO側の返答は，援助効果の問題には関心はあるが，パリ宣言やAAAはパートナー国政府と公的ドナーの間のものであり，CSOは署名者ではない。CSOはその適用の受け入れでなく，CSO自身の開発効果の問題を考えていきたいというものであった（TT-CSO 2009a：7-8）。

第2回会議（2009年6月）でも，パートナー国メンバーを代表してセネガルが以下の趣旨の発言をした。途上国政府にとってCSOの成果の検証と各途上国内でのCSOの活動状況の把握が必要である。またCSOの開発効果の原則には，各活動現場の国でのCSO間の相互調整や各国政府の開発戦略や枠組みとの関係についても言及してほしい。南のCSOはドナーや北のCSOの下請けになる危険性があるのだから，ドナーとの関係にも触れてほしい（TT-CSO 2009b：6-7）。第3回会議（2009年10月）でもバングラデシュから政府主導のCSO調整が主張された（TT-CSO 2009c：5）。

このような南の政府の主張も受けて，TT-CSO, 特に第2・3回会議では2010年に政策・制度環境に関するグローバル会議や南の政府とCSOの会議の開催が検討されたが，実現されなかった。

TT-CSOは，第3章で紹介した目的のうち，政策・制度環境に関する経験と良い実践事例の促進と共有と，CSOの効果を高めるようなドナーの経験と良い実践事例の促進と共有に関連する調査活動を行った。特に欧州諸国のCSO支援策が検討された。

第5回会議（2010年10月。Open Forum第1回世界総会に引き続き開催）でOpen Forumは，①CSOの独立性，②公的ドナーの資金的支援策のモデル，③透明性とアカウンタビリティ，④政策対話の4つのテーマからなる提言書を出すことを提案し，起草委員会がInterAction（アメリカの国際開発CSOプラットフォーム），ITUC, USAID（アメリカ国際開発庁）, Sida, マリ, Civicus, CIDAをメンバーに結成された。

3 TT-CSO の提言

TT-CSO は，2011年3月のヘーネサンド会議（第3章）で HLF 4 に向けた5つのメッセージ（TT-CSO 2011a）とその背景説明の文書（TT-CSO 2011b）をとりまとめ，4月に発表している。ここでは5つの提言に背景説明を加える形で紹介しよう。特記しない限り，以下は2つの文書の引用・要約である。

① CSO を，独自性を持ったアクターとして，また，マルチステークホルダー対話の重要性を再確認する

ここで重要な点は，CSO が AAA で述べられたように独自のアクターであることを再確認すること，CSO の視点からはオーナーシップと整合性とは南の地元の CSO・コミュニティ・市民のオーナーシップとリーダーシップであること，開発に関する CSO・途上国政府・ドナー間の対話が重要なことである。

TT-CSO は，政府，民間，CSO の3つのセクターの使命の違いを確認した上で，

> CSO を独自のアクターとして認知することは，CSO が異なったアプローチや課題を持つことを意味すると認知することでもある。CSO が独自のアクターとしての自己の様々な課題に取り組み，より広く社会的・経済的・民主的開発に貢献することが可能となるには，パリ宣言の援助効果原則であるオーナーシップや整合性は異なった意味を持つ（TT-CSO 2011b：11）。

と述べ，CSO の役割は他の2セクターとの関係で独自であるが補完的であると表現している。

② CSO の開発への貢献を最大化するよう，政策・制度環境を提供・促進・監視する

具体的には以下である。

・国際・地域人権条約にさだめられた諸権利――結社の自由，表現の自由，国家の介入なしに活動する権利，通信の自由，資金獲得の権利と自由，国家の保護する義務――にもとづき独立した開発アクターとしての CSO に好ましい政策・制度環境を，法と実践の両方で保障すること。
・政策・制度環境を推進する多セクター対話を途上国・ドナー双方で推進し，CSO の開発効果を高めること
・パリ宣言の諸原則――オーナーシップ，整合性――を CSO の政策・制度環境を狭

めるように解釈してはならないこと
・WP-EFFとDACに政策・制度環境の指標をモニタリングのメカニズムに含むよう要請すること。

背景として，前述，あるいは後で紹介するOpen Forumの政策・制度環境の取り組みの中で明らかになったことは，非常に多くの諸国でAAAのパラグラフ20cにもかかわらず政策・制度環境の悪化が起きていることであった。また，パリ宣言のオーナーシップ・整合性・調和化の原則が，援助政策や各国のCSO関連の法制度で，政府の優先順位にすべての活動が従うようにCSOに求めることに使用されるために利用される例も見られていた。

③ CSOの効果に貢献する公的ドナーの支援モデルを実施する

公的ドナーのCSO支援策について以下が提案された。

・CSOへのコア支援（core support）とプログラム支援[12]の拡大
・公的ドナーの多様なCSO支援形態を維持すること
・CSO支援に関する公的ドナー間の協調を地元のニーズにもとづいて行うこと
・CSOのネットワークや連合体に対する支援を可能な範囲で行うこと
・CSOの事務コスト低減のため，事務的な要求を簡素化すること

また北の諸国におけるCSOの一般の人びとを対象にした開発問題に関する広範な意識化と行動促進の役割を強化すること，WP-EFFとDACに良い実践事例の選定を求めることも提唱した。

2011年現在の24のDACメンバーのうち，21がCSOに関する戦略や政策を作成している。16は優先セクターも決めている（OECD 2011b）。このことはCSOを独自のアクターとしてCSOがイニシアティブを持った活動を支援することと矛盾する部分もあり，バランスが必要である。最もCSOの独自性を尊重するのはコア支援であるが，その額は21世紀初頭から停滞し，CSO支援に占める割合は減る傾向にある。公的ドナーの過大な事務手続きの要求も，特に南のCSOが直接あるいは北のパートナーCSOを通して公的ドナーから資金を得る場合のいずれにおいても，CSOの事務コストの上昇を招いている。また，DACでCSOによる開発教育がODAの量・質の向上に重要と考えられてきたにもかかわらず，多くのドナーはCSOの開発教育活動支援を減らしている。

④ CSO 自身が自らの効果とアカウンタビリティを強化する取り組みを奨励する

CSO 自らのアカウンタビリティの取り組みと，Open Forum により策定されたイスタンブール原則（第5章）に代表される CSO による開発効果向上策とそのそれぞれの地域の実情に応じた適用，CSO のアカウンタビリティと効果の共同の取り組みへの支援が提言された。[13]

TT-CSO の目的の1つは BetterAid と Open Forum の支援であった（第3章）こともあり，Open Forum によるイスタンブール原則の採択を歓迎している。

⑤ 援助のアカウンタビリティと透明性への責任を共有する

アカウンタビリティ・透明性は政府・CSO の両方の開発や援助の取り組みに共通の課題であることを明確にしている。その上で，以下の提言を行っている。

・CSO の開発の成果のアカウンタビリティと文書化の向上の取り組み——個々の CSO のアカウンタビリティの向上，相互のモニタリングや評価などを通じた相互学習，CSO 全体の成果のアカウンタビリティの取り組み——を奨励・支援する。
・政府・CSO 双方の援助の流れについて，公的ドナー・途上国政府・CSO のいずれもが情報をアクセス可能とする。ただし CSO の活動を危険にさらしてはならない。
・援助に限らずすべてのアクターが開発の政策・予算・取り組みについて透明性を向上する

こうした提言が行われる背景には，まず，すべての開発アクター——公的ドナー・途上国政府・CSO・一般の市民——のいずれもが CSO がいかなる変化を生み出しているのかを関心があることがある。第二に，CSO の側で公的ドナーの成果報告やアカウンタビリティの要求が短期的な成果に偏り，長期的な社会変革を指向する CSO の活動の実態に合わず，CSO の側から改善が出され，DAC でも CSO の開発成果の測定方法について研究が行われていたことがある。第三に，公的ドナーからも CSO の活動の全体像を把握しにくいことが指摘されていた。

4 Open Forum の政策・制度環境に関する活動

　Open Forum は CSO の開発効果の規範としてのイスタンブール原則，シェムリアップ・コンセンサスの作成（第5章）とともに，政策・制度環境の問題にも取り組んだ。Open Forum が政策・制度環境の問題に取り組んだのは，CSO の活動が効果的であるためには，あるいは Open Forum がつくった CSO の開発効果の規範の実施には CSO にとって好ましい政策・制度環境が必要と考えられたからである。

① 国別コンサルテーションと第1回世界総会における政策・制度環境についての議論

　Open Forum は，国・地域別コンサルテーション→第1回世界総会とイスタンブール原則の採択→コンサルテーション→第2回世界総会とシェムリアップ・コンセンサスの採択というプロセスで活動を進めていったことは，第3章と第5章で述べた。ツールキット（第5章参照）では，各国でのコンサルテーションでは CSO の開発効果の原則案づくりとともに，政策・制度環境の問題に取り組み，可能な場合は政府関係者なども交えたマルチステークホルダー会議も行うことが推奨された。

　第1回世界総会の直前にトムリンソンらイスタンブール原則とシェムリアップ・コンセンサスの起草グループは，各国・地域のコンサルテーションのとりまとめを行った。ほとんどの国で政府の政策による政治的・制度的・資金的な問題の発生が指摘された。その背景は，2001年9月11日の同時多発テロ以降の世界的な安全保障の強調や各国の反テロ法制，各国の市民社会に対する資金制度や法制度の変更，CSO のアドボカシー活動に対する政府からのいやがらせがあげられる。そして各地のコンサルテーションからは，国際人権基準にもとづく CSO の政策・制度環境が提唱された。具体的には，結社の自由，CSO の法的認知，表現の自由，国家の介入なしに自由に CSO を運営する権利，資金源を自由に探す権利といった原則があげられた。そして途上国政府と公的ドナーの政策・制度環境に関する最低限の基準の以下の案が提案された（Open Forum 2010b）。

途上国政府に対して：
- CSO の独立性と自己規律の尊重
- CSO の認知：政府とのコミュニケーションの確保，政府の重要な政策決定への CSO の参加，相互学習
- CSO に好ましい法的枠組み：国際的な人権条約にもとづくこと，登録制度・税制（免税制度の拡充が望ましい）・報告制度などの手続きの簡素化
- 政府と CSO の関係における透明性・公開性・アカウンタビリティ

公的ドナーに対して：
- CSO の独立性：CSO の独立の尊重，多様な役割の尊重
- 開発アクターとしての CSO に対する首尾一貫した支援策
- 相互に尊重したパートナーシップ
- 資金的支援の条件：CSO 主導の計画に対する長期的で柔軟な資金的支援
- 透明性
- 政策対話と市民啓発の推進

2010年9月の Open Forum 第1回世界総会（イスタンブール）では，政策・制度環境が議題の1つとなった。地域ごとの小グループに分かれて前述の提言を討議した。おおむね賛同を得られたが，可能な国でもっと政策・制度環境について政府との対話や市民の声の動員などが必要との意見も出された（Open Forum 2010c：14-15）。

また第1回世界総会は第3日をマルチステークホルダー・デーとされ，途上国政府や公的ドナー関係者も交えた議論を行った。テーマを政策・制度環境に限らず，ワークショップ中心のマルチステークホルダー対話となった。

② 第2回世界総会における議論とシェムリアップ・コンセンサスにおける政策・制度環境に関する提言

第2回世界総会でも，政策・制度環境についての議論が行われた。全体会で，開催地カンボジアの CCC，アフリカとラテンアメリカの地域 CSO プラットフォームの代表から地域の現状報告の後，地域別ワークショップが行われた。全体会，ワークショップを通じて CSO に対する活動規制や CSO 関係者に対する暗殺・脅迫の増加など，政策・制度環境が悪化している現状が確認された。背景として，パリ宣言をはじめとした援助効果の原則にもとづく CSO に対する途上国の国家開発戦略や公的ドナーの優先順位への整合性の要求，南の諸国のガバナンスの悪さや民主主義の後退，人権問題に無関心な新興ドナーに

よる援助の拡大，CSO に関する法的な枠組みの欠如やある場合にも実施されないこと，CSO に関する官僚的な行政手続きなどがあげられた（Open Forum 2011b：33-40）。

第 2 回世界総会で採択されたシェムリアップ・コンセンサスでは，政策・制度環境について 1 つの章が設けられた。CSO は「公的ドナーや政府の側の最低限の基本的な政策・制度環境もなしに，イスタンブール原則はうまく実施することはできない。すべての政府は，パリ宣言や AAA の署名者として，CSO を含むすべての開発アクターとパートナーシップで活動し，援助効果から開発効果にコミットメントを広げるべく，好ましい政策・制度環境をつくるべきである」(Open Forum 2011c：21-22) と呼びかける。

CSO の開発効果に好ましい政策・制度環境の条件として，まず，「すべての政府は人々が組織化し，開発に参加することが可能となるような基本的人権の義務を完全に満たすこと」をあげる（同上：22）。具体的には以下を列挙する。

・結社・団体形成の自由
・CSO の活動を促進する法制度の認知
・表現の自由
・移動の自由，旅行の権利
・国家の正当と認められない介入なしに活動する権利
・CSO の開発における正当な役割を演じるのに必要なリソースを求め，確保する法的スペース。（同上）

また，南北の政府がとるべき施策として以下をあげる。

a．独自のアクターとして CSO を認知すること：AAA20 パラグラフの再確認と履行を求めている
b．開発効果向上のため，民主的な政治・政策対話の実施：CSO の政府との対等な立場での開発政策決定プロセスへの参加を要求している
c．開発の透明で一貫した政策に関し説明責任を持つこと
d．以下を含む CSO の開発効果のために好ましい資金供与策をつくること
・長期的で成果重視の資金供与策（CSO へのプログラム支援を含む）
・CSO の主導性
・CSO の多様性（団体の規模の多様性を含む）への配慮
・予測可能性，透明性，わかりやすさの重視

・地域のリソースの利用の促進
・政策やアドボカシーを含む広範な支援

5 HLF 4, BPd における CSO の政策・制度環境

第 5 章でも述べたように, BPd パラグラフ 22 は CSO について取り上げ,

> CSO は人びとの権利の要求を可能にすること, 権利ベース・アプローチを推進すること, 開発政策やパートナーシップを形成すること, その実施を監視することに不可欠な役割を演じている。CSO はまた, サービスの供給を, 国家によるものを補完する領域で行う。そのことを認識して, 私たちは,
> a) CSO が独立した開発アクターとしての役割を果たすことを可能にするよう, それぞれの約束を実施する。特に, 合意された国際的権利を満たし, CSO の開発への貢献を最大化する, 活動に好ましい政策・制度環境に焦点を当てる (OECD 2011n: Para. 22)。

としている。

BOD プロセスで CSO についての独立したパラグラフが設けられるようになったのは BOD 3 からであったが, BOD 5 までは政策・制度環境に関するサブパラグラフは, 「CSO が独立した開発アクターとしての役割を果たすことを可能にするよう, CSO の開発への貢献を最大化する, 活動に好ましい政策・制度環境に焦点を当てつつ, それぞれの約束を実施する」となっていた (OECD 2011g: Para. 19; 2011j: Para. 19; 2011m: Para. 20)。これに対し, BetterAid は政策・制度環境について国際人権基準にもとづくことを明記するよう主張し続けた。この点は第 4 章でも述べたように, BGCSF の初日の 11 月 26 日にトゥハンにより BPd の確定に当たり CSO にとっての重要な獲得すべき課題の 5 つのうちの 1 つとしてあげられた。

BGCSF では CSO の政策・制度環境に関するワークショップが開催された。ここでは, BOD 5 の文案に「私たちは, 法と実践の両方で, 基本的人権を保障する既存の国際的・地域的条約等の文書に最低限一致する市民社会の政策・制度環境を提供する」という一文を加えることを主張する CSO 案を決定した。[14] これは前述した TT-CSO の提言にもあることであった。シェルパ会議では「法と実践」と明記することは受け入れられなかったが, 「合意された国際的権

利を満たし」という語句が付け加えられ，最終的なBPdパラグラフ22となった。これにはTT-CSOのメンバーの公的ドナー諸国の協力もあった（Tomlinson 2012：122）。

おわりに——CSOの独自性，政策・制度環境についての議論の特徴

この章では，援助効果の議論の下でのCSOと途上国・ドナー双方の政府との関係，政策・制度環境について，AG-CS（HLF 3 以前）とTT-CSO（HLF 3 以後）の2つのマルチステークホルダー・プラットフォームとOpen Forumにおける議論を紹介してきた。議論の特徴・意義と限界を検討してみよう。

1 AG-CS, TT-CSO, Open Forumが提唱した規範の特徴

AG-CSの意義としては，まずCSOに関連する政策・実務規範として，参加するCSOが「独自の（in their own right）アクターとしてのCSO」や「（CSOに好ましい）政策・制度環境」の「規範起業家」となり，その推進について合意したことがあげられよう。

AG-CSの成果を踏まえ，AAAパラグラフ20は「独自のアクターとしてのCSO」を認知するという規範に合意し，CSO自身の効果の問題への取り組みの期待（Open Forumが実際にAAAを受けてCSOの開発効果の規範づくりに取り組み，イスタンブール原則を含むシェムリアップ・コンセンサスの作成という成果を生んだことは第5章で述べた）と政策・制度環境の改善を明記した。AAAでCSOを独自のアクターとして認知したことは，オーナーシップに関する規範が「国家中心型オーナーシップ」から「民主的オーナーシップ」に移行することを意味していた。この点は第4章でも述べたように，AAAで「民主的オーナーシップ」が文言として入れられることはなかったものの，その考え方が採用されたことの一環であったといえよう。

TT-CSOはAG-CSのいわば後継機関であるが，AAAパラグラフ20cにもとづき，政策・制度環境の問題を検討することが重要な役割となった。AG-CSの成果とAAAパラグラフ20の「独自のアクターとしてのCSO」という規範を再確認するとともに，政策・制度環境の規範づくりに取り組んだ。そこで規

範として明確にされたことは，国際的に合意された基本的人権が政策・制度環境の基盤であることであった。人権はすでに AAA パラグラフ 3 と 13c で援助効果の政策・実務規範として合意されていたことである。

第 4 章で述べたように，CSO は RBA の採用を主張し，開発アプローチに関する規範として「成長による貧困削減規範」から「人権規範」への転換を求めた。しかし，TT-CSO の文書では RBA については触れられず，開発アプローチに関する規範の転換にまで踏み込むものではなかった。それは TT-CSO が目的を限定し，開発アプローチを議論する場ではなかったためと思われる。また TT-CSO でも「民主的オーナーシップ」規範が貫かれている。パリ宣言のオーナーシップと整合性の原則を CSO の政策・制度環境を狭めるように解釈してはならないと明記された。CSO に南の諸国の国家開発戦略への整合性を求めるべきでないということである。

Open Forum もその目的の 1 つとして政策・制度環境の問題に取り組んだ。Open Forum も TT-CSO 同様に，基本的人権を政策・制度環境の前提としている。シェムリアップ・コンセンサスの政策・制度環境の部分では RBA は直接の文言として入っていない。しかしシェムリアップ・コンセンサスにおける政策・制度環境についての提言は，原則 1 とセットで考えるべきであり，国際的に合意された人権は，RBA を含むイスタンブール原則とシェムリアップ・コンセンサスの実施の前提として考えられていたといってよい。

BPd では，CSO が「独自のアクター」として再確認された。政策・制度環境が「合意された国際的権利」を満たすべきことが明記された。

まとめてみると，AG-CS, TT-CSO, Open Forum が提唱し，AAA と BPd で合意された規範の意義は何だろうか。「独自のアクターとしての CSO」と認知されたことは，「オーナーシップや整合性といった援助効果の原則は，CSO 支援に関しては，途上国政府や公的ドナーの優先順位との整合性と解釈されてはいけないことの認知」(Wood & Fallman 2013) である。国家政府アクターの側から繰り返し要求が出たパリ宣言の CSO への適用，具体的には CSO に途上国の開発戦略や公的ドナーの優先順位にもとづく整合性や調和化原則の適用は否定されたのである。いい換えれば「国家中心型オーナーシップ」規範やそれにもとづく国家政府アクターの CSO に関する政策を否定し，CSO が「規範起業

家」であった（第4章）「民主的オーナーシップ」規範にもとづく CSO と国家政府アクターの関係を確認したものといえよう。第1章で紹介したトゥベトやカルドーの議論でのことばを借りれば，Dostangos システムの一員として「飼いならされる」ことを防ごうとしたともいえる。政策・制度環境は「独自のアクターとしての CSO」の前提条件であり，AAA でその必要性が認知され，BPd ではそれが「合意された国際的権利」を満たすべきことが明記されたことは，人権の重要性を強調してきた CSO にとって前進であった。

2 マルチステークホルダーのプラットフォームとしての AG-CS, TT-CSO の意義と限界

① マルチステークホルダー・プラットフォームの意義

AG-CS や TT-CSO は，CSO と国家政府アクターの代表が合同で運営に当たったマルチステークホルダーのプラットフォームであった。前述したように「独自のアクターとしての CSO」や「（CSO に好ましい）政策・制度環境」といった CSO が提唱した規範や，CSO が提唱した「民主的オーナーシップ」に同意し，推進することとなった。当初はパリ宣言の CSO への適用や「CSO 版パリ宣言」の必要性を唱え，「国家中心型オーナーシップ」の立場に立っていた国家政府アクター代表と合同のプラットフォームで議論を重ねていく中で，CSO の独自性や政策・制度環境の重要性についての認識を共有し，AAA のパラグラフ13・20や BPd パラグラフ22につなげていった点で，マルチステークホルダー・プラットフォームが国家政府アクター代表の認識を変える場として機能したといえよう。

公的ドナーによる CSO 支援策のモデルの研究を行ったことで，TT-CSO は CSO と国家政府アクターとの間の相互学習の場でもあった。

第5章で論じたことであるが，CSO の間で懸念がありながらも，CSO の開発効果についての議論を最初に行ったのは AG-CS であった。それは CSO 自らの開発効果の規範づくりのプラットフォームである Open Forum の設立につながった。AG-CS はマルチステークホルダー・プラットフォームとして，CSO の認識の変化や新たな取り組みにもつながったといえよう。

② CSO プラットフォームとマルチステークホルダー・プラットフォームの同時並行

AG-CS では ISG が「規範起業家」となった「民主的オーナーシップ」の立場から CSO からの参加者が発言し，AG-CS の提言でも「民主的オーナーシップ」の考え方が反映されることとなった。TT-CSO には，並行して CSO としての政策・制度環境の規範と提言づくりに取り組んだ Open Forum が積極的に参加した。TT-CSO 共同議長の 1 人であったトムリンソンはイスタンブール原則やシェムリアップ・コンセンサスの起草の中心も担っていた。Open Forum のコンサルテーションや世界総会の議論をもとに TT-CSO に CSO の考え方を反映させることができたし，Open Forum の議論に TT-CSO の議論を速やかに反映させることもできた。CSO のプラットフォームの議論をすぐに国家政府アクターに示すことができたことが，マルチステークホルダー・プラットフォームに並行して参加したことの意義といえよう。

③ 南の不十分な参加――AG-CS と TT-CSO 最大の限界

AG-CS の成果を踏まえ，HLF 3 で採択された AAA パラグラフ20に盛り込まれた。しかしながら現実には政策・制度環境の悪化が多くの諸国で――ACPPP や ACT Alliance のレポートにあるように特に南で――見られた。なぜ AG-CS の結論と AAA で合意された規範が実施されないのだろうか。あるいはなぜ政策・制度環境の議論が TT-CSO で進められるのと並行して政策・制度環境が悪化する国が多かったのだろうか。TT-CSO で南の政府の参加者から CSO へのパリ宣言の適用や，政府の開発戦略との調整が要望され続けたのだろうか。その背景には，援助効果と CSO，政策・制度環境のテーマに取り組んだマルチステークホルダー・プラットフォームである AG-CS や TT-CSO に熱心にかかわる政府が北の諸国に偏ったことが指摘されてきた。

AG-CS に関するウッドとバロのレポートは，南の政府の参加が少なかったことを弱点の 1 つにあげた。資金や人材が限られる南の政府にとって CSO との関係は優先順位の高い問題ではなく，また援助効果の議論に参加するのは多くの場合 CSO を必ずしも管轄するわけではない財務省や開発計画省であった。また CSO との関係が敵対的な諸国の政府は AG-CS に懐疑的であった（Wood & Valot 2009：32-33）。

TT-CSO に関しても，トムリンソンのレポートでのインタビューに対して，彼とともに共同議長を務めた Sida のノルビーとマリのマカロウは次のように述べている（Tomlinson 2012：119-120）。

> 私たちが実際に成功しなかったことの1つはパートナー国の視点を変えられなかったことである（Charlotta Norrby, Sida）。

> TT-CSO はもっと個別にパートナー国の政府や CSO とコミュニケーションをとるべきであった。あまり多くのパートナー国の参加を得られなかった。WP-EFF に来る人びとは必ずしも CSO の担当ではなく，他の問題を話し合うことを使命に来ていた（Modibo Makalou, Mali）。

実際の南北の諸国の政府の参加状況を紹介しよう。AG-CS に関しては，ガティノー・フォーラムには DAC 加盟メンバー（当時は23）のうち19（18か国とEU）が参加したのに対し，南は13か国（アフリカ7，アジア3，中南米2，中東1）に過ぎなかった。[15] TT-CSO に関しては，南からの参加国は第3章で紹介したバングラデシュ・マリ・セネガルの他はコロンビアが1回出席しただけであった。また Open Forum 第1回世界総会の第3日のマルチステークホルダー・デーには，DAC からは12か国が参加したのに対し，南からはバングラデシュとマリだけであった。

国際開発にかかわる CSO が効果をあげ，あるいは効果向上のための規範として合意したイスタンブール原則を実施するためには，活動現場となる南の諸国での政策・制度環境の改善が欠かせない。このテーマの議論にいかに南の政府の参加を得ていくのかはこれからの課題である。

また，援助効果の議論に南の政府を代表して参加したのは，開発計画や財政を担当する省庁の関係者であった。しかし CSO の政策・制度環境にかかわる問題は，法務や治安の担当省庁であることが多い。マカロウのインタビューの最後の部分はその点を述べている。CSO の政策・制度環境の改善には，この問題への南の参加の拡大だけでなく，南の政府全体の意志となる必要がある。

補論──HLF4後の政策・制度環境

1 続く政策・制度環境の悪化

　BPdパラグラフ22で「合意された国際的権利を満たし，CSOの開発への貢献を最大化する，活動に好ましい政策・制度環境に焦点を当てる」と明記されたにもかかわらず，政策・制度環境は引き続き悪化している。Civicusの2013年版『市民社会の現状』(State of Civil Society 2013：Civicus 2013) では，**表6-1**のように世界各地の市民社会の政策・制度環境が悪化している例が紹介されている。

2 公的ドナーのCSO支援策

①　DACピア・リビューの12の教訓

　DACの仕組みとしてピア・リビューがある。これは各加盟国の援助政策について，2つの加盟国からなる評価チームが評価を行うものである。ピア・リビューではCSO支援策も取り上げられることが多いが，DACはピア・リビューをもとに**表6-2**のように12の教訓をまとめている (OECD 2012c)。

　まずこれらの12の教訓の前提としてBPdパラグラフ22，すなわち「独自のアクターとしてのCSO」や政策・制度環境の促進がある (同上：7, 11)。1についてはCSO担当部署のみならず，それぞれの公的ドナー全体としてのCSO戦略をつくるということである。4はその戦略にもとづくパートナーの選定ということであり，各ドナーの援助目的にもとづく選定という意味ではない点，注意する必要がある。DACがこうした文書のとりまとめを行うことは，BPdパラグラフ22でCSOの役割が強調されたことを実行に移している現れといえよう。

②　個別の公的ドナーの動向

　TT-CSOの提言やBPdの後，いくつかの北の諸国ではCSO支援策の改革が行われている。Sidaはコア支援を中小規模のCSOにも拡大し始めている (Wood & Fallman 2013：147)。オーストラリアでは包括的な市民社会支援策がつくられた。アメリカ国際開発庁 (USAID) はCSOの政策・制度環境の改善支援のプログラムを行っている。イギリスとドイツは南のCSOへの財政支援

●表6-1　市民社会の政策・制度環境の悪化（2012年）

	国（地域）名	内容
CSOの結成や運営への規制	キューバ ウズベキスタン ザンビア	未登録団体の活動禁止
	マレーシア カタール タイ ウズベキスタン	設立者の属性や数の制限
	エリトリア ベトナム	高額で複雑な登録システムの導入
	バーレーン マレーシア ロシア	あいまいな基準での登録拒否
	ウズベキスタン ザンビア	複雑な登録システム
	アゼルバイジャン トルクメンスタン ウガンダ	国際CSOへの様々な障壁
外国からの資金受入への規制	バングラデシュ	事前の政府の許可のない資金受入禁止（政府案）
	パキスタン	政府が「不適切な目的」と判断した目的でCSOが資金を受け入れることを不許可にできる（政府案）
	ニカラグア	CSOの資金についての政府の調査権の拡大
	ロシア	外国から資金を受け入れる団体を「外国のエージェント」として登録することを義務づけ
	マレーシア	CSOの内外からの資金受入をすべて申告することを義務づけ（議員提案）
	エジプト	CSOの外国からの資金受入を政府の監査局が自由に規制できる法制度（提案）
	英領バージン諸島	未登録組織の運営禁止
	タジキスタン	すべての教育機関が外国からの協力を受け入れる場合，教育省からの事前の許可を義務づけ
集会・結社の規制	マレーシア	路上での抗議行動の禁止とマレーシア市民でない者の抗議行動への参加禁止
	ロシア アゼルバイジャン	集会・結社・市民運動に関する法規の罰則の大幅引き上げ
	カナダ・ケベック州	50名以上の集会や抗議行動の警察の事前承認制の導入
	バーレーン	デモや集会の禁止，31名のCSO関係者の市民権停止
	フィジー	公共の場所での3名以上の集会の事前許可制
通信の自由の侵害	マレーシア	匿名のインターネット上の扇動的な書き込みに関し，インターネット業者・管理者を処罰する制度の導入
	ルワンダ	政府の情報機関が電子メールや電話を広範に検閲する権限を付与する制度の導入
	スリランカ	人権関係のホームページに政府が登録料を課す制度の導入
	ロシア	ホームページに関するブラックリストの作成，「名誉毀損」を利用した処罰
	メキシコ	政府に携帯電話の位置情報を事前予告なしに取得する権限を与える制度の導入
	タイ	王室の名誉棄損の書き込みを迅速に削除しなかったインターネット業者に懲役刑判決
	パキスタン	名誉棄損の書き込みを転送した容疑者に死刑判決
	チュニジア	イスラムと「公序良俗」に反する書き込みをインターネットに行った容疑者に懲役7年の判決

（出典）Civicus（2013: 24-25; 74-79）をもとに筆者作成

の中に政府との対話促進を盛り込んでいる。オーストリア・ベルギー・カナダ・デンマーク・フィンランド・ドイツ・アイルランド・オランダ・ノルウェー・スウェーデン・イギリス・アメリカの12か国は，特に南の諸国の事務コスト低減のため，CSO へのプログラム支援の手続きの調和化を進めている（以上の例は，OECD 2012c にもとづく）。

●表6-2　DAC ピア・リビューの CSO 支援策に関する12の教訓

戦略的枠組み
1. 証拠にもとづく，包括的な（overarching）市民社会政策
2. 途上国の市民社会の強化
3. 社会の意識向上を促進・支援する
4. 目的を満たすようにパートナーを選択する
5. 政策対話を有意義なものにする

効果的な支援
6. 方向性は示しても独立性を尊重する
7. 資金供与メカニズムを目的に見合うようにする
8. 事務コストを最小限にする
9. 人道支援 NGO との強力なパートナーシップを構築する

学習とアカウンタビリティ
10. 成果と学習に焦点を当てる
11. 透明性とアカウンタビリティの強化
12. 学習のための評価とアカウンタビリティを実施する

（出典）　OECD（2012c）をもとに筆者作成

③　資金供与策の後退――カナダの事例[16]

しかし北の諸国の中でも CSO に好ましい資金供与策の後退もいくつかの国で見られる。特に AG-CS の運営の中心を担ったカナダの近年の CSO 政策は大きく変化した。

カナダは，CIDA 設立（1968年）から CSO との「パートナーシップ」を重視し，CSO に対する資金的支援を OECD-DAC 諸国の中で早く開始した国の1つであり，CSO に対するプログラム支援なども先駆的に行ってきた（高柳2001）。約55団体の CSO が3〜5年間のプログラム支援を CIDA から受けてきた。また，CIDA は CSO との政策対話も頻繁に行ってきた。

しかし，ハーパー（Stephen Harper）政権の登場（2006年）以後，CSO へのプログラム支援に関する決定の遅滞が目立つようになった。そして2009年以降は Kairos（キリスト教諸宗派合同の国際開発や社会運動支援の団体），CCIC などいくつかの団体が CIDA からの支援を打ち切られた。最初に打ち切られた Kairos については，CIDA の担当者から同団体の活動を高く評価し支援を継続する文書があがっていながら，オダ（Beverley Oda）[17]国際協力相の側近がオダの指示

で手書きで"not"と挿入していたことが後に議会で判明し，しかもオダは「知らない」と議会で虚偽答弁を行い，議会侮辱で非難された。Kairosを含め，支援を打ち切られた団体に対し，理由は公式に説明されていないが，支援を打ち切られた団体には，アドボカシー活動を重視する団体，中東に関してイスラエルに批判的な団体，家族計画などキリスト教右派が否定的な活動を行ってきた団体が含まれている。

2010年には，従来のCSOに対するプログラム支援の打ち切りと全面的な公募方式の採用が発表され，その中で，「援助効果」を理由にCSOに対しても政府の優先国や優先課題との「整合性」(50％以上を20の重点国で，80％以上を3つの優先課題で）を要求した。2011年春に実際に公募が行われたが，採否の決定が発表されたのは同年末であり，基準の不明確さも指摘された。それ以降公募は行われていない。2013年6月にはCIDAが外務国際貿易省（Department for Foreign Affairs and International Trade＝DFAIT）に統合され，外務貿易開発省（Department for Foreign Affairs, Trade and Development＝DFATD）となり，合併作業の影響もあり，本書執筆時点では見通しは不透明となっている。[18]

1 日本は1998年の特定非営利活動促進法（NPO法）の制定まで，CSOは当時の民法の公益法人制度によってしか法人格を得られず，要件が厳しかったため（例えば数億円の基本財産を要求された），ほとんどのCSOは任意団体としての活動を強いられた。NPO法の制定に伴い，現在ではほとんどの団体がNPO法人の認証を受けるなど法人格を有して活動している。NPO法制定前の日本は政策・制度環境の悪い国ということになろう。
2 アジア15か国のNGOと政府との関係を研究した重冨編（2001）も今日流にいえば政策・制度環境の研究といえよう。
3 近年の日本の国際政治学におけるマルチステークホルダー・プロセスの研究として，山田高（2009）がある。
4 ジョーダン（Lisa Jordan）とバン＝トゥイル（Peter van Tuijl）はNGOのアカウンタビリティのあり方について，第1期（1980～89年：政府を補完），第2期（1989～95年：市民社会台頭），第3期（1995～2002年：グッド・ガバナンスの台頭の時代），第4期（2002以降：国家の優越の復権），第5期（2002年以降：人権アプローチ）の時代区分で（ただし，2002年以降については2つの潮流が並走するととらえているものと思われる）論じている（Jordan & van Tuijl 2006）。本稿でも時代区分や各時代の開発援助の主要な論点を考察するに当たって，この議論を参考にしている。
5 http://www.dfid.gov.uk/aboutdfid/intheuk/workwithcs/cs-how-to-work-prsps.asp （アクセス2006年1月1日）。
6 AFRODAD（2008：16-17）はアフリカにおけるPRSPプロセスにおける市民社会の役割は

拡大しているとしつつも,システマティックでない,セクターや課題ごとの差が激しい,CSOに懐疑的な政府も少なくない,援助機関向けのポーズに過ぎない国もあるなどの問題点を指摘している。

7 調和化がめざす援助機関間の役割分担については,南の側の選択肢を狭める危険性があることも指摘される (Culpepper & Morton 2008:22-23)。

8 イギリスの INTRAC (International NGO Training and Research Centre) のプラット (Brian Pratt) によれば,調和化の「NGO 援助を含む全ての国際援助は (南の) 政府を通し,政府により設定された単一で一貫した枠組み内の統一された援助プログラムの一部となるべきだという考え」には以下の問題がある。国家開発計画は民主的なプロセスの産物で全国民を代表するとは必ずしもいえない。南の政府の多くが腐敗し非民主的である。貧しい人びとは調和化された援助の下ほど政治変動の犠牲となりやすい。民主的な政府の下でも市民社会の目標や優先順位は政府と一致するとは限らない。市民社会は政府の目標の実施者となれば政府の下請けに成り下がる (Pratt 2006:1-2)。

9 Open Forum 第2回世界総会の政策・制度環境に関するアジア・太平洋地域のワークショップでの発言。

10 同時多発テロ以降,南北を問わず国家の市民社会に対する政策でテロ対策など安全保障上の考慮が強まっている。詳しくは,Fowler (2008);Howell 他 (2008),高柳 (2012:19-20) を参照。

11 第3章で述べたように,開催時点では非公式会議であったが,後に第1回 TT-CSO 会議として位置づけられることとなる。

12 コア支援,プログラム支援とも CSO 支援の最初の形であるプロジェクト単位の支援に比べ,CSO の活動をまとめて支援するものである。コア支援とは,団体の活動計画全体に一定の割合をドナーが支援し,一定の割合の範囲で事務経費への使用も認めるものである。割合はドナーにより異なる。プログラム支援とは,セクター・国・地域の活動計画を対象に支援を行うことである。

13 TT-CSO のメッセージと背景説明の文書のとりまとめと発表は,2011年3・4月であるから,Open Forum のイスタンブール原則の採択 (2010年9月) 後,シェムリアップ・コンセンサスの採択 (2011年6月) の採択の前である。

14 Workshop on Enabling Environment, Busan Global Civil Society Forum, November 27, 2011. 筆者もこのワークショップに参加していたので,その資料と筆者のメモにもとづく。

15 参加しなかったのは,ギリシャ・日本・ニュージーランド・ポルトガルの4か国である。

16 カナダについては,筆者の2007年,2009年,2011年,2012年,2013年のカナダでの CSO と CIDA (当時) への聞き取り調査にもとづく。なお2013年には CCIC 総会にも参加し,多くのカナダの CSO 関係者と意見交換の機会を持った。

17 オダ (織田) は初めての日系カナダ人の連邦議会議員,閣僚であった。

18 カナダに関する記述は,筆者の "Partnership between Civil Society Organizations and Aid Agencies: Lessons from the Canadian Experience", Presentation at International Workshop on Development Partnership: Varieties of Partnership in Development Cooperation, Nagoya University, February 10, 2014を要約したものである。

終　章　グローバル市民社会と援助効果
――研究のまとめと今後の展望

はじめに

　本書は，援助効果の国際的議論を題材にしながらに，国際開発協力における CSO の独自の役割と意義を検討することを目的としてきた。援助効果の国際的議論の特徴の1つは，途中から CSO が正式メンバーとして参加したことであった。援助効果に関する国家政府アクターの議論の場であった WP-EFF に HLF 3 以後は正式メンバーとして参加し，BPd のとりまとめのシェルパ・グループにも CSO 代表が参加し，HLF 4 には300名の CSO 代表が参加した。

　また，CSO の援助効果議論へのかかわり方は，① ODA の効果に関するアドボカシー活動（第4章），② CSO 自身の開発効果向上の規範づくり（第5章），③援助効果をめぐる CSO と政府の関係――援助効果の原則の CSO の適用と政策・制度環境――に関する議論（第6章）の3つがあった。そして，①を担う ISG，HLF 3 から BetterAid，②を担う Open Forum の2つの CSO プラットフォーム，③を担うマルチステークホルダー・プラットフォームとして HLF 3 までは AG-CS，HLF 3 以後は TT-CSO が活動した。実際にはプラットフォーム間の活動やメンバーの重なり，相互の連携などを伴う複雑なものであった。

　この終章では，第4～6章をもとに3つの流れでの根底にあるグローバル市民社会の独自のアイディアや規範と相互関連について述べ，今後の CSO の課題，国際開発にかかわる CSO 研究の課題をまとめたい。

I グローバル市民社会の規範と課題設定の独自性は何か

1 人権・ジェンダー・開発効果
① RBA

　第1章で，援助国家をめぐる議論では，国家政府アクターで支配的な開発アプローチに関する規範は「成長による貧困削減規範」であるのに対し，CSOはRBAを基調とした「人権規範」の立場に立ち，すべてのアクターの開発アプローチに関する規範を「成長による貧困削減規範」から「人権規範」への転換を提唱しているのではないかと提起した。

　第4章で見たように，CSOはRBAの採用をHLFの成果文書で明記するよう主張し，特にBODプロセスのシェルパ・グループにBetterAidが参加した時にはRBAの明記を繰り返し主張した。AAAとBPdでは，既存の国際的合意に触れる形で人権に触れることができた。しかし，BPdでは成長や民間セクターの重要性を明確にする文言も入り，パリ宣言やAAAに比べて「成長による貧困削減規範」が明確になり，RBAはCSOの役割の1つとしてBPdで述べられるにとどまった。CSOは開発アプローチに関する規範の「人権規範」への転換は達成できなかったが，政策・実務規範の1つとして人権を明確にすることはできたのであった。

　一方第5章で紹介したCSOの開発効果の規範づくりでは，「人権規範」は一貫したものであった。イスタンブール原則とシェムリアップ・コンセンサスの原則1は「人権と社会正義を尊重・促進する」で，ガイダンスの1つとしてRBAを促進していくことを唱えている。原則2でジェンダー平等・公正と女性の人権を，原則3で人びとのエンパワーメント・民主的オーナーシップ・参加を強調するのも，RBAで貧困や周縁化に直面している人びとの権利主張が強調されることが背景にあろう。原則5のアカウンタビリティの内容にもRBAは反映している。

　援助効果に関するグローバル市民社会の活動——BetterAidのアドボカシー活動とOpen ForumのCSOの開発効果の規範づくり——において「人権規範」は一貫したものであった。「人権規範」は開発においてグローバル市民社

会が一致して推進しようとした開発アプローチに関する規範であった。

第6章で述べたTT-CSOにおけるCSOの政策・制度環境についての議論の結果，政策・制度環境のあり方についての規範には，国際人権基準にもとづくべきだとの考え方が含まれていた。しかしTT-CSOは，その目的に含まれていなかったこともあるのだろうが，開発アプローチに関する規範やRBAの採用の是非についての議論は特に行っていない。

RBAはCSOのみならずNordic＋諸国や国連の開発関連諸機関で採用されていた。その意味で，繰り返しになるが，RBAはCSOオリジナルのアプローチではない。RBAは，公的ドナー，CSOともに1990年代後半から21世紀初めにかけて採用されてきた新しい考え方で，共通の理解が十分ないものであったこともある。CSOに関していえば，第4章で紹介したBetterAidのRBAに関する説明は十分に具体的であったとはいえない。また第5章の補論で紹介したように，イスタンブール原則やシェムリアップ・コンセンサス採択を機にCSOの間でRBAへの普及と理解促進の活動が行われているのが現実である。

② ジェンダーと女性の人権

ジェンダー平等と女性の人権もグローバル市民社会のテーマとして重視された。ジェンダーに関してはBPdでパラグラフが設けられただけでなく，アメリカやUNDGの類似の提案やCANZの賛同もあり，ジェンダー平等を「持続可能でインクルースブな成長」の手段としてだけではなく，「それ自体が目的」と明記することを達成できたことは1つの大きな成果であった（第4章）。しかし，CSOが主張した「女性の人権」は明記されなかった。

ジェンダー平等と女性の人権は，CSOの開発効果の規範づくり（第5章）でも重視された点であり，イスタンブール原則とシェムリアップ・コンセンサスの原則2で明記された。さまざまな人権問題の中でも特にジェンダーと女性の人権を強調することも，グローバル市民社会のアドボカシーと開発効果の規範づくりで一貫したものであった。

③ 「人権規範」やジェンダーの強調は「西欧バイアス」か

ところで筆者は，BetterAidやOpen Forumの活動について学会などで紹介する中で，何回か，人権やジェンダーがCSOの提唱する規範の中核を占めることは，欧米のCSOが支配的な影響力を持っているからなのではないかと

いう質問を受けてきた。この点について，一言述べておこう。

　南のCSOの間で，人権やRBAに対する関心は急速に高まっている。確かに，国連諸機関や国際CSOがRBAを採用していく中で，南のCSOが資金を得ていくために人権を強調したり，自らのプログラムにRBAを取り入れたりすることが資金獲得に有利な側面はある（Kindornay他2012：488-492）。同時に，「意識のグローバリゼーション」（西川2004：2011）を通じて人権はグローバルな価値となってきた。また，第5章で見たようにOpen Forumのコンサルテーションでも南からもCSOの開発効果の規範に含まれるべきものとして人権があがっていた。

　Open ForumやBGCSFなどへの参加を通じて執筆者が感じたことであるが，南のCSOにとっても，自らの自由な活動，すなわち良い政策・制度環境を獲得する上で，人権はキーワードであるとの認識は強い。南のCSOのリーダーたちの中には，抑圧的な体制下で自ら民主化運動などで逮捕や投獄を経験している人も少なくない。さらに教育や健康などの活動に取り組む上で，人びと——特に女性・子どもなどの社会的に弱いグループ——の権利として位置づけることは有用である。Open ForumやBGCSFで見る限り，人権やジェンダーは南のCSOのリーダーたちも主体的に提唱し，グローバル市民社会の価値や規範としてコンセンサスがとれていた。[1]

④　開発効果

　グローバル市民社会はまた，援助効果ではなく開発効果ということばで課題を設定してきた。BetterAidとOpen Forumにとって開発効果とは，人権を基盤とするものであり，貧困や周縁化に直面する人びとに対するインパクトの問題であり，貧困・不平等・周縁化などの根源に取り組むものであった。開発効果はRBAにもとづく活動の成果といってもよいだろう。ISG・BetterAidは，パリ宣言での援助効果が援助の事務コスト削減やモダリティといった技術的側面に偏っていることを批判し，オルタナティブとして開発効果を提唱した。

　BPdでは「効果的な開発協力」を進めることになったが，これは成長中心であり（パラグラフ28），民間セクターなどの役割も含み，成果重視の考え方であり，CSOのいう「開発効果」とは異なり，「成長による貧困削減規範」にも

とづくものであった。

2 民主的オーナーシップと「独自のアクター」としての CSO

① 民主的オーナーシップ

開発における国家や政府セクターと CSO の役割はそれぞれ何かは，絶えず論争されてきたことである。

援助効果の議論でのキーワードの一つはオーナーシップであろう。パリ宣言の5原則のうち，オーナーシップ，整合性，調和化の3つから「途上国の政府は，市民社会や経済界の参加を得つつも，主体的に貧困削減戦略・開発戦略をつくり，ドナーはそれに援助活動を整合させ，相互の調和化を行うべきだ」という考え方が生じた。そしてこの本書でいう「国家中心型オーナーシップ」規範は CSO をも拘束するものであり，CSO は貧困削減戦略・開発戦略策定に意見を述べつつも，決定された貧困削減戦略・開発戦略に活動を整合させるべきだとの主張を生じさせることとなった。背景には「開発主義国家」の復権があった。

これに対し，CSO が「起業」し，AG-CS で国家政府アクターの合意も得られたのが「民主的オーナーシップ」の規範である。「民主的オーナーシップ」は，AAA では直接文言に入らなかったものの，パラグラフ13で国家開発政策における議会・地方自治体・CSO の役割を述べることで，その考え方は部分的に採用された。「民主的オーナーシップ」規範は HLF 4 に向けて BetterAid の主張の中核となった。BPd では基本原則（パラグラフ11）はただオーナーシップとなったものの，そこから導き出されることとして次のパラグラフ (12a) で「民主的オーナーシップ」が明記された。オーナーシップに関する政策・実務規範は「民主的オーナーシップ」であるべきとの CSO の主張に同意を得られたのであった（第4章）。

また，「民主的オーナーシップ」は CSO の開発効果の規範でも強調された。イスタンブール原則3「人びとのエンパワーメント，民主的オーナーシップ，参加に焦点を当てる」と原則6のパートナーシップに関する規範と合わせて，南北の CSO の関係においても，南の CSO のオーナーシップと北の CSO は南

のパートナー CSO の戦略に整合させるべきとの規範が示されている。原則3 では，国家レベルの開発戦略づくりでの CSO の発言力強化のためのエンパワーメントも盛り込まれている（第5章）。

② 「独自のアクターとしての CSO」と政策・制度環境

「民主的オーナーシップ」の規範が現実の CSO と国家政府アクターとの関係のあり方についての議論にも反映された。AG-CS では，CSO が「独自のアクター」であることを認知すること，「ローカル・民主的オーナーシップ」，CSO に好ましい政策・制度環境などの規範を提唱することで合意した。AAA には CSO の「独自のアクター」としての認知と政策・制度環境について明記された。

しかし，AAA にもかかわらず，特に南の諸国の政府からは「国家中心型オーナーシップ」規範を背景にしていると思われる CSO の活動の国家の貧困削減戦略や，開発戦略への整合性の要求は続いた。政策・制度環境はむしろ悪化する傾向が見られた。TT-CSO は，CSO が「独自のアクター」であることを再確認するとともに，政策・制度環境と公的ドナーの支援策（CSO に好ましい資金供与策）についての提言をまとめた。政策・制度環境は国際人権基準にもとづくべきことも明記した。パリ宣言のオーナーシップや整合性の原則は CSO の政策制度環境を狭めるよう解釈してはならないとすることで，「国家中心型オーナーシップ」ではなく「民主的オーナーシップ」の立場をとった。

Open Forum は，TT-CSO に積極的に参加し，その成果を見ながら独自の提言をまとめた。ここでも CSO が「独自のアクター」であることの再確認を要求し，政策・制度環境が国際人権基準にもとづくべきとの考え方を明確にした。

BPd パラグラフ22では，CSO が独立した開発アクターであること，合意された国際的権利にもとづく政策・制度環境に焦点を当てることが明記された。BPd で開発における国際人権基準にもとづく人権の重要性や「民主的オーナーシップ」が，政策・実務規範として認められたことを反映している。「独自のアクター」として認知されたことは，第6章で述べたように CSO は途上国政府の開発戦略への整合性を要求されない，つまりパリ宣言の整合性原則は CSO に適用されないことを明確にするものであった。こうしてみると，「独自

のアクターとしてのCSO」は,「国際的合意にもとづいて人権を促進」,「民主的オーナーシップ」の2つの規範と密接に関連している。

3 規範と課題設定におけるグローバル市民社会の独自性は何であったのか

① 人権・RBA・ジェンダー

グローバル市民社会の規範と課題設定における独自性は結局何であったのだろうか。RBAは前述のようにCSOオリジナルのものではない。しかし,BODプロセスで開発アプローチに関する規範の「成長による貧困削減規範」から「人権規範」への転換と,「女性の人権」の明記を最も強く主張したのはCSOであった。CSOの開発効果の規範も「人権規範」を基調とし,ジェンダー平等のみならず女性の人権も原則としていた。

RBAを含む人権を強調してきたCSO,あるいはその活動する空間としての市民社会やグローバル市民社会は,第1章で紹介したカルドーやグラシウスの「解釈」「バージョン」の議論に当てはめるとどのようにとらえられるのだろうか。RBAが台頭した背景の1つに,構造調整が推進したネオリベラリズムに対する批判があった(Hickey & Mitlin 2009:6-7)。またRBAはCSOの事業活動をサービス供給から市民の権利実現への移行を意図してきた。第1章でも指摘したように,実際のCSOの活動には複数の「解釈」「バージョン」にあてはまる活動が同居していると考えるべきであるが,RBAとは,カルドーやグラシウス (Kaldor 2003;Glausis 2010) が「ネオリベラル」な「解釈」「バージョン」にあてはめていた活動を,「リベラル」(人権はグラシウスの「リベラル・バージョン」の価値の中核),あるいは「ラディカル」(グラシウス) や「社会運動家」(カルドー) の立場から見直すものといえよう。

② 民主的オーナーシップと「独自のアクターとしてのCSO」

もう1つの独自性が「国家中心型オーナーシップ」を否定し,「民主的オーナーシップ」を唱え,それと密接に関連して「独自のアクターとしてのCSO」という規範を提唱したことであろう。

もう少し一般的に開発における国家とCSOの役割(分担)は何かという基本問題との関連で考えてみよう。CSOやグローバル市民社会への注目が高

まってきた背景には，主権国家以外のアクターに対する注目の高まり——第1章で紹介したマシューズの「パワーシフト」論など——がある。国際開発については，経済成長中心の開発論からBHNや人間開発・社会開発などへの転換も背景にあった（高柳 2007a）。しかし，国際開発においてはPRSやパリ宣言を通じて「開発主義国家」の復権や援助の「再政府化」の動向も見られるようになり，「国家中心型オーナーシップ」の考え方を生んだ。CSOは「開発主義国家」の開発・貧困削減戦略の下請け実施者なのか，国家の戦略に拘束されない独自のアクターなのかが問われ，CSOは「民主的オーナーシップ」を勝ち取った。しかし，AAAやBPdにもかかわらず，第6章の最後で述べたように，政策・制度環境の悪化や，より国家のコントロールの下に置こうとする動きは続いている。CSOは下請けか，独自のアクターかをめぐる国家政府アクターとの緊張は続いているのである。

また，援助効果の議論の背景にあった「援助の氾濫」「援助の断片化」現象は，CSOも原因となっているアクターの1つであることは否めない。「援助の氾濫」「援助の断片化」を防ぐアクター間の政策協調を「独自のアクターとしてのCSO」の規範にもとづきながら行う可能性はあるのかは今後の課題といえよう。

2　CSOの正統性の模索とプラットフォーム間の相互作用

第1章でも述べたように，アドボカシー活動，事業活動いずれにおいても，CSOの正統性は絶えず問われてきた。ODAの効果を問うCSOのアドボカシー活動に対し，国家政府アクターからは，ODAの効果について批判するCSOの活動は効果的なのかが問われた。事業活動に関しては，「国家中心型オーナーシップ」規範にもとづく，CSOも南の諸国の開発戦略との整合性や調和化が要求されるべきであるとの考え方に対し，「独自のアクター」であることと「民主的オーナーシップ」規範にもとづく南の諸国の開発戦略から独立した活動を認知させるためにも正統性を説得力のある形で示す必要があった。

第1章で，CSOの自己規範づくりとマルチステークホルダー対話が，CSOの参加の拡大とCSOの提言の採用の可能性の拡大をもたらしたとの仮説を提

示したが，第4〜6章で述べてきたことをもとに検証してみよう。

1 HLF3以前

パリ宣言以後，援助効果の問題に対するCSOの関心は高まった。CSOのパリ宣言に対する批判は，PRSPの経験にもとづき，市民社会の参加やアカウンタビリティの欠如，コンディショナリティなどの問題を指摘した。また「国家中心型オーナーシップ」規範にもとづき，CSOが貧困削減戦略・開発戦略に活動を整合させられることを警戒した（第4・6章）。

DACではRoAの活動を評価してきたため，CSOとの対話の意志は当初から持っていた（第3章）が，国家政府アクターの側では，CSOの正統性や，CSOへのパリ宣言の適用，ODAの効果に関するアドボカシーを行うCSOの効果も問われるべきだ，といった声が出た。こうした状況を受けて，AG-CSが設立された。

HLF3までの時期は，CSOのプラットフォームとしてISG（HLF3直前にBetterAidを名乗るようになる）と，マルチステークホルダー・プラットフォームのAG-CSの2つのプラットフォームが並行し，AG-CSのCSOメンバーのかなりの部分がISGと重複することとなる。

AG-CSは前節でも述べたように，CSOが「独自のアクター」であることを認知すること，「ローカル・民主的オーナーシップ」，CSOに好ましい政策・制度環境などの規範を提唱することで合意した。一方で，CSOの間には懐疑論があったが，CSOの効果もAG-CSのテーマとなった。AG-CSのCSOの効果に関する議論を通じ，CSO関係者の間で，CSO自ら自分たちの効果を問い，効果向上のための原則づくりをすべきだとの声が高まり，Open Forumの設立が構想された。

第5章で紹介したように，HLF3の時点では，公的ドナーの間では，CSOは自分たちの効果の問題に十分取り組んでいないのではないのかという疑問と，HLF3直前に結成されたOpen ForumがCSOの効果の問題に取り組むことへの期待の両方があった。このような中で，AAAではCSOの提言はある程度採用され，またHLF3でははじめてCSOの代表の公式参加が認められた。

AG-CS の成果を踏まえ，AAA のパラグラフ20は，「独自のアクターとしての CSO」の認知，CSO 自らのパリ宣言の適用の検討と CSO の開発効果の取り組みへの期待，CSO に好ましい政策・制度環境の提供を内容としていた。設立されたばかりの Open Forum で CSO が自らの開発効果の問題に取り組むことへの期待が込められ，HLF 4 までに成果をあげない場合には，アドボカシー・事業活動両面での CSO の正統性が低下することも暗示されていた。RoA を通じての CSO の実績と，Open Forum が設立されたことへの評価，Open Forum が成果を出すことへの期待が，CSO の参加の拡大と CSO の提言の採用の可能性の拡大をもたらしたと推定できる。

2 HLF 3 から HLF 4 へ

HLF 3 後，BetterAid と Open Forum の 2 つのプラットフォームが並行して活動し，AG-CS の後継のマルチステークホルダー・プラットフォームとして TT-CSO が設立されて CSO の政策・制度環境の問題に取り組んだ。HLF 3 後，CSO は WP-EFF の正式メンバーに加えられ，HLF 4 の BOD プロセスでは BetterAid の代表としてトゥハンがシェルパ・グループの一員となった。

BetterAid は活発にアドボカシー活動を行い，WP-EFF のさまざまな会議に正式メンバーとして出席した。2010年にはいくつかの政策ペーパーを作成し，2011年 4 月には Open Forum と共同で HLF 4 に向けた提言書をまとめた。Open Forum は，各国などのレベルでコンサルテーションと 2 回の世界総会を開催しながら，CSO の開発効果に関してイスタンブール原則とシェムリアップ・コンセンサスを採択した。

AAA で CSO に好ましい政策・制度環境の提供が唱えられたのにもかかわらず，政策・制度環境の悪化は南北の多くの諸国で見られた。TT-CSO は，南（マリ）・北（スウェーデン）の政府，CSO（Open Forum）が共同議長を務める形で運営され，政策・制度環境に関する提言をまとめた。また Open Forum も TT-CSO での議論の進展と合わせながら政策・制度環境の問題にも取り組み，シェムリアップ・コンセンサスには政策・制度環境に関する提言――内容は TT-CSO とかなり重なる――も含まれていた。

HLF 4 で採択された BPd では，「民主的オーナーシップ」を文言に取り入れ

終章　グローバル市民社会と援助効果

●図終-1　CSO，国家政府アクター，マルチステークホルダー・プロセスの相互作用

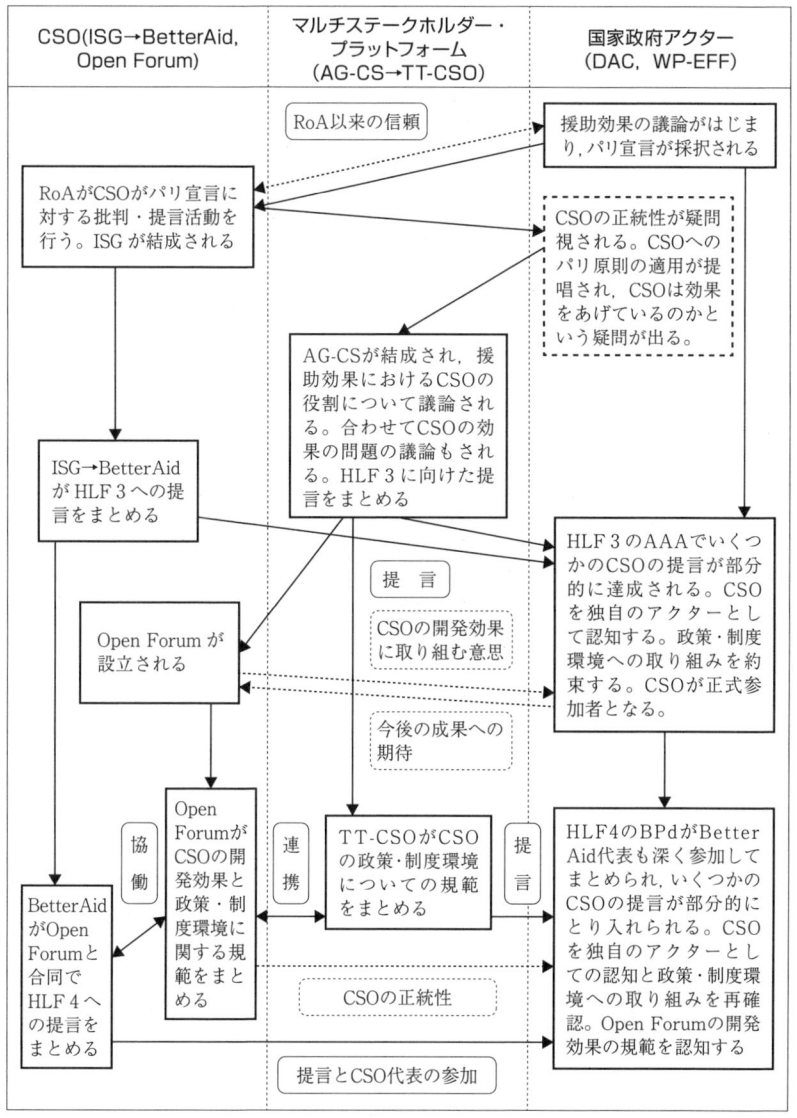

CSO(ISG→BetterAid, Open Forum)	マルチステークホルダー・プラットフォーム (AG-CS→TT-CSO)	国家政府アクター (DAC, WP-EFF)
	RoA以来の信頼	援助効果の議論がはじまり，パリ宣言が採択される
RoAがCSOがパリ宣言に対する批判・提言活動を行う。ISGが結成される		CSOの正統性が疑問視される。CSOへのパリ原則の適用が提唱され，CSOは効果をあげているのかという疑問が出る。
	AG-CSが結成され，援助効果におけるCSOの役割について議論される。合わせてCSOの効果の問題の議論もされる。HLF3に向けた提言をまとめる	
ISG→BetterAidがHLF3への提言をまとめる		
	提言	HLF3のAAAでいくつかのCSOの提言が部分的に達成される。CSOを独自のアクターとして認知する。政策・制度環境への取り組みを約束する。CSOが正式参加者となる。
Open Forumが設立される	CSOの開発効果に取り組む意思	
	今後の成果への期待	
協働　Open ForumがCSOの開発効果と政策・制度環境に関する規範をまとめる	連携　TT-CSOがCSOの政策・制度環境についての規範をまとめる	提言　HLF4のBPdがBetterAid代表も深く参加してまとめられ，いくつかのCSOの提言が部分的にとり入れられる。CSOを独自のアクターとしての認知と政策・制度環境への取り組みを再確認。Open Forumの開発効果の規範を認知する
BetterAidがOpen Forumと合同でHLF4への提言をまとめる	CSOの正統性	
	提言とCSO代表の参加	

（出典）筆者作成

ること，ジェンダーについてパラグラフを設け，ジェンダー平等を「目的そのもの」ともすることなどで，CSOの主張が採用された。人権については開発アプローチに関する規範のRBAへの転換はならなかったものの，開発における人権の重要性は政策・実務規範の1つとして実現できた。CSOについては「独自のアクター」であることを再認知し，「合意された国際的権利を満たす」すなわち国際人権基準にもとづいた政策・制度環境にも同意した。さらにイスタンブール原則とCSOの開発効果の枠組み（シェムリアップ・コンセンサスのこと）についても明記され，その実施が推奨された。

　Open Forumは，イスタンブール原則，シェムリアップ・コンセンサスという成果を生み，AAAで期待されたCSOの効果に関するCSO自身の取り組みと規範づくりという課題に応えた。そのプロセスについて，TT-CSOや，Open Forum世界総会への国家政府アクター（北中心であったが）の参加により，国家政府アクター側にも情報が伝わっていた。そして，BPdパラグラフ22でイスタンブール原則と国際枠組みについて明記されたことや，第5章で引用したヒラリー・クリントンのHLF4における言及とOECD関係者の発言には，CSOの正統性は高まったという認識があったといえる。

　仮にOpen Forumの活動や成果がなかった場合にCSOのアドボカシーにおける正統性や影響力がどう変わっていたのか答えることはもちろん難しい。しかし，第5章で紹介したHLF3時の国家政府アクターのCSOの効果に関する評価とOpen Forumへの期待から，Open Forumのプロセスがなかった，あるいは成果を出さなかった場合は，CSOの正統性に対する国家政府アクターの側の評価は厳しいものになったと推察することは無理のないことであろう。

　2つの段階を合わせて全体の流れを図式化すると，**図終-1**のようになる。第1章の図1-1のCSO，国家政府アクター，マルチステークホルダー・プロセスの相互作用が2段階で展開されたことになる。

　なお，2つの段階で，マルチステークホルダー・プラットフォームのAG-CSとTT-CSOが，CSOと国家政府アクターの間での討議，相互学習，CSO関連の規範づくりに果たした役割も強調されるべきであろう。

3 CSOプラットフォーム間の相互の関係

こうして書いていくと，アドボカシーのプラットフォームの BetterAid，CSO の開発効果の規範づくりのプラットフォームの Open Forum の2つのプラットフォームが並行したグローバル市民社会の取り組みはプラスの相互作用ばかりの「ハッピー・ストーリー」のように思われるだろう。しかし，両者の関係については多くの反省を残した。

第3章の表3-1と3-2からわかるように，BetterAid の運営機関の BACG と，Open Forum の GFG の間ではメンバーの重複がある。また，両方の活動が行われた諸国では，同じ CSO（たいていは CSO プラットフォーム）が BetterAid と Open Forum の各国レベルでの活動を担った場合が多い。両方の活動が行われた国では2つのプラットフォームがあること自体，国内の CSO の間で理解されていなかったケースもあった（Tomlinson 2012：24）。

その一方で，両者間のコミュニケーションには問題があった。両者の活動が進展するにつれて，それぞれの活動に集中するあまり，相互の連絡調整が不足し，お互いの活動についての理解が十分でなくなっていった（同上：23）。あるいは日本（Open Forum だけ）を含め一方の活動のみ行われた国では，もう一方の活動について十分な情報がなかった。Open Forum のグローバル・コーディネーターのバートレットは，トムリンソンのレポートでのインタビューに対し，

> 私たちは2つのプロセスが相互にどうコーディネートするのかもっと注意すべきであった。そうすればもっと市民社会としてのインパクトを強められたのかもしれない。参加者の重複はあった。2つのプロセスを混同する人びともいた。Open Forum は BetterAid と連絡を取ろうとしたし，BetterAid も Open Forum と連絡を取ろうとした。しかしもっとお互いのメッセージについてコミュニケーションをとる，あるいは誰と誰が連絡を取り合うといったことについての調整が必要だった（同上：24）。

と述べている。また，両者の活動が進むにつれて，BetterAid にはもっぱらアドボカシー型の CSO や，CSO の中のアドボカシー担当者が参加するようになり，Open Forum は多様な参加者を集めていった（同上）。

BetterAid と Open Forum の関係についてもコンセンサスがなかった。2009年2月のヨハネスブルグでの BACG 会議では，BetterAid のミッション

がAAAの実施に関するCSOとしてのアドボカシーとされる一方で，Open Forumとの関係については「AAAのパラグラフ20の実施を含め，BACGと役割の重複があることの合意がある。GFGとBACGの間でこの重複について密接な調整が必要である」（BetterAid 2009a：12）とされた。BetterAidとOpen Forumは，2つの並行したプロセスであり，対等なものというのが筆者も含め大方の理解であった。しかし，BetterAidを中心に参加してきた人びとの中には，BACGの役割がAAA全般の実施なのだから，パラグラフ20の実施にかかわったOpen ForumはBetterAidの下部組織であると認識し，Open ForumがBetterAidのコントロールを離れて活動していたことを批判的に考える人もBGCSFで散見された。[2]

3 国際開発とグローバル市民社会──実務と研究の課題

本書の最後に援助効果の議論の検討を通じて明らかになってきたグローバル市民社会や国際開発と世界の貧困削減をめぐる問題に関連する今後の実務上と研究上の課題をあげてみたい。

1 NGOを超えたグローバル市民社会の可能性

第1章で，カルドーは市民社会における専門化，プロフェッショナル化されたNGOへの力の偏在（「公共空間のNGO化」）を懸念していること（Kaldor 2003：92；邦訳：131）を紹介した。援助効果の議論では，NGOだけでなく，労働組合の国際プラットフォームである国際労働組合総連合（The International Trade Union Confederation＝ITUC）[3]もBACGとGFGに参加していた。労働組合の参加を得た点では，NGO以外のグローバル市民社会の構成員の参加も得た。しかし，トムリンソンは以下のような意見を紹介し，社会運動団体の直接の参加をあまり得られなかったことを反省点としてあげている（Tomlinson 2012：73-74）。

> CSOとして，私たちは社会運動を加えるべきであった。社会運動は民間セクター，公的ドナー，政府に対し，平和的行動などを組織しながら，人びとよりも企業の収益を

まず第一に優先しているのではないかと指摘し続けていた。プサンの会議場にいることで,私は市民社会の一部でないような気もした（Tafadwa Muropa, ジンバブエの Gender and Economics Trust）。

私たちは貧困層,グローバルな女性運動や農民運動からのより明白な圧力があったならば,もっと強力であったと思う（Robert Fox, Oxfam Canada）。

BetterAid や Open Forum の主要メンバーは各国の NGO のプラットフォームであり,ITUC にしても労組の国際プラットフォームで,市民社会の中でも専門性が高い部分であった。グローバル市民社会といいつつも,NGO が参加者のほとんどで「NGO 化された空間」だったのではないかという指摘は免れない。

その一方で,援助効果に関する議論は,ODA に関するアドボカシーでも,CSO の開発効果の規範づくりでも高度に専門的である。専門性を背景にしたアドボカシーや CSO の開発効果の規範が,正統性の基盤として重要であった。いかに専門性やプロフェッショナルさという点で幅の大きい社会運動の参加を得ていくのかは大きなジレンマといえよう。

2 RBA

本書では,開発アプローチに関する規範の RBA への転換がグローバル市民社会のアドボカシー活動と開発効果の規範づくりに一貫していることを述べてきた。繰り返しになるが RBA は国連諸機関や一部の二国間ドナーでも採用されてきたものである。しかし,RBA についての共通の理解はなく,また第5章の補論で述べたように,イスタンブール原則の実施に当たって各国で CSO の間で RBA の普及が行われているのが実態である。

今後の国際開発では,本書で用いてきた表現に従えば,「成長による貧困削減規範」か,RBA を基調とした「人権規範」か,どちらが支配的に規範となるのかが論争されていくであろう。一方で,CSO のみならず,国連機関や一部の二国間ドナーも含め,RBA の理論と手法についていっそう精緻化していくとともに,異なったアクターによる異なった RBA の間の共通点と相違点を明確化しつつ,RBA についての理解を深めていくことが,CSO を含むすべて

のRBAを採用する援助アクターの実務と，国際開発研究の重要な課題である。

3 南がオーナーシップを持つ南北パートナーシップの可能性

　パリ宣言・AAA・BPdの一連の援助効果に関するHLFで採択された文書のみならず，その前のPRSから強調されてきたことは，南のオーナーシップである。またCSOの開発効果の原則でもイスタンブール原則の3と6で南のCSOのオーナーシップが明記されている。そして第5章の補論で紹介した4か国（カンボジア・カナダ・韓国・日本）いずれにおいてもイスタンブール原則を実施する上で重視されるテーマになっている。南のオーナーシップは国家政府アクター，CSOの双方の援助効果や開発効果の議論で共通して強調されてきたのである。[4]

　序章でも紹介したように佐藤寛（2005）は援助に内在する「非対称性」「権力性」を指摘する。オーナーシップが繰り返し強調されるのは，この援助に内在する「非対称性」「権力性」を克服していかなければならないという南北の国家政府アクター・CSO双方の共通の問題意識があるとともに，現実にいかに克服するのが難しいのかの現れでもあろう。

　WP-EFFはOECD-DACの下に置かれていたが，南の諸国も多数参加した。しかし，資金や人材が限られた南の諸国の多くは，組織が複雑で（第2章）多数のテーマが取り上げられたWP-EFFで，関心を絞って参加するしかなかったのが現実であった。第6章で見たようにAG-CSやTT-CSOで，援助効果の問題におけるCSOの位置づけや，政策・制度環境の問題が議論され，「独自のアクターとしてのCSO」や「国際人権基準にもとづいた政策・制度環境」といった規範に合意されて，AAAやBPdにも採用されたが，実際には南の諸国でHLF4後も政策・制度環境の悪化が続いている。その背景には，南のAG-CSやTT-CSOへの参加が限られた中で規範が合意されたことがあった。[5] CSO間でも南のCSOは北のCSOや国際CSOに資金・スキル・アイディアを依存する現実（近藤 2013：278）がすぐに変わるわけではない。

　ODA，CSOの開発協力の両方で，南のオーナーシップ，南北対等なパートナーシップは今後も大きな，しかし容易でないチャレンジであり続けるだろう。

4 新興ドナーの台頭とグローバル市民社会

　援助効果のプロセスは，CSO が正式メンバーとして WP-EFF に参加した点で画期的であった。しかし，このプロセスでは他にもさまざまなアクターが台頭した。

　代表的なのは，第2・4章で見たように「拒否国」としての力も持った中国をはじめとした新興ドナーであろう。援助効果（HLF 4 後は効果的な開発協力）の議論のプロセスを見ると，世界の開発援助の様相が，援助国と被援助国の2つの国家グループの関係から，援助国・両方の立場の国（新興ドナー）・被援助国の3グループの関係に変化し，新興ドナーの援助に北から南への援助の規範やルールに必ずしも拘束されないことが BPd で明文化された。伝統的な二国間ドナーである DAC 諸国の CSO 政策も一様ではないにしても，CSO の役割の重要性や第6章のはじめに見たような CSO 支援策の実施ではコンセンサスがあった。

　新興ドナーの中核である BRICS（ブラジル・ロシア・インド・中国・南アフリカ）諸国の中でもインド（団体数では世界一といわれる）やブラジルは従来から CSO の活動が活発な国であったが，インドは外部からの資金の流入への政府の監視は従来から厳しい。ロシアも CSO に対する規制を強めている。

　そして最も注目されるのが共産党一党支配体制で，人権や民主主義といった国際的価値に否定的な中国であるが，中国でも CSO の台頭は見られる（王他 2002；李 2012）[6]。しかし，他の非民主的な体制の国同様，政府による規制や監視は大きい[7]。中国の CSO プラットフォームとして中国国際民間組織合作促進会（China Association for NGO Cooperation = CANGO）がある。CANGO は Open Forum の GFG のメンバーであり，Open Forum の世界総会や BGCSF にも出席した。しかし中国政府の対外経済貿易部（当時）の中国技術交流センターから1993年に独立し「上からの」（王他 2002：102）CSO として設立された経緯がある。Open Forum や BGCSF などの国際会議でも注意深く行動している印象を筆者は持った。

　中国は BOD プロセスのシェルパは務めたが，GPEDC の執行委員会（表2-4）には中国をはじめ BRICS 諸国は入らず，今後の効果的な開発協力の議論にどうかかわるのか不明である。現在 OECD は BRICS 諸国とインドネシア

(GPEDC共同議長)を「パートナー国」として協議を拡大させる方向であるが，開発援助についても政策協調が進むのか，中国をはじめBRICSはDACの規範とルールを拒否して独自の道を歩むのかは現段階ではわからない。

DACも，2013年にアイスランド・チェコ・スロバキア・ポーランド・スロベニアの5か国が新規加盟し，HLF4時の24メンバーから29メンバーに拡大した。東欧や旧ユーゴスラビア諸国の加盟はDACの性格の変化をもたらすであろう。

いずれにせよ，公的ドナーの多様化の中で，CSOとの関係や，その前提にある人権や民主主義についての開発援助の規範やルールが維持できるのか，開発援助をめぐる国際的な議論でのCSOの相対的な発言力が変化するのかは，今後の注目点であろう。

援助アクターの多様化という点では，民間セクターへの注目も高まっている。開発援助における官民協力（private-public partnership = PPP）はDAC諸国の中でも強調する国が増えている。[8] BPdではパラグラフ32で民間セクターの「中心的役割」，民間セクターが活動しやすい法的環境の整備や開発戦略・政策の策定や実施への参加が唱えられた（OECD 2011n: Para. 32）。その一方でBetterAidが主張した民間セクターの透明性やアカウンタビリティの向上は含まれなかった。[9] 開発援助における公的ドナーと民間セクターの連携の拡大や国際的な議論の場での発言力の拡大も，CSOの役割や発言力の相対的後退につながる可能性があり，今後注視していくべきことであろう。

国際開発におけるNGO（その当時の議論での用語で）の役割に関心が向けられるようになって40～50年，あるいはNGOの並行フォーラムが注目された1990年代前半の国連の一連のグローバルな諸課題に関する会議から20年がたち，今日，NGOや市民社会・グローバル市民社会は目新しいものとはいえないだろう。当たり前のアクターになったからこそ，効果やアカウンタビリティが問われることとなったと側面もあるかもしれない。援助効果の議論へのCSOの取り組みは，アドボカシー（BetterAid）とともに，効果やアカウンタビリティ向上の自己規範づくり（Open Forum）が並行し，後者においてイスタンブール原則とシェムリアップ・コンセンサスという具体的な成果がCSOの正統性を高めた。

終章　グローバル市民社会と援助効果

　しかし，アクターの多様化が進む中で，CSO・グローバル市民社会の研究では，従来の南北の諸国家政府や国際機関のみならず，新興ドナー政府や民間セクターとの関係にも注目する必要が出てきたことは，援助効果のプロセスの教訓である。市民社会に好意的でない政府もある新興ドナー諸国が影響力を高める中で，さまざまな問題領域のレジームや国境を超えた政策協調の場におけるCSOの正統性がどのように考えられていくのか，影響力がどう変化していくのかは，今後注目していかなければならない。

1　「Open Forum や BGCSF で見る限り」と留保をつける表現をしたのは，Open Forum の各国でのコンサルテーションを開催したり，Open Forum の世界総会や BGCSF に出席していた南の CSO は多くは各国の CSO プラットフォームが多い。しかしながら南には民族や部族・地域・宗教を単位とした結社も多く（近藤 2013：特に263-269），農村部の小規模な地域に根ざした NGO もそうした結社としての性格を持つ場合もある。国ごとの文脈により多様であろうが，各国の CSO プラットフォームにどの程度そうしたグループの考え方や価値観が反映されているのか，そうしたグループが人権といったグローバルな価値をどのように考えているのかは一般的に議論することが難しい。
2　この段落の記述は，筆者の BGCSF 参加の体験にもとづく。
3　日本の連合も ITUC のメンバーである。
4　CSO の南北パートナーシップについて考察した日本の研究として，重田（2005：第4章），下澤（2007），高柳（2007a）をあげておきたい。
5　もう1つの要因として WP-EFF に南から参加したのは財務省や国家開発計画の省庁（国家開発計画省といった名称の各国の機関）であり，実際に CSO の監視や弾圧を行う組織は治安や内務関係の組織であったことも第6章で述べた。
6　小林誉明（2013：46-48）によれば，中国の援助額は50億ドル程度と見られる。
7　中国の CSO 関係の法令である社会団体登記管理条例や民間非企業単位登記管理条例（いずれも1998年制定）には，CSO の登記義務とともに，憲法や法令のみならず政府政策の遵守も明記されている。（両条例の日本語訳は JICA 中国事務所のホームページ［http://www.jica.go.jp/china/office/about/ngodesk/ngo.html］にある。）
8　RoA は2012年版レポートで PPP についての CSO の視点からの批判的検討を行った（RoA 2012）。
9　トゥハンによると，シェルパ会合の場で特に世界銀行が反対した（筆者によるインタビュー2013年12月15日）。

参考文献一覧

引用した文献，および主要な参考文献。RoA, *The Reality of Aid*, DAC, *Development Co-operation* ; UNDP, *Human Development Report* ; World Bank, *World Development Report* ; LSE, *Global Civil Society* は引用した年のもののみ掲載している。

CSO の援助効果議論のかかわりに関するレポート

Tomlinson, Brian（2012）*CSOs on the Road from Accra to Busan : CSO Initiatives to Strengthen Development Effectiveness*, Manila, IBON Books.

Wood, Jacqueline, and Henri Valot（2009）*Strengthening Civil Society's Roles and Voice : Reflections on CSO Engagement with the Accra Third High Level Forum on Aid Effectiveness*, CCIC, Civicus and IBON Foundation.

ISG (International Civil Society Steering Group), BetterAid 資料

BetterAid（2009a）"BACG Meeting : Johannesburg, February 26-27, 2009."

BetterAid（2009b）"An Assessment of Accra Agenda for Action from a Civil Society Perspective."

BetterAid（2010a）"Development Cooperation : Not Just Aid : Key Issues : Accra, Seoul and Beyond."

BetterAid（2010b）"Development Effectiveness in Development Cooperation : A Rights-based Perspective."

BetterAid（2010c）"Policy Paper on South-South Development Cooperation."

BetterAid（2011a）"Submission of Civil Society views by BetterAid to the Working Party on Aid Effectiveness (WP-EFF) with respect to the First Draft of the Busan Outcome Document."

BetterAid（2011b）"Submission by BetterAid to the Working Party on Aid Effectiveness (WP-EFF) with respect to the Second Draft of the Busan Outcome Document."

BetterAid（2011c）"Consolidated Comments and Inputs on the BOD 3."

BetterAid（2011d）"BetterAid Proposals on BOD 3."

BetterAid（2011e）"BetterAid Proposals on BOD 4."

BetterAid（2011f）"BetterAid Statement on the Global Partnership for Effective Development Cooperation."

BetterAid with Open Forum（2011）*CSOs on the Road to Busan : Key Messages and Proposals.*

BetterAid with Open Forum (2012) "An Assessment of the Busan Partnership for Effective Development Cooperation from a Civil Society Perspective."
ISG (2008) "Better Aid : Civil Society Position Paper for the 2008 Accra High Level Forum on CSO Effectiveness"

Open Forum (Open Forum for CSO Development Effectiveness) 資料
Open Forum (2010a) *Outreach Toolkit.*
Open Forum (2010b) *Open Forum Country and Sectoral Consultations : A Synthesis of Outcomes.*
Open Forum (2010c) *Global Assembly Report 2010.*
Open Forum (2010d) "Istanbul Principles for CSO Development Effectiveness."
Open Forum (2010e) "A Draft International Framework for CSO Development Effectiveness : Version 2."
Open Forum (2011a) "An International Framework for CSO Development Effectiveness : Draft : Version 3."
Open Forum (2011b) *Open Forum for CSO Development Effectiveness : Second Global Assembly : Report of Proceedings.*
Open Forum (2011c) *The Siem Reap Consensus on the International Framework for CSO Development Effectiveness.*
Open Forum (2012a) *Putting the Istanbul Principles into Practice : A Companion Toolkit to the International Framework for CSO Development Effectiveness.*
Open Forum (2012b) *Advocacy Toolkit : Guidance on How to Advocate for a More Enabling Environment for Civil Society in Your Context.*

CPDE 資料
CPDE (2012) "The Nairobi Declaration for Development Effectiveness."
CPDE (2014) *The Journey from Istanbul:Evidences on the Implementation of the CSO DE Principles.*

RoA (The Reality of Aid) 資料
RoA (2002) *The Reality of Aid 2002*, Manila : IBON Books.
RoA (2004) *The Reality of Aid 2004 : An Independent Review of Poverty Reduction and Development Assistance : Focus on Governance and Human Right*s, Manila & London : IBON Books & Zed.
RoA (2007) *Reality Check : The Paris Declaration : Towards Enhanced Aid Effectiveness?*, Quezon City : IBON Foundation.
RoA (2008) *The Reality of Aid 2008 : An Independent Review of Poverty Reduction

and Development Assistance : Aid Effectiveness : Democratic Ownership and Human Rights, Manila : IBON Books.
RoA (2011) Democratic Ownership and Development Effectiveness : Civil Society Perspectives on Progress Since Paris : Reality of Aid 2011 Report, Quezon City : Reality of Aid.
RoA (2012) Aid and the Private Sector : Catalysing Poverty Reduction and Development? : Reality of Aid 2012 Report, Manila : IBON Books.

AWID 資料

AWID (2008) "Implementing the Paris Declaration : Implications for the Promotion of Women's Rights and Gender Equality."
AWID 他 (58団体) (2011) "Key Demands from Women's Rights Organizations and Gender Equality Advocates to the Fourth High Level Forum on Aid Effectiveness (Busan, Korea, 2011) and the Development Cooperation Forum (2012)."
AWID (2013) "A Feminist Perspective on the Busan 4th High Level Forum on Aid Effectiveness and its Outcomes."

AG-CS (Advisory Group on Civil Society and Aid Effectiveness) 資料

AG-CS (2007a) Civil Society and Aid Effectiveness : Concept Paper.
AG-CS (2007b) Civil Society and Aid Effectiveness : Issues Paper.
AG-CS (2008a) Civil Society and Aid Effectiveness : A Synthesis of Advisory Group Regional Consultations and Related Processes January - December 2007.
AG-CS (2008b) The International Forum on Civil Society and Aid Effectiveness : A Multi-stakeholder Dialogue : Final Report.
AG-CS (2008c) Civil Society and Aid Effectiveness : Synthesis of Findings and Recommendations.
AG-CS (2008d) Civil Society and Aid Effectiveness : Case Book.
AG-CS (2008e) Civil Society and Aid Effectiveness : An Exploration of Experience and Good Practice.

TT-CSO (Multi-Stakeholder Task Team on CSO Development Effectiveness and Enabling Environment) 資料

TT-CSO (2009a) "Multi-stakeholder Meeting on Moving the Civil Society and Aid Effectiveness Agenda Forward Post-Accra : Stockholm 2-3 April 2009."
TT-CSO (2009b) "Meeting Report : Multi-stakeholder Working Group on Civil Society Development Effectiveness and Enabling Environment : Prague, June 23, 2009."

TT-CSO (2009c) "Meeting Report : Multi-stakeholder Working Group on Civil Society Development Effectiveness and Enabling Environment : Stockholm, October 22, 2009."
TT-CSO (2010a) "Meeting Report : Task Team on Civil Society Development Effectiveness and Enabling Environment : Brussels, April 13, 2010."
TT-CSO (2010b) "Meeting Report : Task Team on Civil Society Development Effectiveness and Enabling Environment : Istanbul, October 1, 2010."
TT-CSO (2011a) "CSO Development Effectiveness and the Enabling Environment : Key Messages for the Fourth High Level Forum on Aid Effectiveness."
TT-CSO (2011b) "CSO Development Effectiveness and the Enabling Environment : A Review of Evidence."

OECD 資料
OECD (1988) *Voluntary Aid for Development : The Role of Non-Governmental Organisations.*
OECD-DAC (1989) "Development Co-operation in the 1990s : Policy Statement by DAC Aid Ministers and Heads of Aid Agencies."
OECD-DAC (1993) "DAC Orientations on Participatory Development and Good Governance"
OECD (1996) *Shaping the 21st Century : The Contribution of Development Co-operation.*
OECD (2003a) "Rome Declaration on Harmonisation."
OECD (2003b) "Working Party on Aid Effectiveness and Donor Practices : Draft Mandate, Draft Programme and Proposed Modalities" DCD/DAC/EFF (2003) 1.
OECD (2005) "Paris Declaration on Aid Effectiveness : Ownership, Harmonisation, Alignment Results and Mutual Accountability."
OECD (2008) "Accra Agenda for Action."
OECD (2009a) *Development Co-operation Report 2009.*
OECD (2009b) "The Working Party on Aid Effectiveness after Accra : Renewed Mandate 2009-2010, Work Programme and Structure" DCD/DAC/EFF (2009) 2.
OECD (2011a) *Aid Effectiveness 2005-10 : Progress in Implementing the Paris Declaration.*
OECD (2011b) "How DAC Members Work with Civil Society Organisations : An Overview."
OECD (2011c) "First Draft Outcome Document for the Fourth High-Level Forum on

Aid Effectiveness" DCD/DAC/EFF (2011) 5.
OECD (2011d) "Working Party on Aid Effectiveness : Draft Summary Record of the 17th Meeting" DCD/DAC/EFF/M (2011) 1/PROV.
OECD (2011e) "Second Draft Outcome Document for the Fourth High-Level Forum on Aid Effectiveness" DCD/DAC/EFF (2011) 11.
OECD (2011f) "Working Party on Aid Effectiveness : Draft Summary Record of the 18th Meeting" DCD/DAC/EFF/M (2011) 2/PROV.
OECD (2011g) "Third Draft Outcome Document for the Fourth High-Level Forum on Aid Effectiveness." DCD/DAC/EFF (2011) 13.
OECD (2011h) "Group of HLF-4 Outcome Document Sherpas : Draft Summary Record of Discussion on 27 October 2011" DCD/DAC/EFF/M (2011) 3/PROV.
OECD (2011i) "Group of HLF- 4 Outcome Document Sherpas : Draft Summary Record of Discussion on 4 November 2011." DCD/DAC/EFF/M (2011) 4/PROV.
OECD (2011j) "Fourth Draft Outcome Document for the Fourth High-Level Forum on Aid Effectiveness." DCD/DAC/EFF (2011) 16.
OECD (2011k) "Second Meeting of the Group of HLF-4 Outcome Document Sherpas : Compendium of Written Proposals Received since the First Meeting of 4 November" DCD/DAC/EFF (2011) 17/WD.
OECD (2011l) "Group of HLF-4 Outcome Document Sherpas : Draft Summary Record of Discussion on 18 November 2011" DCD/DAC/EFF/M (2011) 5/PROV.
OECD (2011m) "Fifth Draft Outcome Document for the Fourth High-Level Forum on Aid Effectiveness." DCD/DAC/EFF (2011) 18.
OECD (2011n) "Busan Partnership for Effective Development Co-operation."
OECD (2012a) "Proposed Indicators, Targets and Process for Global Monitoring of the Busan Partnership for Effective Development Co-operation : Proposal by Post-Busan Interim Group." DCD/DAC/EFF (2012) 8/REV1.
OECD (2012b) "Proposed Mandate for the Global Partnership on Effective Development Co-operation : Proposal by Post-Busan Interim Group." DCD/DAC/EFF (2012) 7/REV1.
OECD (2012c) *Partnering with Civil Society : 12 Lessons from DAC Peer Reviews.*
OECD (2013) "Aid for CSOs."
OECD & World Bank (2013) *Integrating Human Rights into Development : Donor Approaches, Experiences and Challenges,* Second Edition.
OECD Development Centre ed. (1983) *The Role of Non-Governmental Organisations in Development Co-operation.*

英語文献

ACPPP (2011) *Democracy, Aid and Disenabling Environment : Motivation and Impact of Disenabling Environment on Development Work in Africa.*

ACT Alliance (2011) *Shrinking Political Space of Civil Society Action.*

ActionAid America and ActionAid Uganda (2004) *Rethinking Participation : Questions for Civil Society about the Limits of Participation in PRSPs.*

ActionAid (2012) *People's Action in Practice : ActionAid's Human Rights Based Approaches 2.0.*

AFRODAD (2002) *Civil Society Participation in the Poverty Reduction Strategy Paper (PRSP) Process.*

Anheier, Helmut, Marlies Glausis & Mary Kaldor (2001) "Introducing Global Civil Society", *Global Civil Society 2001*, Oxford : Oxford University Press.

Atwood, J. Brian (2012) "Creating a Global Partnership for Effective Development Cooperation," Center for Global Development.

Bebbington, Anthony J., Samuel Hickey & Diana Mitlin eds. (2008) *Can NGOs Make a Difference? : The Challenge of Development Alternatives,* London & New York : Zed Books.

Bebbington, Anthony J., Samuel Hickey & Diana Mitlin (2008) "Introduction : Can NGOs Make a Difference? : The Challenge of Development Alternatives," Bebbington et al. eds.

Booth, David (2003) "Introduction," *Development Policy Review,* Vol. 21, No. 3.

Booth, David (2008) "Aid Effectiveness after Accra : How to Reform the 'Paris Agenda'," ODI Briefing Paper.

Brown, L. David & Jagadananda (2007) "Civil Society Legitimacy and Accountability : Issues and Challenges," Civicus and The Hauser Center for Nonprofit Organizations, Harvard University.

Brown, Stephen & Bill Morton (2008) "Reforming Aid and Development Cooperation : Accra, Doha and Beyond," Ottawa : The North-South Institute.

CCIC & InterAction (2013) *Two Years on from Busan : Looking Back, Looking Forward : An Analysis of a Survey on the Implementation of the Istanbul Principles, Human Rights-Based Approaches to Development and Equitable Partnership and Enabling Environment.*

Chandhoke, Neera (2002) "The Limits of Global Civil Society," Marlies Glausis, Mary Kaldor & Helmut Anheier eds., *Global Civil Society 2002.*

Chasek, Pamela S., David L. Downie & Janet Brown (2006) *Global Environmental Politics,* Boulder : Westview.

Civicus (2010) *Civil Society : The Clampdown is Real : Global Trends 2009-2010.*

Civicus (2013) *State of Civil Society 2013 : Creating an Enabling Environment.*
Clark, Anne Marie, Elizabeth Friedman & Kathryn Hochstetler (1998) "The Sovereign Limits of Global Civil Society : A Comparison of NGO Participation in UN World Conference on Environment, Human Rights and Women," *World Politics*, Vol. 51, No. 1.
Clark, John (1997) "The State, Popular Participation, and the Voluntary Sector," Hulme & Edwards eds.
Clark, John (2003a) *Worlds Apart : Civil Society and the Battle for Ethical Globalization*, London : Earthscan.
Clark, John (2003b) "Introduction : Civil Society and Transnational Action", John Clark ed.
Clark, John ed. (2003) *Globalizing Civic Engagements : Civil Society and Transnational Action*, London : Earthscan.
Cohen, Jean & Andrew Arato (1992) *Civil Society and Political Theory*, Cambridge & London : MIT Press.
Culpepper, Roy & Bill Morton (2008) *The International Development System : Southern Perspective on Reform*, Ottawa : The North-South Institute.
Desai, Vandana & Robert Potter eds. (2012) *The Companion to Development Studies*, Second Ed., London & New York : Routledge.
de Tocqueville, Alexis (1990) [1840] *Democracy in America, Volume II*, New York ; Vintage Books.
DFID (2005) *The UK's Contribution to Achieving the Millennium Development Goals.*
DFID (2006) *Civil Society and Development.*
Dijkstra, Geske (2005) "The PRSP Approach and the Illusion of Improved Aid Effectiveness," *Development Policy Review*, Vol. 23, No. 4.
Drabek, Anne Gordon (1987) "Development Alternatives : The Challenge for NGOs : An Overview of the Issues," *World Development*, Vol. 15, Supplement.
Driscall, Ruth & Alison Evans (2005) "Second Generation Poverty Reduction Strategies : New Opportunities and Emerging Issues," *Development Policy Review*, Vol. 23, No. 1.
Edwards, Michael (2001) "Introduction" in Edwards & Gaventa ed.
Edwards, Michael & John Gaventa ed. (2001) *Global Citizen Action*, Boulder : Lynne Rinner.
Edwards, Michael (2008) "Have NGOs Made a Difference : From Manchester to Birmingham with an Elephant in the Room," Bebbington et al. eds.
Edwards, Michael (2009) *Civil Society*, Second Ed. Cambridge : Polity. (第1版

[2004］の邦訳：堀内一史訳『市民社会とは何か―――21世紀のより善い世界を求めて』麗澤大学出版会, 2008年）

Edwards, Michael (2011) "Introduction : Civil Society and the Geometry of Human Relations," Edwards ed.

Edwards, Michael ed. (2011) *The Oxford Handbook of Civil Society*, Oxford & New York : Oxford University Press.

Edwards, Michael & John Gaventa ed. (2001) *Global Citizen Action*, Boulder : Lynne Rinner.

Edwards, Michael & David Hulme (1995) "NGO Performance and Accountability : Introduction and Overview," Michael Edwards & David Hulme eds., *Non-Governmental Organisations : Performance and Accountability : Beyond the Magic Bullet*, London : Earthscan.

European Commission (2011) "Proposal for the EU Common Position for the 4th High Level Forum on Aid Effectiveness : Busan."

Finnemore, Martha & Kathryn Sikkink (1998) "International Norm Dynamics and Political Change," *International Organization*, Vol. 52, No. 4.

Florini, Ann ed. (2001) *The Third Force : The Rise of Transnational Civil Society*, Tokyo & Washington D. C. : Japan Center for International Exchange & Carnegie Endowment for Peace.

Fowler, Alan (1997) *Striking a Balance : A Guide to Enhancing the Effectiveness of Non-Governmental Organisations in International Development*, London : Earthscan.

Fowler, Alan (2008) "Development and the New Security Agenda : W (h) ither (ing) NGO Alternatives?," Bebbington et al. eds.

Fowler, Alan (2011) "Development NGOs," Edwards ed.

Glausis, Marlies (2010) "Dissecting Global Civil Society : Values, Actors, Organisational Forms," Open Democracy (http://www.opendemocracy.net/5050/marlies-glasius/dissecting-global-civil-society-values-actors-organisational-forms　アクセス2013年1月20日）

Glausis, Marlies, David Lewis & Hakan Seckinelgin eds. (2004) *Exploring Civil Society : Political and Cultural Contexts*, London & New York : Routledge.

Goldstein, Judith & Robert Keohane (1993) "Ideas and Foreign Policy : An Analytical Framework," Goldstein & Keohane eds., *Ideas and Foreign Policy : Beliefs, Institutions, and Political Change*, Ithaca & London : Cornell University Press.

Gready, Paul & Jonathan Ensor eds. (2006) *Reinventing Development : Translating Rights-Based Approaches from Theory into Practice*, London & New York : Zed.

Gready, Paul & Wouter Vandenhole eds. (2014) *Human Rights and Development in*

the New Millennium : Towards a Theory of Change, London & New York : Routledge.
Held, David ed. (2004) *A Globalizing World? : Culture, Economics, Politics*, Second Ed., London & New York : Routldge. (第1版 [2000] の邦訳 中谷義和監訳『グローバル化とは何か——文化・経済・政治』法律文化社, 2002年)
Hermele, Kenneth (2004) *The Poverty Reduction Strategies : A Survey of the Literature*, Forum Syd.
Hickey, Sam & Diana Mitin ed. (2009) *Rights-Based Approaches to Development : Exploring the Potential and Pitfalls*, Sterling : Kumarian.
Hickey, Sam & Diana Mitlin (2009) "Introduction," Hicley and Mitlin eds.
Howell, Jude & Jenny Pearce (2001) *Civil Society and Development : A Critical Exploration*, Boulder : Lynne Rinner.
Howell, Jude, Armine Ishkanian, Ebenezer Obandare, Hakan Seckinelgin, & Marlies Glausis (2008) "The Backlash against Civil Society in the Wake of Long War on Terror," *Development in Practice*, Vol. 18, No. 1.
Hulme, David (2010) *Global Poverty : How Global Governance is Failing the Poor*, London & New York : Routledge.
Hulme, David & Michael Edwards eds. (1997) *NGOs States and Donors : Too Close for Comfort?*, London : MacMillan.
IBON International (2009) *Primer on ODA and Development Effectiveness*, Manila : IBON Books.
ICVA (1985) "NGO Attitudes towards Government Funding: Suggested Guidelines on the Acceptance of Government Funds for NGO Programme."
JICA (2009) *The Nordic Plus Studies Series : The ODA Systems of UK, the Netherlands, Sweden, Norway, Denmark, Ireland and Finland.*
Jonsson, Urban (2006) "A Human Rights-Based Approach to Programming," Gready & Ensor eds.
Jordan, Lisa & Peter van Tuijl (2006) "Rights and Responsibilities in the Political Landscape of Accountability : Introduction and Overview," Jordan & van Tuijl eds., *NGO Accountability : Politics, Principles and Innovations*, London & Sterling : Earthscan.
Kaldor, Mary (2003) *Global Civil Society : An Answer to War*, Cambridge : Polity. (山本武彦他訳『グローバル市民社会論——戦争へのひとつの回答』法政大学出版局, 2007年)
Kaldor, Mary, Ashuwani Kumar & Hakan Seckinelgin (2009) "Introduction," *Global Civil Society 2009*, Los Angeles, London, New Delhi, Singapore & Washington D. C. : Sage.

Kapijimpanga, Opa (2004) "Governance and Promotion of Human Rights in International Cooperation," RoA.
Keck, Margaret E. & Kathryn Sikkink (1998) *Activists beyond Borders : Advocacy Networks in International Politics* Ithaca & London : Cornell University Press.
Kindornay, Shannon & Bill Morton (2009) "Development Effectiveness : Towards New Understandings, " Issues Brief, The North-South Institute.
Kindornay, Shannon, James Ron & Charli Carpenter (2012) "Rights-Based Approaches to Development : Implications for NGOs," *Human Rights Quarterly*, Vol. 34.
Koch, Dirk-Jan (2008) "A Paris Declaration for NGOs?," *Financing Development 2008*.
Koch, Dirk-Jan (2009) *Aid from International NGOs : Blind Spots on the Aid Allocation Map*, London & New York : Routledge.
Kozlowski, Anthony (1983) "International Non-Governmental Organizations as Operating Agencies," OECD Development Centre ed.
Krasner, Stephen (1983) "Structural Causes and Regime Consequences : Regimes as Intervening Variables," Stephen Krasner ed., *International Regimes*, Ithaca & London : Cornell University Press.
Lewis, David & Paul Opoku-Mensah (2006) "Moving Forward Research Agendas on International NGOs : Theory, Agency and Context," *Journal of International Development*, Vol. 18.
Lewis, David & Nanzeen Kanji (2009) *Non-Governmental Organizations and Development*, London & New York : Routledge.
Lewis, John (1983) "Co-operation between Official Agencies and Non-Governmental Organisations," OECD Development Centre ed., *op. cit.*
Lister Sarah & Warren Nyamuharasira (2003) "Design Contradictions in the 'New Architecture of Aid' ? Reflections from Uganda on the Roles of Civil Society Organisations," *Development Policy Review*, Vol. 21, No. 1.
Lumsdaine, David Halloran (1993) *Moral Vision in International Politics : The Foreign Aid Regime 1949-1989*, Princeton : Princeton University Press.
Macdonald, Laura (1997) *Supporting Civil Society : The Political Role of Non-Governmental Organizations in Central America*, London : Macmillan.
Malaluan, Jemina Joy Chavez and Shalmali Guttal (2003) *Poverty Reduction Strategy Papers : A Poor Package for Poverty Reduction*, Focus on the Global South.
Mathews, Jessica (1997) "Power Shift," *Foreign Affairs*, January/February 1997. (竹下興喜監訳「パワーシフト――グローバル市民社会の台頭」『中央公論』1997年3月号)

McGrew, Anthony (2004) "Power Shift : From National Government to Global Governance?," Held ed.
Mediterranean Institute of Gender Studies (2009) "Glossary of Gender-related Terms" (http: //www. medinstgenderstudies. org/wp-content/uploads/Gender-Glossary-updated_final.pdf アクセス2014年1月21日).
Moore, David & Jacob Zenn (2013) "The Legal and Regulatory Framework for Civil Society : Global Trends in 2012," Civicus.
Pleyers, Geoffrey (2007) "Under Fire : NGOs in Alter-global Movement," *Global Civil Society 2006/7*, London, Thousand Oaks & New Delhi : Sage.
Possing, Sussane (2003) *Between Grassroots and Governments, Civil Society Experiences with PRSPs*, Danish Institute of International Studies.
Pratt, Brian (2006) "Aid Harmonization : Challenges for Civil Society," *Ontrac*, No. 33.
Pratt, Brian (2008) "Rhetoric and Reality in Aid Effectiveness," *Ontrac*, No. 38.
Pratt, Brian, Jerry Adams & Hannah Warren (2006) *Official Agency Funding of NGOs in Seven Countries : Mechanisms, Trends and Implications*, Oxford : INTRAC.
Riddell, Roger (2007) *Does Foreign Aid Really Work?*, Oxford : Oxford University Press.
Riddell, Roger & Mark Robinson (1995) *Non-Governmental Organizations and Rural Poverty Alleviation*, Oxford : Clarendon Press.
Risse, Thomas & Kathryn Sikkink (1999) "The Socialization of International Norms into Domestic Practices: Introduction", Thomas Risse, Stephen C. Ropp & Kathryn Sikkink eds., *The Power of Human Rights: International Norms and Domestic Change*, Cambridge: Cambridge University Press.
Robinson, Mark (1997) "Privatising the Voluntary Sector : NGOs as Public Service Contractors?," Hulme & Edwards eds.
Sanchez, Diana & Katharine Cash (2003) *Reducing Poverty or Repeating Mistakes : A Civil Society Critique of Poverty Reduction Strategy Papers*, Church of Sweden Aid, Diakonia, Save the Children Sweden & The Swedish Jubilee Network.
Save the Children (2005) *Child Rights Programming : How to Apply Rights-Based Approaches to Programming : A Handbook for International Save the Children Alliance Members*.
Scholte, Jan Aart (2002) "Civil Society and the Governance of Global Finance," Scholte ed. *Civil Society and Global Finance*, London & New York : Routledge.
Scholte, Jan Aart (2005) *Globalization : A Critical Introduction*, Second Ed., Hampshire & New York, : Palgrave Macmilan.

Sida (2007) *Moving from Skepticism to Engagement : International Arena Conference.*
Tarrow, Sidney (2005) *The New Transnational Activism*, Cambridge : Cambridge University Press.
Tilly, Charles (2004) *Social Movements 1768-2004*, Boulder : Paradigm Publishers.
Tomlinson, Brian (2007) "The Paris Declaration on Aid Effectiveness : Donor Comittments and Civil Society Critiques," RoA.
Tomlinson, Brian (2008) "The Accra Third High Level Forum on Aid Effectiveness : A CCIC Participant Assessment of the Outcomes," (http://www.ccic.ca/e/docs/002_aid_2008-09_third_hlf_ccic_assessment.pdf アクセス2014年1月20日)
Tomlinson, Brian (2013) "Working with the Ministerial Global Partnership for Effective Development Cooperation : Promoting an Agenda for a CSO Enabling Environment in 2013," Civicus.
Tujan, Antonio (2005) "Civil Society Comments to the High Level Forum, Joint Progress Towards Enhanced Aid Effectiveness."
Tvent, Terje (2006) "The International Aid System and the Non-Governmental Organisations : A New Research Agenda," *Journal of International Development*, Vol. 18.
UNDG (2003) "The Human Rights Based Approach to Development Cooperation : Towards a Common Understanding among UN Agencies."
UNDP (1993) *Human Development Report 1993.*
UNDP (2010) *Human Development Report 2010.* (邦訳：横田洋三・秋月弘子・二宮正人監修『人間開発報告書2010』阪急コミュニケーションズ)
United Nations (2001) "Important Concepts Underlying Gender Mainstreaming" (http://www.un.org/womenwatch/osagi/pdf/factsheet2.pdf アクセス2014年1月21日).
United Nations (2002) "Monterey Consensus on Financing for Development."
Uvin, Peter (2004) *Human Rights and Development*, Bloomfield : Kumarian.
van der Veen, A. Maurits (2011) *Ideas, Interests and Foreign Aid*, Cambridge : Cambridge University Press.
Van Rooy, Alison (1998) "Civil Society as an Idea? An Analytical Hatstand?," Van Rooy ed.
Van Rooy, Alison (2012) "Strengthening Civil Society in Developing Countries," Desai & Potter eds.
Van Rooy, Alison ed. (1998) *Civil Society and the Aid Industry*, London : Earthscan.
Van Rooy, Alison & Mark Robinson (1998) "Out of Ivory Tower : Civil Society and the Aid System," Van Rooy ed.
Wanyeli, L. Muthoni (2007) "Implementing the Paris Declaration : A Southern Civil

Society Experience," RoA.
White, Gordon (1996) "Civil Society, Democratisation and Development," Robin Luckham & Gordon White eds., *Democratization in the South : The Jagged Wave*, Manchester & New York：Manchester University Press.
Willis, Katie (2011) *Theories and Practices of Development*, Second Ed., London & New York：Routledge.
Wood, Jacqueline and Karin Fallman (2013) "Official Donors' Engagement with Civil Society：Key Issues in 2012," Civicus.
World Bank (1992) *Governance and Development*.
World Bank (1997) *World Development Report 1997 : The State in a Changing World*, Oxford：Oxford Univ. Press.（海外経済協力基金開発問題研究会訳『世界開発報告――開発における国家の役割』東洋経済新報社，1997年）
World Bank (2000/01) *World Development Report 2000/2001 : Attacking Poverty*.（西川潤監訳・五十嵐友子訳『世界開発報告2000/2001――貧困との闘い』シュプリンガー・フェアラーク東京）
World Bank (2003) *PRSP Sourcebook*.
Zimmerman, Felix (2007) *Report : Ownership in Practice : Informal Experts' Workshop*, Paris：OECD Development Centre.

日本語文献

秋山信将（2012）『核不拡散をめぐる国際政治――規範の順守，秩序の変容』有信堂高文社。
足立研幾（2004）『オタワプロセス――対人地雷禁止レジームの形成』有信堂高文社。
石川滋（2006）『国際開発政策研究』東洋経済新報社。
稲田十一（2004）「国際援助体制とグローバル化――構造調整／貧困削減レジームの展開」古城佳子他編『国際政治講座3　経済のグローバル化と国際政治』東京大学出版会。
稲田十一（2013）『国際協力のレジーム分析――制度・規範の生成とその過程』有信堂高文社。
馬橋憲男（1999）『国連とNGO――市民参加の歴史と課題』有信堂高文社。
馬橋憲男（2007）「NGOと国連」馬橋・高柳編。
馬橋憲男・高柳彰夫編著（2007）『グローバル問題とNGO・市民社会』明石書店。
絵所秀紀（1997）『開発の政治経済学』日本評論社。
遠藤貢（2011）「国際関係とNGO――現代国際社会の変容と課題」美根慶樹編『グローバル化・変革主体・NGO――世界におけるNGOの行動と理論』新評論。
王名・岡室美恵子・李妍焱（2002）『中国のNPO――いま，社会改革の扉が開く』第一書林。

大芝亮（1994）『国際組織の政治経済学――冷戦後の国際関係の枠組み』有斐閣。
大芝亮（1996）「開発途上国の開発問題と国際連合・世界銀行」『国際法外交雑誌』94巻5・6号。
大芝亮（2009）「地球公共財とNGO――あらためてNGOの正統性について考える」『一橋法学』8巻2号。
大芝亮・古城佳子・石田淳編（2009）『日本の国際政治学2　国境なき国際政治』有斐閣。
太田宏（2009）「地球公共財とNGO――地球紀行の安定化と生物多様性の保全を求めて」大芝・古城・石田編。
大野泉（2000）『世界銀行――開発援助戦略の変革』NTT出版。
大野泉（2005）「国際機関と日本の協力」後藤一美・大野泉・渡辺利夫編著『日本の国際開発協力』日本評論社。
大平剛（2008）『国連開発援助の変容と国際政治――UNDPの40年』有信堂高文社。
大矢根聡（2013）「コンストラクティヴィズムの視角――アイディアと規範の次元」大矢根編。
大矢根聡編（2013）『コンストラクティヴィズムの国際関係論』有斐閣。
小川裕子（2008）「開発分野におけるレジームの動態――レジーム競合・調整の動因としてのアメリカ」『国際政治』153号。
小川裕子（2011）『国際開発協力の政治過程――国際規範の制度化とアメリカ対外援助政策の変容』東信堂。
勝間靖（2007）「開発援助と人権」佐藤寛・アジア経済研究所開発スクール編。
川村暁雄（2008）「人権基盤型アプローチの基底――人間の尊厳のための社会関係の把握・変革・自覚・共有」アジア・太平洋人権情報センター編『アジア太平洋人権レビュー2008』現代人文社。
川村暁雄（2013）「人権と人権基盤型アプローチ」牧田東一編『国際協力のレッスン――地球市民の国際協力論入門』学陽書房。
金敬黙（2008）『越境するNGOネットワーク――紛争地域における人道支援・平和構築』明石書店。
栗栖薫子（2013）「安全保障――多国間フォーラムにおける概念の普及過程」大矢根編。
国際協力NGOセンター（2013a）『効果的な活動を行うために私たちが守るべき8つのこと――CSO開発効果にかかるイスタンブール原則を知るための手引き』。
国際協力NGOセンター（2013b）『2012年度　外務省主催　NGO研究会「事業評価と開発効果向上における比較」』事業報告書。
小林誉明（2013）「対外援助の規模，活動内容，担い手と仕組み」下村恭民・大橋英夫・日本国際問題研究所編『中国の対外援助』日本経済評論社。
近藤久洋（2013）「民主主義の定着と開発における市民社会――社会・政治に埋め込まれた『公共性』」木村宏恒・近藤久洋・金丸裕志編著『開発政治学の展開――途上

国開発戦略におけるガバナンス』勁草書房.
阪口功（2006）『地球環境ガバナンスとレジームの発展プロセス——ワシントン条約とNGO・国家』国際書院.
佐藤寛（2005）『開発援助の社会学』世界思想社.
佐藤寛（2007）「社会開発に込められる多様な期待」佐藤寛・アジア経済研究所開発スクール編.
佐藤寛・アジア経済研究所開発スクール編（2007）『テキスト　社会開発——貧困削減への新たな道筋』日本評論社.
重田康博（2005）『NGOの発展の軌跡——国際協力ＮＧＯの発展とその専門性』明石書店.
重冨真一編著（2001）『アジアの国家とNGO——15か国の比較研究』明石書店.
下澤嶽（2007）『開発NGOとパートナーシップ——南の自立と北の役割』コモンズ.
下村恭民（2011）『開発援助政策』日本経済評論社.
下村恭民・辻一人・稲田十一・深川由起子（2009）『国際協力——その新しい潮流（新版）』有斐閣.
末廣昭（1998）「発展途上国の開発主義」東京大学社会科学研究所編『20世紀システム4　開発主義』東京大学出版会.
世界銀行日本事務所（日付なし）「貧困削減戦略ペーパー」（パンフレット）
高橋基樹（2004）「貧困国に対するODAと援助協調」『開発援助の新たな課題に関する研究会』報告書（財務省委嘱・（財）国際金融情報センター）.
高橋基樹（2009）「日本の貧困国援助の比較論的考察——援助レジームの変遷をめぐって」『国際開発研究』18巻2号.
高橋基樹（2010）「アフリカの貧困・開発論——わたしたちはどう考え，何をするべきか」舩田編.
高柳彰夫（1997）「社会開発とNGO」西川潤編『社会開発——経済成長から人間中心型発展へ』有斐閣.
高柳彰夫（2001）『カナダのNGO——政府との「創造的緊張」をめざして』明石書店.
高柳彰夫（2003）「カナダの援助効果向上策とNGO」『国際交流研究』5号.
高柳彰夫（2006）「国際開発における『貧困削減戦略』アプローチの台頭とNGO・市民社会」『国際交流研究』8号.
高柳彰夫（2007a）「貧困・開発とNGO——世界の現状と北のNGOの活動」馬橋・高柳編.
高柳彰夫（2007b）「貧困削減戦略時代のNGO・市民社会組織の国際開発協力——OECD-DACのパリ宣言との関係で」『北九州市立大学外国語学部紀要』120号.
高柳彰夫（2007c）「グローバル市民社会の登場」高田和夫編『新時代の国際関係論——グローバル化のなかの「場」と「主体」』法律文化社.
高柳彰夫（2009）「市民社会と援助効果」『国際交流研究』11号.

高柳彰夫（2010）「グローバル市民社会の中の開発NGO」『国際交流研究』12号。
高柳彰夫（2011a）「開発援助におけるNGO・市民社会と国家──『貧困削減戦略・援助効果レジーム』における変容」『法学新報』117巻11・12号。
高柳彰夫（2011b）『めざすは貧困なき世界──政府と市民の国際開発協力』フェリス女学院大学（フェリス・ブックス）。
高柳彰夫（2012）「市民社会組織（CSO）の開発効果」『国際交流研究』14号。
高柳彰夫（2013）「援助効果議論における市民社会組織（CSO）のアドボカシー活動」『国際交流研究』15号。
武内進一（2010）「アフリカ紛争論──ポスト冷戦期の紛争はなぜ起こったのか」舩田編。
田坂敏雄編（2009）『東アジア市民社会の展望』御茶の水書房。
田中由美子（2002）「『開発と女性』（WID）と『開発とジェンダー』（GAD）」田中由美子・大沢真理・伊藤るり編著『開発とジェンダー──エンパワーメントの国際協力』国際協力出版会。
恒川惠市（2013）「開発援助──対外戦略と国際貢献」大芝亮編『日本の外交　第5巻　対外政策・課題編』岩波書店。
納家政嗣（2005）「国際政治学と規範研究」『国際政治』143号。
成瀬治（1984）『近代市民社会の成立──社会思想史的考察』東京大学出版会。
西垣昭・下村恭民・辻一人（2009）『開発援助の経済学──「共生の世界」と日本のODA（第4版）』有斐閣。
西川潤（2000）『人間のための経済学──開発と貧困を考える』岩波書店。
西川潤（2004）『世界経済入門（第3版）』岩波書店（岩波新書）。
西川潤（2011）『グローバル化を超えて──脱成長期　日本の選択』日本経済新聞出版社。
日本国際政治学会編（2005）『国際政治』143号（特集「規範と国際政治理論」）。
馬場伸也（1982）「NGO（非政府組織）と国際社会」『法学セミナー』増刊号「国際政治と日本の選択」。
馬場伸也（1985）「『人類益』の促進を市民の手で」初瀬龍平編『内なる国際化』三嶺書房。
馬場伸也（1986）「『人類益』の追求をめざして──アムネスティ拷問廃止運動を中心に」武者小路公秀・臼井久和編『転換期世界の理論的枠組み　第2巻　脱国家的イシューと世界政治』有信堂高文社。
舩田クラーセンさやか編（2010）『アフリカ学入門──ポップカルチャーから政治経済まで』明石書店。
星野智（2009）『市民社会の系譜学』晃洋書房。
村田良平（2000）『OECD（経済協力開発機構）──世界最大のシンクタンク』中央公論新社（中公新書）。

目加田説子（2003）『国境を超える市民ネットワーク――トランスナショナル・シビルソサエティ』東洋経済新報社。
目加田説子（2004）『地球市民社会の最前線―― NGO・NPO への招待』岩波書店。
毛利聡子（2011）『NGO から見る国際関係――グローバル市民社会への視座』法律文化社。
柳原透（2001）「途上国の貧困削減へのアプローチと日本の貢献」『国際協力研究』17巻2号。
柳原透（2003）「『PRSP 体制』の成立と日本の課題」『アジ研ワールド・トレンド』99号。
柳原透（2008）「『開発援助レジーム』の形成とその意義」『海外事情』56巻9号。
山口定（2004）『市民社会論――歴史的遺産と新展開』有斐閣。
山田敦（2008）「反グローバル化の広がりと繋がり――世界社会フォーラムの事例」『国際政治』153号。
山田高敬（2009）「多国間主義から私的レジームへ――マルチステークホルダー・プロセスのジレンマ」大芝・古城・石田編。
山田高敬・逸見勉（2013）「地球環境――『ポスト京都』の交渉における国際規範の役割」大矢根編。
山本吉宣（2008）『国際レジームとガバナンス』有斐閣。
山本吉宣（2013）「市民外交――国際システムの変容の中で」井上寿一・波多野澄雄・酒井哲哉・国分良成・大芝亮編『日本の外交　第6巻　日本外交の再構築』岩波書店。
李妍焱（2012）『中国の市民社会――動き出す草の根 NGO』岩波書店（岩波新書）。

あとがき

　本書は，筆者が過去数年間，研究者として関心を持ち，そして2009年からは国際協力NGOセンター（JANIC）の政策アドバイザーの立場から自らも参加した援助効果——本書で再三述べてきたようにCSOの立場からは開発効果とテーマ設定そのものを変えることを提唱し，HLF4以降は効果的な開発協力となったのだが——をめぐる国際的な議論へのCSOのかかわりをまとめたものである。

　筆者は国際開発におけるNGO・CSOの役割や独自性について関心を持ち，1980年代終わりからカナダのCSOと政府，特にODA機関であるCIDA（第6章で述べたように，2013年6月から外務貿易開発省の一部となった）の関係について事例研究してきた。2001年には『カナダのNGO——政府との「創造的緊張」をめざして』（明石書店）を発表した。

　その後もカナダでの調査を行う中で，本書でも再三名前が登場し，AG-CS, Open Forum, TT-CSOをはじめ援助効果の議論のプロセスの中心人物の1人であったブライアン・トムリンソン（以下，「あとがき」であり，CSOの国際的なつながりの中では年齢の上下に関係なく下の名前で呼び合うのが一般的なので，Brianと記させていただく）から，パリ宣言の直後から，援助効果の議論がCSOに与える影響を懸念しているとのお話をうかがった。パリ宣言でのCSOの扱いが不明確で，整合性などの原則がCSOに適用された場合，CSOの独自性が脅かされるので重大な関心を持つべきと指摘していた。そして筆者もCSOの役割や独自性を考えるうえで，援助効果の問題は重要になってくると考えるようになった。HLF3前のAG-CSとISGのさまざまな文書を読む中で，援助効果の問題は，CSOのアドボカシーと事業活動の両面から議論される問題であることからいっそう関心を高めた。HLF3直前にCSOの開発効果についてCSO自身で規範をつくるべきだとの議論が高まり，Open Forumの設立も決まった。HLF3後はBetterAid, Open Forum, TT-CSOの3つのプラットフォームの活動やそれらの相互作用を追いかけるようになった。

2009年ごろから日本の CSO の間でも援助効果や Open Forum の開発効果の規範づくりに取り組む機運が出てくる中で，筆者も JANIC（大学院博士後期課程時代の1990～93年にパートタイムの調査研究スタッフとして在職）の政策アドバイザーとして声をかけていただき，研究者としてのみならず CSO の一員として議論に参加する機会――特に Open Forum 第 2 回世界総会，Civicus 総会，BGCSF に出席――をいただくこととなった。

　研究者として援助効果の議論のプロセスを追い，また CSO の一員として議論に参加しながらまとめたのが本書である。各章は以下の既発表論文をベースに再構成し，またかなりの加筆を行った。

　第 1 章：高柳（2010：2011a）
　第 2 章：高柳（2006；2007b；2013）
　第 4 章：高柳（2013）
　第 5 章：高柳（2012）
　第 6 章：高柳（2009；2012）

　本書を書きながら，自らも CSO の一員として参加したプロセスについて研究者の目で文章にまとめることの難しさも感じた。Open Forum と BGCSF については，筆者自身のメモも参考にしている。BetterAid については，参加する機会がなく，公開されている資料と議長のトゥハン（Tony Tujan）へのインタビュー調査にもとづいている。第 4 章の一部と第 5 章はいわゆる「参与観察」にもとづいている部分も小さくないが，「参与観察」の結果として筆者の主観が入りすぎているのかどうかは読者の皆様の評価を待ちたい。

　第 4 章に関しては，世界の CSO のプラットフォームであり，代表が WP-EFF やシェルパ会議にも参加していた BetterAid に絞って論じた。実際には国際 CSO を中心に他のアドボカシー活動も行われ，重要な提言レポートも作成されていたが，第 4 章の長大化を避けるため，それらを取り上げることはできなかったのは残念であった。

　HLF 4 後，援助効果から効果的な開発協力に議論のテーマが変わったが，本書の脱稿後も，さまざまな動きがみられる。ODA 全般の動きとしては，西ヨーロッパ諸国から，中国に対抗するために従来の BHN 重視から経済インフラ支援も加え，贈与中心から有償資金協力も交え，民間セクターとの連携を強

あとがき

める方向が示され始めている。終章の最後で書いた新興援助国や民間セクターなど国際開発協力に携わるアクターの多様化が現実になっている。この「あとがき」を書いている時期にはメキシコで開催（2014年4月）のGPEDC閣僚級会議の準備が進められ，CPDEもさまざまなアドボカシー活動を行っている。またCSOの開発効果に関しては，メキシコのGPEDC会議に向けてCSOのイスタンブール原則とシェムリアップ・コンセンサス実施状況をまとめることとなり，筆者はこの「あとがき」を書く直前に日本についてのレポートを執筆した。今後もアドボカシー，CSO自身の開発効果の規範の実施，政策・制度環境の各側面について，研究とCSO活動の両方でフォローしていきたいと思っている。

　本書をまとめるにあたって，この間さまざまなことを学ばせていただいた世界のCSOの皆様には深くお礼申し上げたい。
　とりわけBrianには，援助効果の問題に関心を持つきっかけを作っていただき，さまざまな機会に情報も提供していただいたことに感謝いたしたい。また，Open Forumのグローバルコーディネーターを務めたAmyや事務局の皆様，BetterAid共同議長のTonyには大変お世話になった。第5・6章については，数多くのことをBrian, AmyをはじめOpen Forumの関係者の主要なメンバーから教えていただいた。Tonyには，2013年12月に台北で開催されたCPDEの北東アジア地域コンサルテーションにともに出席した際に，インタビューする機会をいただき，OECDの議事録要約には表れていないことも含めてシェルパとしてBPdの起草に参加した経験にもとづいた貴重なお話をうかがうことができた。
　カナダではBrianはもちろん，Brianの後任としてCCICで政策担当を務めているFraser Reilly-King, CCICのCEOのJulia Sanchez, CIDAでAG-CSやTT-CSOを担当されたReal Lavergne（現在は退職されコンサルタント），Jaqueline Wood（現在はカールトン大学でPh. D. 論文で援助効果の問題に取り組んでいる）の各氏にお世話になった。
　HLF 4の開催国となった韓国のCSOの方々，CSOの活動にも深くかかわっている研究者の方々とは，その後も意見交換する機会がある。Anselmo Lee,

Faye Lee の両氏をはじめとした韓国の CSO の方々，Hyuk-Sang Sohn, Tae Joo Lee, 両先生からお話をうかがった。

　Open Forum の第 2 回世界総会や BGCSF, 2011・12年の Civicus 総会で世界の多くの CSO の仲間たちと出会い，さまざまな議論をする機会となった。紙幅の関係でお名前を列挙することはできないが，この間の国際会議で多くの仲間ができ，意見交換できたことは貴重な経験であった。

　また，JANIC の政策アドバイザーとして，この問題に取り組む機会をいただいたことに深く感謝いたしたい。代表理事の大橋正明さん，事務局長の山口誠史さん，前事務局長の下澤嶽さん，調査・提言チームの水澤恵さん，杉本香菜子さん，堀内葵さん，政策アドバイザー仲間の遠藤衛さん，本田朋子さん，林明仁さん，JANIC の援助効果・開発効果関係のセミナー・ワークショップなどで一緒だった日本の CSO の皆様に大変お世話になった。

　近年 Facebook をはじめとして，SNS の発達は目覚ましい。Facebook には，BetterAid, Open Forum, HLF 4 事務局，CPDE, GPEDC などがページを設けていて，随時情報が流れてきた。また世界の CSO の仲間たち約40名とも Facebook を通じてずっとつながっていて，近況をすぐにアップデートしたり，意見交換をしたりできるのはうれしいことである。

　序章にも書いたように，2010年度には外務省の「パリ宣言実施状況——ドナー本部評価」にアドバイザーとして参加する機会をいただいた。本書で直接触れた部分はほとんどないが，ODA にかかわる援助効果の問題を考えるうえで貴重な機会となった。この評価でお世話になった外務省の関係の方々，主任の高橋基樹先生（神戸大学），（株）みずほ情報総研の皆様に感謝いたしたい。

　援助効果関連の問題に関しては，国際開発学会で 3 回，日本国際政治学会で 1 回報告の機会をいただいた。セッションを企画してくださった先生方，司会者や討論者，フロアから質問・コメントをくださった諸先生方にお礼申し上げたい。特に，国際開発学会でも高橋先生には2012年 6 月の国際開発学会春季大会で企画セッション「ポスト釜山の援助効果議論と研究アプローチ」を組織して本書のベースとなる報告を行う機会をいただいたのをはじめ，たびたびお世話になってきた。

　また大阪女学院大学国際共生研究所のプロジェクト「国際共生とは何か——

平和で公正な世界へ」の公開講演会（2013年1月）の講師にお招きいただき，本書全般の内容を同研究所のテーマ「国際共生」にもとづいて再構成しつつ報告し，それにもとづいて同研究所の研究叢書『国際共生とは何か――平和で公正な世界へ』（所長の黒澤満先生編，東信堂，2014年）にも寄稿（「国際開発CSOと国際共生――『援助効果』議論を中心に」）する機会をいただいた。

2013年は一橋大学法学部・大学院法学研究科で国際関係を学んだ筆者にとって悲しい年となった。1月には筆者の学部3年ゼミから大学院博士後期課程の途中までの指導教授で日本の国際政治経済研究のパイオニアであった山本満先生，3月にはアメリカ政治外交史研究の第一人者であった有賀貞先生，それぞれ国際関係の理論と歴史について多くのご指導をいただいた先生方が逝去された。両先生に本書を読んでいただくことができなくなってしまったのは残念でならない。学部3年生以来の両先生のご指導に深く感謝申し上げたい。

山本先生の後，一橋大学大学院でご指導いただいた大芝亮，石井修両先生には，今日まで研究上のアドバイスや，学会などでお会いした際に励ましをいただいてきたことにお礼申し上げたい。

2013年度には，筆者は勤務先のフェリス女学院大学よりサバティカルをいただき，何回か関連の海外調査に行きながら本書を完成させることができた。並木真人前学部長，大野英二郎現学部長をはじめ，国際交流学部の同僚の先生方には本書をまとめるための時間をいただいたことに感謝いたしたい。

出版事情が厳しい中で本書の出版をお引き受けいただいた法律文化社，特に本書の編集をご担当いただいた舟木和久さんには，研究の出版について声をかけていただき，本書の構想段階から本書出版のプロセスのさまざまな段階でアドバイスいただいたことにお礼申し上げたい。

2014年3月

高柳 彰夫

索　引

あ　行

アイディア ……………………………… 33, 201
アカウンタビリティ …… 2, 24, 40, 44, 51, 60, 61, 91, 92, 94, 114, 131, 136, 137, 139-143, 148, 152-154, 156-159, 161, 162, 178, 185, 187, 209, 218
アトウッド（J. Brian Atwood）
　……………………… 9, 66, 106, 107, 124
アドボカシー … 4, 5, 20, 29, 30, 35, 39, 43, 85-87, 156, 159, 165, 215, 218
アブデル＝マレク（Talaat Abdel-Malek）
　……………………… 61, 96, 97, 104-106, 117, 120
イスタンブール原則 …… 3, 10, 79, 127, 128, 135, 139, 143, 145, 150-157, 159-161, 185, 186, 188, 194, 203, 212, 216, 218
ウッド（Jacqueline Wood） ……… 10, 134, 193
エドワーズ（Michael Edwards） ……… 19, 44
援助の断片化 ………………… 52, 69, 130, 177, 208
援助の氾濫 ………………… 52, 69, 130, 177, 208
エンパワーメント ‥ 28, 32, 139-141, 147, 158, 205
　女性の―― ……………………………… 109, 110
オーナーシップ … 2, 28, 29, 40-42, 54, 56-58, 60, 62, 65, 69, 87, 95, 99, 103, 108, 111-113, 118, 131, 171, 174, 175, 183, 184, 191, 205, 216
　国家中心型―― ……… 42, 88, 91, 118, 124, 167, 190-192, 205-209
　民主的―― ……… 42, 62, 65, 88, 91, 94-96, 99, 111-114, 118, 119, 124, 140, 141, 147, 153, 154, 158, 167, 175, 190-193, 205-208, 210
　ローカル―― ……………………………… 176
　ローカル・民主的―― ……… 176, 177, 206, 209

か　行

開発アプローチに関する規範 …… 34, 35, 40, 70, 117, 118, 153, 191, 202, 203, 212, 215
開発効果 ……… 8, 31, 32, 86, 94, 99-102, 119, 127, 128, 202, 204

開発主義国家 ……………… 41, 167, 168, 208
カルドー（Mary Kaldor） …… 18-20, 31, 192, 207, 214
規　範 …… 32-34, 46, 68, 86, 127, 128, 135, 143, 151, 153, 154, 167, 201-203, 205, 207, 213, 215, 218
　――起業家 …… 33, 40, 48, 86, 88, 114, 124, 190, 191, 193
規範のライフ・サイクル論 …… 46, 88, 90, 120, 121, 168
拒否国 ……………… 88, 90, 107, 120, 217
グッド・ガバナンス ………………… 25, 27, 169
グラシウス（Marlies Glasius） ………… 19, 207
グローバル市民社会 …… 1, 4, 6, 13, 17-25, 30, 47, 85, 121, 122, 127, 151, 153, 201-203, 207, 213-215, 217-219
ケック（Margaret E. Keck） ……………… 24
構造調整 ……………… 25-27, 29, 34, 41, 207
コンストラクティビズム ……………… 33, 48
コンダース（Bert Koenders） …… 61, 96, 124

さ　行

参加型開発 ……………………… 25, 27, 28
CSO … 1, 2, 4, 13, 14, 16, 20, 25, 28, 29, 32-34, 36, 39, 42, 43, 121
　――の開発効果 …… 3, 6, 77, 79, 83, 127-130, 133, 135-137, 143-145, 150-156, 158, 180-183, 186, 188, 192, 202-205, 207, 210, 213, 215, 216
シェムリアップ・コンセンサス …… 3, 4, 10, 80, 127, 128, 135, 143, 144, 150, 151, 153-157, 161, 186-188, 203, 212, 218
シェルパ …… 3, 67, 85, 96, 97, 104-107, 114-116, 121-125
ジェンダー平等 ………… 65, 92, 94, 95, 99, 103, 107-111, 114, 117, 119, 139-141, 143-146, 154, 162, 173, 203, 207, 212
シキンク（Kathryn Sikkink） …… 24, 46, 88, 90,

121
市民社会……… 5, 6, 13-20, 22, 27-29, 47, 58, 169, 170, 172, 218
社会開発………25, 27, 29, 34, 48, 169
女性の人権………99, 107-111, 118, 120, 140, 141, 146, 153, 202, 203, 207
人　権…20, 31, 65, 92, 94, 95, 103-107, 109, 114, 117, 119, 120, 139, 140, 143, 145, 154, 158, 160, 173, 183, 188, 202, 204, 207, 212
────規範…40, 86, 87, 117, 118, 128, 153, 191, 202, 203, 207, 215
新興ドナー……7, 8, 66-68, 70, 102, 113, 114, 120, 187, 217, 219
整合性……2, 42, 58, 130, 131, 153, 167, 171, 176, 183, 184, 191, 198, 206
政策・実務規範…34, 40, 42, 69, 87, 118, 202, 212
政策・制度環境……3-5, 69, 73, 83, 99, 118, 133, 136, 137, 150, 165-180, 183, 186, 188-192, 203, 209, 210
成長による貧困削減規範…86, 87, 117, 128, 191, 202, 207, 215
正統性…43-45, 127, 129, 134, 137, 154-156, 208, 212, 215

た 行

調和化……2, 42, 58, 131, 167, 171, 177, 184, 197
ドゥイトゥトゥラガ（Emele Duituturaga）………144
トゥハン（Antonio [Tony] Tujan）…3, 10, 67, 77, 85, 90, 100, 105-107, 121-123, 130, 170
透明性………185, 187, 188
独自性………4, 5, 7, 22, 30-32, 40, 85-87, 99, 123, 128, 153, 154, 165-169, 172, 173, 177, 180, 183, 184, 190, 192, 202, 207
独自のアクターとしてのCSO……179, 190-192, 195, 205-208, 210
トムリンソン（Brian Tomlinson）……10, 25, 32, 33, 82, 83, 86, 102, 107, 123, 125, 139, 142, 144, 150, 154, 155, 157, 170, 171, 174, 186, 193, 194, 213, 214
トランスナショナル・アドボカシー・ネットワーク………23

トリクル・ダウン………25, 168

な 行

南南協力………66, 102, 113-115
人間開発………25, 27-29, 34, 48, 169
ノルビー（Chalotta Norby）………82, 194

は 行

パートナーシップ……28, 29, 54, 56, 60, 65, 132, 133, 139, 140, 142, 148, 149, 153, 154, 156, 158-161, 172, 187, 205, 216
バートレット（Amy Bartlett）……10, 79, 157, 213
パリ宣言………2, 57-60, 62-64, 69-71, 90, 91, 116, 129-131, 134, 135, 154, 167, 172-174, 181-184, 187, 208, 209, 216
バロ（Henri Valot）………10, 134, 193
パワー・シフト………17
貧困削減戦略………1, 28, 29, 169
────・援助効果レジーム………70
フィネモア（Martha Finnemore）…46, 88, 90, 121
プラットフォーム………3, 7, 43

ま 行

マカロウ（Modibo Makalou）………82, 194
マルチステークホルダー…6, 136, 183, 186, 187, 208, 212
────・プラットフォーム…7, 43, 44, 127, 167, 168, 190, 192, 193, 201, 209-212
モントレー・コンセンサス………53

ら 行

ローマ宣言………57

欧文索引

AAA……60, 70, 77, 116, 124, 133, 135, 155, 167, 179-181, 183, 192, 202, 206, 210, 212, 216

索引

AG-CS … 3, 7, 10, 43, 44, 73, 79-81, 130, 131, 133, 135, 167, 170, 172-178, 180, 190, 192, 193, 201, 206, 209-211, 216
AWID … 77, 107-109, 121, 125
BetterAid … 2, 3, 7, 9, 10, 24, 32, 43, 48, 73, 75, 76, 82, 85, 87, 92, 99, 103-118, 121-124, 150, 156, 181, 185, 189, 201-205, 209-211, 213-215, 218
BGCSF … 4, 73, 100, 105, 122, 125, 189, 204, 217
BHN … 25, 26, 31, 34, 168
BPd … 8, 9, 64-66, 69, 70, 96, 99, 101, 105, 106, 110, 113, 116, 117, 124, 150, 155, 189, 195, 201, 202, 204, 206, 210, 212, 216-218
CCIC … 10, 75, 82, 157
CIDA … 10, 80, 82
Civicus … 10, 75, 181, 195
CPDE … 7, 9, 83
Dostangos … 31, 123, 192
GPEDC … 69, 217
ISG … 2, 43, 77, 92, 193, 201, 204, 209
JANIC … 10, 160, 161

MDGs … 1, 28, 29, 34, 35, 48, 52, 55, 70
NGO … 1, 13, 15, 17, 20, 22, 23, 25-28
NPO … 14, 15
Open Forum … 3, 7, 9-11, 16, 24, 29, 32, 43, 44, 73, 75, 77-80, 82, 87, 99, 106, 110, 113, 122, 133, 135-137, 139, 142-144, 151-153, 155-157, 160, 180-182, 185-187, 190-192, 195, 201-204, 209-215, 217, 218
PRS … 42, 208, 216
PRSP … 1, 28, 29, 34, 35, 54, 55, 71, 91, 92, 169, 171, 175, 209
PRS アプローチ … 53-56, 92
RBA … 36-40, 46, 49, 83, 86, 87, 99, 100, 102-107, 117, 119, 120, 137, 139, 143, 145, 153, 158-161, 191, 202-204, 207, 212, 215, 216
RoA … 2, 74, 75, 90, 209
Sida … 82
TT-CSO … 3, 7, 43, 73, 82, 83, 167, 180-183, 190-194, 201, 203, 206, 210-212, 216
WP-EFF … 2, 3, 9, 43, 57, 61, 69, 74, 77, 81, 86, 89, 96, 112, 116, 121, 201, 210, 216

◆ 著者紹介

高柳　彰夫（たかやなぎ　あきお）

東京都生まれ。一橋大学法学研究科博士後期課程単位取得。NGO活動推進センター（現：国際協力NGOセンター＝JANIC）パートタイム・スタッフ（調査研究担当），北九州市立大学外国語学部国際関係学科専任講師・助教授を経て，現在フェリス女学院大学国際交流学部教授。またJANIC政策アドバイザーも務める。
専門は国際関係論，国際開発研究。

主要著書

『カナダのNGO──政府との「創造的緊張」をめざして』（明石書店，2001年）

『めざすは貧困なき世界──政府と市民の国際開発協力』（フェリス女学院大学［フェリス・ブックス］，2011年）

『私たちの平和をつくる──環境・開発・人権・ジェンダー』（共編著，法律文化社，2004年）

『グローバル問題とNGO・市民社会』（共編著，明石書店，2007年）

Horitsu Bunka Sha

グローバル市民社会と援助効果
── CSO/NGOのアドボカシーと規範づくり

2014年7月10日　初版第1刷発行

著　者　　高　柳　彰　夫
発行者　　田　靡　純　子
発行者　　株式会社　法律文化社

〒603-8053
京都市北区上賀茂岩ヶ垣内町71
電話 075(791)7131　FAX 075(721)8400
http://www.hou-bun.com/

＊乱丁など不良本がありましたら，ご連絡ください。
　お取り替えいたします。

印刷：中村印刷㈱／製本：㈱藤沢製本
装幀：奥野　章
ISBN 978-4-589-03608-7
©2014 Akio Takayanagi Printed in Japan

JCOPY 〈（社）出版者著作権管理機構　委託出版物〉
本書の無断複写は著作権法上での例外を除き禁じられています。複写される場合は，そのつど事前に，（社）出版者著作権管理機構（電話 03-3513-6969，FAX 03-3513-6979, e-mail: info@jcopy.or.jp）の許諾を得てください。

高田和夫編
新時代の国際関係論
―グローバル化のなかの「場」と「主体」―
A 5 判・284頁・2700円

21世紀に入って混迷の度を深める国際関係論。その歴史と理論をふり返りながら，多様なアクターの登場などによって国家中心の国際関係が揺れ動くさまを，情報化や地域主義，国際機構の動きなどから具体的に分析する。

高柳彰夫・R. アレキサンダー編
〔グローバル時代の平和学第4巻〕
私たちの平和をつくる
―環境・開発・人権・ジェンダー―
四六判・316頁・2500円

戦争だけでなく，貧困，環境破壊，抑圧，差別なども，平和でない状況をつくり出す。こうした構造的暴力の克服は，私たちの日常の行動に深く関わる。第4巻は，平和を私たち自身でつくり上げていくための条件を探る。〔日本平和学会設立30周年記念出版〕

日本平和学会編
平和を考えるための100冊＋α
A 5 判・298頁・2000円

平和について考えるために読むべき書物を解説した書評集。古典から新刊まで名著や定番の書物を厳選。要点を整理・概観したうえ，考えるきっかけを提示する。平和でない実態を知り，多面的な平和に出会うことができる。

毛利聡子著
NGOから見る国際関係
―グローバル市民社会への視座―
A 5 判・236頁・2600円

国家からではなく市民の視点から捉えなおしたもう一つの国際関係論。地球規模の問題を解決するにあたって，NGOや市民社会がグローバルな規範形成能力を持つ重要なアクターであることを理論的・実証的に考察する。

上村雄彦編
グローバル協力論入門
―地球政治経済論からの接近―
A 5 判・226頁・2600円

地球社会が抱える諸問題の克服へ向けて実践されている様々な〈グローバル協力〉を考察し，問題把握のための視座と問題克服のための実践方法を提示する。課題に果敢に挑戦するための知識と意識を涵養するためのエッセンスを提供する。

吉川 元・首藤もと子・六鹿茂夫・望月康恵編
グローバル・ガヴァナンス論
A 5 判・328頁・2900円

人類は平和構築・予防外交などの新たなグッド・ガヴァナンスに希望を託せるのか。地域主義やトランスナショナルな動向を踏まえ，グローバル・ガヴァナンスの現状と限界を実証的に分析し，求められるガヴァナンス像を考察する。

―― 法律文化社 ――

表示価格は本体(税別)価格です